柯瑞在就讀十二年級時，已經是名相當有天份的球員了。圖為他在對西夏洛特高中比賽中的得分照。柯瑞的弟弟賽斯則坐在板凳上。當時，大家很難將他的娃娃臉及骨瘦如柴的身材和天份畫上等號，就連他的高中籃球隊教練布朗也沒意識到這一點。在柯瑞十年級訂購隊服時，教練也沒幫他挑一件小號的球衣。

（夏洛特基督高中提供／2005年12月29日）

當年大學一級籃球聯盟（如大西洋海岸聯盟）對柯瑞不感興趣，但戴維森學院的教練麥克基洛注意到了柯瑞，並努力延攬他入隊。麥克基洛教練的兒子布雷敦．麥克基洛（Brendan McKillop）早在十歲時就和柯瑞一起打過棒球。「沒有你，我今天不可能站在這裡。」柯瑞在二〇一六年的Coaching Corps Game Changer Award頒獎典禮上以這句話向麥克基洛致謝。

（戴維森學院提供／Tim Cowie攝，DavidsonPhotos.com／2008年3月21日）

柯瑞進入職籃的前三年，勇士隊球員間的氣氛往往都是紛紛擾擾，沒有向心力。不過，他發揮自己在大學養成的領袖氣質，且得到老大哥隊友大衛．李的支持和協助，常帶隊友出團郊遊、派發禮物，並在板凳區休息時以身作則為場上的隊友打氣。

（Alex Lopez攝／
Alex Lopez Images.com／
2016年4月5日）

受到勇士隊的團隊精神和向心力所感召，杜蘭特加入了他們。當然，勇士隊的實力和奪冠機率很大也是誘因。勇士隊許多感人的事跡引起杜蘭特的注意，最後也感動了他。柯瑞的影響也很大。身為超級巨星，柯瑞為球隊建立了一種無私的文化。

（Jane Tyskal攝／灣區新聞集團）

勇士隊助理教練佛雷瑟曾經協助過喬丹、米勒和奈許等巨星練球。現在他負責訓練這位勇士巨星達到球技的巔峰。佛雷瑟特別為柯瑞設計了一套複雜又精采的賽前熱身訓練。

（Alex Lopez攝／Alex Lopez Images.com／2016年4月5日）

KIA
NBA

柯瑞曾二次到白宮會見歐巴馬前總統，一次是去會報在非洲進行的瘧疾防疫工作，另一次則是二〇一五年勇士隊拿下總冠軍後受邀參訪。柯瑞還曾與歐巴馬一起打過高爾夫球，並爆料歐巴馬打球時喜歡說垃圾話。有一次前第一夫人蜜雪兒·歐巴馬與柯瑞一同上「艾倫秀」電視節目時，她教柯瑞怎樣對歐巴馬說垃圾話：「下一次你推桿時，要跟他說：『你耳朵的影子（暗指歐巴馬有一對大耳）已經擋到我推桿的視線和角度了。』試試看。」

（Pete Souza攝／白宮官方照／2016年2月25日）

羅素、張伯倫、賈霸、馬龍、強森、喬丹、鄧肯、奈許、詹皇詹姆斯、柯瑞，這些球員都有一個共同點：連續兩年得到MVP獎。光是這樣就確定了柯瑞將會進入籃球名人堂，且未來其他勇士隊的球員也不會再穿他的30號球衣。

（Ezra Shaw攝／Getty Images／2016年5月10日）

柯瑞一家人的聖誕節傳統：全家動員到奧克蘭畢伯紀念大教堂，親自派發食物與民生必需品給社區裡需要幫助的人。即使柯瑞與太太艾莎如今已是名人了，還是盡力參與這項活動。
（Alex Lopez攝／Alex Lopez Images.com／2015年12月26日）

柯瑞是全球運動巨星，妻子艾莎則是生活品味達人與名人大廚。但這一家人中最受歡迎的，並不是他們夫妻兩，而是他們可愛又活潑好動的大女兒萊莉。萊莉一出現，就成了所有鎂光燈的焦點。柯瑞夫妻也樂在其中。此外，小女兒萊恩（Ryan）也漸漸奪取眾人的目光。

（灣區新聞集團／Jose Carlos Fajardo攝／2016年5月30日）

柯瑞代言UA品牌的鞋球。由於從小受到母親桑雅的信仰影響，柯瑞很喜歡《聖經》裡的一段文字：「我靠着那加給我力量的，凡事都能做。」這一段文字後來也被節錄成「我無所不能」（I can do all things ...）寫在柯瑞的球鞋上，且作為他代言的運動品牌UA的一句宣傳用語。

（Thearon W. Henderson／Getty Images／2017年4月16日）

ADVICE 45

史蒂芬・柯瑞

無所不能的NBA神射手
(「柯瑞加油」全新書衣海報增訂版)

Golden: The Miraculous Rise of Steph Curry

Marcus Thompson II
湯普森二世/著
梁起華,邱紹璟/譯

木馬文化

新版推薦文

找到不存在的出手空檔！

——楊東遠 「運動視界」站長

柯瑞在籃球場上的能耐、美好形象，以及對NBA生態帶來改變的巨大影響力，早已深植球迷心中，但他是依靠什麼能量走過低潮與質疑，進而邁向巔峰？讓這本書來告訴你！

大家都知道，柯瑞在近三年兩度帶領金州勇士隊拿下總冠軍、讓勇士隊例行賽拿下七十三勝，打破公牛隊的紀錄，個人也連續兩年獲得年度最有價值球員殊榮，甚至第二年還是史上第一位全體一致投票通過的球員，以及創下單季投進四〇二記三分球、單場投進十三記三分球等史無前例的投籃成就，就連個人專屬鞋款也一度讓簽約廠商在籃球鞋的市場中，殺出一條血路進而股價大漲。柯瑞對八、九年級生的球迷而言，無論形象、球技、成就與影響力，彷彿就是這個世代的麥可喬丹。

有張娃娃臉的柯瑞，靠著球技擁有了「娃娃臉殺手」的封號，前勇士隊顧問、也是名人堂球星的韋斯特（Jerry West）曾說：「如果在街上遇到柯瑞，你完全看不出原來他有這麼厲害的球技。」他有一顆熱愛競爭的好勝心，用最純粹的「投籃」就征服了球場，每一次出手總是那麼果決，彷彿不在乎射程多遠，他都有信心可以把球給投進去，就像他常寫在球鞋上的那段文字「I Can Do All Things」一樣地充滿自信，任何低估或瞧不起他的人都會因此付出慘痛的代價。

ESPN的球評大衛．索普（David Thorpe）曾說：「柯瑞最厲害之處就是，能找出那些原本看似不存在的空檔。其他人都是做出『反應』，但柯瑞能『預測』並且精準地解讀，這讓他得以獨步聯盟的特質，簡直就是一種藝術，因為無論你的投籃或姿勢有多棒，沒能找出空檔，一切都無足輕重。」

柯瑞沒有最出色的身材與體能條件，更不像詹姆士那樣自高中生涯起就成為眾所矚目的天之驕子與選秀狀元，他歷經傷痛與質疑，他克服批評與打擊，無論面對如何粗暴的防守，他都沒被擊倒，他咬牙熬過知名訓練專家佩恩所設計的一連串艱苦訓練，有備而來地靠著認真練習與紀律要求才達到現在的境界。雖然外部雜音干擾很多，但他內心始終聚焦專注，走到今天一切史詩級的功成名就，全都是靠著勤奮而苦盡甘來。在他字典裡沒有「與生俱來」與「理所當然」。

在柯瑞成名之前，他的職業生涯開端走得異常顛簸，二〇一〇年就扭傷了腳踝三次，一再發生他自稱的「鬼魅扭傷」，二〇一一至一二年的縮水球季更是扭傷了五次，一年內動了兩次右腳踝手術，帶著令人擔憂的「玻璃腳踝」，似乎連未來發展都讓人難以有所期待，沒想到勇士隊在二〇一二年卻選擇給他一紙四年四千四百萬美元的合約，球團像柯瑞始終相信自己一樣地相信他。

柯瑞曾說：「如果沒有跌倒過，又怎麼知道如何站起來。」

所幸他克服萬難站起來了，從那之後他與球隊的發展一路向上攀升，然而在二〇一六年聲勢如日中天之際，總冠軍戰最後的連三場敗仗卻把冠軍拱手讓給騎士隊，這出人意料的苦澀結果讓他痛徹心扉，更成為眾人茶餘飯後的揶揄話題。後續於休季期間，他釋出善意，幫助球隊把另一位超級球星杜蘭特找來並肩作戰，讓勇士隊一夜之間成為聯盟的「全民公敵」。經歷新球季的磨合過渡期，最後如願以償拿到總冠軍、卻與總冠軍戰最有價值球員（FMVP）無緣，他可能毫不在乎個人紀錄與榮譽，但或許就是他能夠接受並挑戰自己的不完美，才能造就他的無私與完美。

誠心推薦這本書給各位讀者，不只是籃球，柯瑞的奮鬥之路是真實社會的人生寫照，他努力證明自己，找出那些看似不存在的空檔，無論是在球場上、在球隊裡、在聯盟裡，或是在他的歷史地位上，每一個恰恰好的空檔，都要靠自己去創造與把握。用柯瑞的精神，面對我們的真實人生吧！

推薦文一　不被批評擊倒，深信自己可以更好

——張嗣漢　好市多亞洲區總裁

這是一本卓越的書，年輕朋友應該讀一讀，了解一個人的意志及毅力如何擊退所有不看好他的人。

柯瑞和其他在操場上打球的年輕人不同，他帶著希望、夢想，以及追求成功的意志。

柯瑞出生和成長於運動家庭，父親戴爾·柯瑞是NBA全明星球員，母親桑雅年輕時是排球好手，弟弟賽斯亦受到父親的鼓舞，也是NBA球員。然而，即使這樣的家庭背景，也不能保證柯瑞一定能成為NBA球員，並且達到這麼偉大的成就。柯瑞當初沒被最頂尖的大學籃球隊相中，選秀會也非第一順位，而且在NBA還熬了一段時間才成為今日的籃球巨星。身高只有一九一公分的他，以今日NBA球員的標準來說，算是小個子了，然而，今日他卻是史上最具影響力的其中一位球員。

這本書有趣且有意義的地方，即它公開了柯瑞實現目標的過程。沒有這本書，我們就無法體會柯瑞一路走來背後的艱辛，也不知他是如何練習三分球投射、運球技巧，以及讓防守者目炫進

而製造出手空檔的迷人步伐。我們只看到他的成果。我可以向你保證，要達到他今日的位置，必定要花費好幾年的功夫。

柯瑞的故事印證了，除非你為自己的技藝努力付出，否則你什麼也得不到，反過來說也一樣，如果你肯努力付出，沒什麼是做不到的。體育世界就是社會的縮影，運動的精神也適用於生活中。我希望你能像柯瑞般，堅定走過他所走過的路，絕不向批評聲讓步，並且深信自己可以成功。

你也可以，只要你有想法、有意志力，並且相信自己可以變成最好。我深切地祝福你，也希望你能享受這本書帶給你的力量。

推薦文二

一個令人不懂的柯瑞，一個讓你懂得的答案

——周汶昊　NBA台灣官網球評

二〇一二年十月，在NBA新球季正式開打之前，柯瑞與金州勇士隊簽下四年四千四百萬美金的延長合約，準備開始自己的第四個職業賽季。前三季他因為反覆的腳傷，表現不如預期，二〇一一到一二年球季更只打了二十六場比賽。當時這筆合約被視為高風險的賭注，很多人都不認為勇士的冒險投資能夠成功回收。

這也不是柯瑞第一次面對球場上的挫敗和懷疑，從高中畢業進不了大學名門、選秀順位被一再跳過、入隊後找不到自己的定位，到一直揮之不去的傷勢，柯瑞從小就必須不斷克服他人的質疑，用實力證明別人看走了眼，才能確保自己繼續留在籃球場上。

我不懂柯瑞過去是怎麼挺過這一次又一次的看輕和打擊，我不懂他的心究竟是用什麼做的，才能有這樣的強度。

然而，就從續約的這一年開始，柯瑞成了籃球界的當紅新偶像。之後的每一年，台灣和全球各地的球迷逐漸加入了美國觀眾的行列，看著柯瑞不斷把自己的三分球神話和金州勇士的連勝

紀錄往上推：NBA史上單場最高十三記、單季最多四〇二記、跨季連續一百五十七場命中三分球。這些紀錄不只讓他連續兩年獲選MVP，也讓勇士拿下開季二十四連勝，跨季主場五十四連勝和單季七十三勝，更將久違了四十年的歐布萊恩金盃帶回灣區。

他是史上唯一單季同時拿下三分球大賽冠軍、例行賽MVP及總冠軍的球員。然而，就在柯瑞破天荒地拿下首度全票MVP的二〇一六年，球隊也同時創下NBA總冠軍賽史上首次以三比一領先、卻被逆轉的不名譽紀錄。這支單季最多勝的球隊沒拿到當年的總冠軍，紀錄成了諷刺，柯瑞受困於膝傷，巨星成了凡人。季後勇士冠軍班底解體，球隊決定重建。

和二〇一二年不同，柯瑞已不再是當初的無名小卒，而是貴為聯盟當今的看板人物和全球明星，在總冠軍的最高舞台吞下這難堪的敗仗，其衝擊不可同日而語。這一次，不只過去對他的質疑再度復辟重來，更挾帶著他爆紅之後所累積出的眼紅，一波又一波惡意的大浪把他從雲端狠狠地捲了下來。

令人意外的是，二〇一六年季後他沒有拒絕球隊補強，沒有選擇以一人之力再戰群雄，也沒有急欲證明自己不靠別人也能重返榮耀。為了球隊著想，柯瑞反而協助爭取另一名MVP得主入隊合作，接納杜蘭特共享當家球星的光環。他選擇挑戰更困難的個人調適，以及團隊的重新磨合，當然還有隨之而來的訕笑和誤解。為了復健，他也放棄里約奧運，並接受更嚴苛的體能訓練。

勇士隊組成四星陣容後，各方就看衰不斷。開季沒多久，柯瑞跨季連續命中三分球的場次紀錄就戛然而止，二〇一七年二月更追平單場十一次三分球出手全數落空的聯盟紀錄。反觀屢屢創下大三元紀錄的衛斯布魯克，搶盡媒體鋒頭；打出全新球風的大鬍子哈登也是MVP的熱門人選，柯瑞在例行賽的個人光芒不再那麼耀眼。即便如此，柯瑞仍然努力不懈，最終他投進了史上第二多的單季三百二十四顆三分球，總得分、平均得分、兩分球命中率及罰球數都是個人生涯次高，比他首度拿下MVP時的數據還要好，也幫助勇士拿下隊史第二高的六十七勝，依舊穩居全聯盟龍頭。

我不懂柯瑞為何在歷經這樣的大起大落之後，還能一如以往地奮力再起。

許多人已經分析過他成功的原因，說明他對當今籃壇的影響力何在，也討論他在達成這些空前的驚人紀錄和成就之後，為何各界的質疑和批評，仍是有增無減。記者利用新聞報導、專欄專書、節目訪談和紀錄電影等各種體裁來呈現原因；專家針對柯瑞的外貌、體型、心智、個性、傷病史、父母背景到宗教信仰等因素去組織脈絡；而球迷則是透過柯瑞的熱身、訓練、比賽、社群媒體、公益活動、代言商品及廣告訊息等管道來做出自己的評斷。即便有這麼多種的解釋，但我仍然不懂，為何柯瑞能夠扛著這樣的壓力，不斷地努力，一再地進化。

直到這本書的作者湯普森二世給了答案。

他說柯瑞的籃球生涯有一個模式：「他總是需要贏得大家的尊重，然後他做到了，接著另一個質疑或批評又來了，使他得再度證明自己。」

湯普森二世是灣區新聞集團的專欄作家，曾擔任勇士的隨隊記者十年，從二〇〇九年選秀會就開始關注柯瑞這位未來少主，觀察他一路掙扎、成長、破繭的過程。柯瑞的每一次腳傷，每一項主場紀錄，湯普森二世都在場邊看著。柯瑞在籃球場上不只一次受困跌倒，幾乎失去一切，但每一次都能重新反彈，並躍升到更高的境界。

湯普森二世對柯瑞的觀察是：「通常他打得最好的時候，就是在人家開始批評他、不看好他的情況下。」而這八年來的貼身採訪和思索，成就了這本書。

因為這本書，我才真正懂了：原來柯瑞的舒適區，就是不被看好的冷眼和他人的瞧不起，他需要這樣的能量來滋養自己。原來柯瑞在球場上不斷遭到質疑、挑戰和失敗，但他卻能一直守住家庭的美好與圓滿，因為這才是他心中最重要的世界。原來籃球和家庭造就了柯瑞的個性和思考邏輯，這才是他能夠克服困難、不斷前進的核心能力。

因為湯普森二世的這本書，不只讓人懂得柯瑞之所以能成功的原因，也讓人明白柯瑞身為一名球員外，是一個什麼樣的朋友、兒子、哥哥、丈夫和父親。柯瑞在這些角色之間，更展現出了自己獨一無二的美好特質。

而今，因為譯者起華兄和其夫人邱紹璟的生動文字，讓中文讀者可以更容易懂得本書和柯瑞的內涵。

懂得柯瑞的答案就在眼前，現在就由你去決定如何看待他了。

獻給我的老婆，

妳是上帝愛我和要求我成為最好的自己

最有力的證明。

我長久以來

一直不知如何表達

妳對我生命的意義。

謝謝妳！棠恩（Dawn）。

老爸，

你依舊是、也永遠是我最好的讀者。

想念你，也想念你的大鼻子。

目次

【新版推薦文】找到不存在的出手空檔！　楊東遠　2
【推薦文一】不被批評擊倒，深信自己可以更好　張嗣漢　5
【推薦文二】一個令人不懂的柯瑞，一個讓你懂得的答案　周汶昊　7

【前言】為勇士隊帶來一切榮耀的柯瑞　15
【第一章】娃娃臉殺手　20
【第二章】顛覆比賽者　54
【第三章】平凡的家庭生活　90
【第四章】三分王　124
【第五章】人氣王柯瑞　152

第六章 浪花兄弟 180
第七章 纏繞不去的腳傷 202
第八章 恨也柯瑞 228
第九章 先天不足 262
第十章 被看扁的黑馬 284
後記 312
NBA球隊中英對照表 324
中英對照表 326

編輯弁言

本書內容以括號楷體字表示者，皆為譯者、編輯注釋。

【前言】為勇士隊帶來一切榮耀的柯瑞

舊金山灣區其實是個臥虎藏龍的活躍籃球城市，但常被人忽略。區內的奧克蘭擁有長久的籃球發展史，由此誕生的籃球名人堂有羅素、基德、裴頓等，還有其他家喻戶曉的NBA名人席拉斯、戴維斯、蕭、萊德以及目前當紅的波特蘭拓荒者隊里拉德。這地區與籃球關係甚密，也就是NBA在灣區相當受歡迎的原因。即使金州勇士隊曾慘澹過，他們還是吸引了不少球迷，數量還遠超過現在有些打得不錯的球隊所吸引的球迷。尤其是二〇〇〇年代初期，勇士隊有著一批穩定的死忠球迷，這些人為球隊的輸贏悲喜交加，但大多是悲多於喜……

然而，因長年戰績不佳、經營管理不當，勇士隊曾經成為全國的笑柄，更慘的是，他們從來沒被當成一回事兒。球迷多年來還得卑微地忍受無能的球隊。美國的運動媒體向來是東岸強西岸弱，位於西岸已經不容易曝光了，所以很多球隊必須搞些名堂來吸引全國目光。而勇士隊所製造的新聞通常是負面的較多，例如史普利威爾鎖喉教練一事，或將選秀狀元韋伯交易出去的傻事。

勇士隊也不像職棒芝加哥小熊隊，可以在白天賽事獲得全國聯播，曾經一度，勇士隊的比賽在灣區以外基本上是看不到轉播的，所以勇士隊無法透過同理心或以「兒時記趣」的方式與其他球迷發展親密關係。勇士隊本身戰績慘淡，球迷也差不多像隱形人，每隔一段期間還會發生非加州地緣的勇士隊球迷搞不清楚金州勇士隊到底是屬於哪個城市的！甚至大家根本懶得給勇士隊之所以長年的低迷不振的原因來個詛咒之類的，至少在歷史上有個記憶。

勇士隊總是與冠軍絕緣，爭冠軍也從未是他們的目標，球迷頂多期望他們能打進季後賽，與一些強隊過個招，嚇唬一下，得到一些基本的尊重。能夠被當一回事兒、像個樣兒，在勇士隊觀念裡會比戴上冠軍戒指更實在些。當然，若能像西雅圖超音速隊、波特蘭拓荒者隊或猶他爵士隊這些當年曾代表西區與喬丹率領的芝加哥公牛隊爭冠的隊伍，那就值得大肆慶祝了。

柯瑞改變了這一切的一切！

二〇一五年，一向被唱衰的勇士隊竟然久旱逢甘霖，勇奪冠軍。

但相對於「詹皇」詹姆斯為五十四年未奪冠的克里夫蘭獻上冠軍、芝加哥小熊隊破百年未拿冠軍的歷史紀錄來說，勇士隊拿到冠軍的催淚指數不高，連波士頓紅襪隊反敗為勝的故事都比不上，部分原因是灣區其他球隊早已拿過冠軍了：職棒奧克蘭運動家隊、美足舊金山四九人隊、職棒舊金山巨人隊。所以就博取同情心的角度來說，勇士隊故事的確不夠可歌可泣。

現在，才過完兩年精采球季，美國人已經對勇士隊失去新鮮感，出現所謂的「勇士疲勞症」。幾年之內，勇士隊從一個初創期的小可愛，變成入流的新聞焦點，接著得到冠軍，再慢慢成為一支受鄙視的球隊，甚至連敗戰都有人慶祝。在灣區甚至有些人還搞不清楚狀況，許多粉絲沉醉在曾經奪冠的光榮裡，殊不知他們深愛的勇士隊已在全國惡名昭彰！

一切都得從二〇〇九年六月二十五日選秀日當天說起。當時大家都還搞不清楚，第七選秀順位的選擇改變了勇士隊的未來，勇士隊得到了建隊基石，一塊具有威力的基石。不過這也花了三年的時間才讓人看到勇士隊打進季後賽的可能性，之後又花了兩年來鞏固這可能性。就在這一切期待前，勇士隊如同開在無車的高速公路上，火速在NBA竄了起來，而柯瑞正是促成這一切的中心，勇士隊球迷朝思暮想的一切，柯瑞全部都送上了。

柯瑞的天賦獨特，足以得到灣區以外人士的尊重，他在全國籃壇的地位總是讓勇士隊球迷驕傲，也讓那些沒機會常上ESPN體育中心的球隊球迷仰慕。柯瑞球賽中的精采動作和技巧，讓一些運動節目主持人在談論到勇士隊時，必須得說些正面的評論，這也算是多年來無緣奪冠的勇士隊還可以接受的一座安慰獎吧。

柯瑞的球技好到可以和其他不錯的球星對抗，你得對他小心提防，一不注意，還可能遭受他的重擊。過去勇士隊球星很少能和其他球隊的菁英相提並論，這也是為何前十六年勇士隊從未有能參加全明星賽的球星。勇士隊曾經有一些不錯的球員獲得球迷喜愛追隨，但是當這些球員遇到聯盟其他更棒的球星時，他們根本不是對手。即使勇士隊曾出現一些有能力挑戰聯盟最高水準球員的隊員，可是他們留在勇士隊的時間也不長，但柯瑞的出現讓其他高水準球員有所顧忌，他讓強隊受到挫折，讓強隊球員也不好受。

最重要的是，柯瑞帶來勝利，並且在季後賽成功翻船（低種子打掉高種子），先是單季五十一勝、再來六十七勝、拿冠軍，最後單季七十三勝破紀錄，接著又再度打進總冠軍賽。當然這不光是他一個人的功勞，但歷史會將勇士隊的發展史與柯瑞時代緊密結合，就像一九七〇年代勇士隊與貝瑞密不可分，而且柯瑞所創造出的勝利是令人無法想像的。

其實由一個小後衛來帶領勇士隊製造大驚奇也是滿適合的，勇士隊球迷都喜歡小個子、會得分的後衛，這背後是有其道理的——他們反映了勇士球迷的精神。

數十年來，NBA漸漸開花結果而成為一個受歡迎且利潤高的聯盟，但勇士隊卻一直在陰影中打滾。就其中心本質來說，勇士隊球迷發展出一個以小抗大的心理期待，這是一種死忠球迷期望小蝦米可以鬥倒大鯨魚的觀念。

目前NBA有許多小後衛都相當會得分，他們接受自己經常被忽略的事實，卻以小搏大贏得尊敬。而這種心態正是為何灣區出產了這麼多的後衛，他們個頭小但能力高。正因如此，能展現此精神的後衛球員就可成為傳奇人物。

柯瑞將所有後衛的角色做了完整的詮釋，這也是勇士球迷長年來一直所盼望的，更重要的是柯瑞還是個「進階版」後衛。

他有前勇士後衛哈達威那種好戰但又打死不退的堅韌精神，又如前勇士名將佛洛伊德喜歡操控比賽，但他更能立即掌控賽況，而不只是在艱困的情況下才表現特出。柯瑞充滿活力的樣子也像前勇士詹寧斯，為比賽投注狂熱和興奮。他還兼具勇士矮將包金斯的可靠、艾利斯的殺氣和貝倫·戴維斯的明星氣息。

在二〇〇九年選秀會上，根本沒人意料到柯瑞會有這一天，連他自己的母親也不例外。在選秀會上，他母親還問當時鳳凰城太陽隊的總管柯爾：「柯瑞是否能在聯盟存活？」更不用說她的兒子後來成為NBA票選第一隊控球後衛和兩季的最有價值球員（MVP），當然作夢也沒想到他後來會一肩挑起勇士隊的興衰，帶著勇士打到今日這一地步，達成沒人料想到的成就。

當年第七順位的選秀權，勇士隊真的看上了這名看起來發育還不完整、來自戴維森學院的大孩子，最後他卻變成如黃金般價值連城。

我一輩子從沒看過這麼神的人，我本身就是個夠嗆夠刁鑽的球員了，但這傢伙什麼技巧都有，天啊！這小子根本就是非比尋常。

——艾佛森（Allen Iverson，前費城七六人名將）

這麼說應該算中肯：當聖安東尼奧馬刺隊簽下西蒙斯時，他們可能一心只想用他來對付柯瑞。在NBA球員中，西蒙斯算是很常見的類型；出生於一九九〇年代末期至二〇〇〇年代初期、身高一九八公分、體重八十八．五公斤，運動性佳、彈性好、精壯有力，結合身高與手長等條件，讓西蒙斯在防守上非常具有全面性。當他從休士頓大學畢業時，投籃技巧還不行，運球能力普通，但卻能夠進入職籃聯盟靠的就是拿手的擾亂防守潛力。二〇一五年，他可是獲得NBA發展聯盟的防守第一隊的榮譽。

以前，聖安東尼奧用控衛喬瑟夫來防守柯瑞，喬瑟夫自有一套技法和馬刺的明星後衛帕克搭檔，善用自己個頭小但速度夠快的特點，用來緊貼著柯瑞，算是很好的一步棋，尤其柯瑞很會找空檔，而喬瑟夫則如影隨形，加上馬刺隊後衛兵源充足，讓喬瑟夫可以專心壓迫敵方後衛防守。他在這方面表現出色，因而二〇一五年季賽後能以自由球員身分獲得多倫多暴龍隊的一紙合約。

二〇一六年一月二十五日勇士隊在主場迎戰馬刺隊，這是兩隊當季第一次對決，兩隊之前都在西區的戰果上占了領先地位，這也是馬刺隊西蒙斯第一次有機會防守柯瑞。

對西蒙斯來說，這是成名的關鍵時刻，柯瑞在這之前已率領勇士隊取得四十勝四負戰績，馬刺隊以三十八勝六負緊跟在後；史上從未有如此高勝率的兩支球隊這般對戰過，也是西區首次兩支穩進季後賽的球隊的對決，因此全聯盟都在關注，西蒙斯若能成功防住柯瑞，將會是他職籃生涯的大躍進。

比賽開打後的前三十一分鐘，馬刺隊後場從帕克、替補控衛米爾斯和當季的年度最佳防守球員雷納德，輪番防守柯瑞，卻始終成果不彰。

當柯瑞兩罰皆中後，勇士隊已領先馬刺隊多達十四分，接著柯瑞在一次進攻中，一個換手運球晃過馬刺隊大前鋒艾垂奇，一個小拋手輕鬆得分。之後又一次進攻時，馬刺隊的防守都還沒布好，在三分線外好幾步外，約八．五公尺之遙的柯瑞，又來個急停跳投；當換上雷納德防守時，他又利用一個隊友擋人的機會，在三分線外又搶進一球，柯瑞連續拿下十分，將馬刺隊遠遠甩開，高達二十分的差距。

此時柯瑞在球場上微笑著慢步跑動，這正是他手感發燙的時候；每當淘氣的他用奇怪的肢體語言慶祝成功的攻擊時，正說明他沉浸在比賽的愉悅中。

當西蒙斯最後終於有機會在第三節最後五分鐘上場時，勇士隊仍然領先二十分。柯瑞在後場一拿到球，西蒙斯求防若渴地立即貼上；彷彿等這一刻許久似的，從在邊線沾黏著柯瑞的模樣，大概就能感受到他的防守渴望。

「我超討厭對方對我全場包夾，真的很不尊重我！」柯瑞表示。

面對西蒙斯的防守，柯瑞無論換手運球或背後運球，都無法甩開西蒙斯，過半場柯瑞又再運球兩次，西蒙斯依舊如影隨形，而且黏得更緊。通常過了半場柯瑞還是遇到這種狀況時，都會稍微後退，試著重新布陣，其實他可以稍稍把西蒙斯往中場帶，再將球傳給隊友，在較有利的空間與占位下進攻。當然柯瑞也可以指揮一名隊友上前護擋，讓他可以較輕易甩開西蒙斯。

不過，柯瑞卻運了一手，然後用力往西蒙斯胸前一撞，來個急停小抛手，裁判哨音隨即響起，球打板得分，這一球不但算進球，還加罰一球！

當柯瑞看到進球後，剎那，右手振臂一吼：「LET'S GO!」激動的他，好幾次喊得口沫橫飛，幾分鐘前那個看似充滿微笑、樂天寶寶的球員突然不見了，搖身一變成為固執、怒氣填膺、想毀屍滅跡的籃球員。

西蒙斯正式成為娃娃臉殺手刀下亡魂。西蒙斯激發柯瑞的另一面；多年來他總是遭遇如同西蒙斯這種黏巴達式的防守，他已經受夠了被當成懦夫般的對待。

在場外，許多人喜歡柯瑞的真誠；他像一位忠實可靠的好朋友，有著鄰家大男孩般的謙和，與人眼神接觸時總是誠摯，交談時也會看待對方如同明星一般。他甚至記得許多一般大明星根本不會記得的細節，每回提問時總是充滿興趣，真心想知道答案，甚至還擁有一種不尋常的本事，讓人覺得跟他交談互動後，彷彿有了一個很會打籃球的新朋友。

籃球小皇帝詹姆斯曾說：「千萬別被他的微笑給騙了！」

在球場上，柯瑞則完全變成另一個人，慣常的和藹漸漸變為凶猛；場外的彬彬有禮則被復仇心取代，然而這正是他在球場上的求生機制。

柯瑞之所以如此痛恨被人緊盯全場，是因為感覺被緊追不放的自己，彷彿被當成獵物般追捕；對一名球員全場盯迫，就是將他視為不具威脅性。通常聰明的防守者在防守厲害的球員時，都會退回至半場，與全隊球員形成防守體系，彼此布陣配合，那樣的協防才是比賽真正所需，若只讓某些隊員在一座孤島上防守單一名球員，表示在防守上絲毫不需要支援。這是高大型球員防守小個球員的做法，也是厲害球員防守爛球員的做法，因此每次面對這類防守，柯瑞接收到的訊息就是：「只要對他施以防守壓力，就能迫使他屈服。」

柯瑞整個籃球生涯都在面對這類的防守。在場上，他屬於較矮的那位，臉上的稚氣與無辜表情總是掩蓋過他的殺氣。正因如此，他一直遭受對方的攻擊，長期被漠視，總是被其他球員以激烈的肢體衝撞的方式所控制，這一切的一切漸漸累積、締造出柯瑞在球場上與球路上的複雜深奧的攻防技巧。

前面提到的西蒙斯正是如此，他把一名殺手給喚醒了！那晚的比賽，柯瑞在二十八分鐘內獨得三十七分，讓他第四節整場可以坐在板凳上觀賞勇士隊痛宰馬刺隊，以三十分的差距大勝，結束了一場充滿憂慮、興奮與糾結的對戰。

「像他這麼有技巧與天分的球員，我認為他最強的特質還是心中那鬥志旺盛的一把火吧！」教練柯爾如此讚揚柯瑞，「很多人不了解這一點，因為他們只根據他場外的行為舉止作判斷，但事實是他是一名好勝心超強的球員。」

曾和喬丹同隊、昔日練球時兩人吵架互毆遺下黑眼圈的柯爾，對於發掘這種好勝心強的癲狂型球員，觀察力特別敏銳。

喬丹最讓人崇敬的就是那股殺氣本質，那種想把對方撕裂搗毀、徹底粉碎的本質。面對敵人時，他冷酷無情，不斷讓對方沮喪、洩氣，並以此為樂，比賽場面愈大，成就感愈大，驅使他主宰全場前進的力量也就愈強。許多和他同期的名人堂球員如巴克利、尤英、史塔克頓和馬龍、裴頓、米勒等都沒有得過冠軍，因為霸強的喬丹把他們狠狠地踩在腳下，讓他們連贏的機會都沒。

喬丹就是能以一種讓苦主很難堪的方式來降伏對方；他有此天賦，而且觀眾也愛看，能讓對方不光是輸，還輸得很不爽。更慘的是，喬丹在場上的脫口而出的垃圾話功力也很驚人，不但用手擒服對方、用流暢的口出惡言貶抑對手，讓對方完全無法招架。

退休湖人隊球星布萊恩繼承喬丹衣缽，同樣擁有那種主宰球場的癲狂欲望。他不斷朝籃框進攻，直到對手無法承受他的襲擊為止，若有人不喜歡他的打球方式，管他對方是不是隊友，同樣照罵照打！他還給自己取了一個外號「黑曼巴蛇」，用來比喻自己超級的好勝心。就像喬丹一樣，布萊恩的好勝特質讓人讚嘆。

至於艾佛森則是個比較特別的運動員；從維吉尼亞州的漢普頓市街頭籃球出身的他，同樣具有好強的性格，完全無視自身身高的缺陷，為自己打出一條血路。驚人的速度與彈跳力，更讓艾佛森穿梭在長人如林的禁區中——一個如他這種矮個兒根本不該出現的地方。那種不屈不撓的打法就像是永不倒下的樹，一位球場的小巨人，帶著超強的意志和極強大的心臟，這是他的招牌特色。

大鳥柏德曾說過，他最討厭敵隊用一個白人球員防守他，認為是一種汙辱。自認能力夠強的他，對方應該派出最佳的球員攻防，用白人球員根本就是甩他「一記耳光」，意味著：柏德根本不具威脅性！所以當有白人球員防守他時，他會試圖摧毀，無情地操翻他，直到對方換人，換上最強的球員為止。

柯瑞也具有同樣的特質，那是一種小個子處身長人如林的球場中所磨練出的意志。只是事實上，柯瑞的好勝心並不稀奇，許多小個球員具有同等特質，差別只在於他所呈現的方式；那種好強求勝意志所產生強大的反擊力，前所未見，只不過和他的身形稍顯不搭罷了。

柯瑞不需要證明自己身形的優劣，他的優勢並不在外表，而且那也不是他縱橫球場的武器。

柯瑞鄙視高大體型所具有的力氣，否定外在身材的條件，在他眼中，大不一定就是好，重要的是他那快如風的三分線出手，完全可以彌補自己身高的不足。他的投球如此神準，可以不斷地一投進、再投進、三投進。光只是勝利，還不能滿足這個娃娃臉殺手，必須徹底摧毀敵方，他才會稱心如意。他的目標是主宰比賽且讓人不再懷疑他那超凡入聖的能力。

只有那樣，柯瑞才能像個巨人般，他征服的精神才能在NBA摧枯拉朽，也正是這股征服的意志，激發他不斷地戰鬥且不被打倒，就像一隻披著羊皮的狼，看似溫和卻極具攻擊性。

柯瑞之所以衍生出這樣的「第二自我」，得追溯至二〇〇〇年代初期在多倫多生活的日子。當時他的父親老柯瑞在多倫多暴龍隊度過球員生涯的最後一季，母親桑雅便帶著他、弟弟賽斯以及妹妹席黛爾舉家遷至多倫多陪伴父親。

母親當時找不到蒙特梭利式教學的學校，只好退而求其次，在住家附近找到唯一一間基督教會學校：昆士威基督學院。這間位於多倫多怡陶碧谷區的小學校，沿著嘉甸拿高速公路開車約十四公里，就可以到達暴龍隊的主場加拿大航空中心。奇怪的是，學校對面竟是間脫衣舞吧和摩托車俱樂部「地獄天使」的多倫多總部。雖然名為學校，基本上不過是位於昆士威教堂後方的幾間教室，還緊連著一間可靈活變換又老舊的體育館。在加拿大漫長的冬季，這座體育館是附近唯一能進行體育活動的地方。

昆士威基督學院的籃球教練拉奇曾描述當時在學的柯瑞：「聲音輕細，少言、安靜、友善、親切。」

柯瑞入學時是八年級，先後打過地板曲棍球、室內足球和排球，最後上場打籃球。

當時學校校隊不需要甄選，學校小，只要想打球，每個人都可以加入，因此同一批運動員幾乎全參加了學校各種球隊。

拉奇帶領籃球隊第一次練球時，先發球給每個人，要他們熱身；拉奇很想瞧瞧，老爸是NBA球員的兩兄弟如何開始熱身練球？

哥哥馬上勝出。就像後來每場NBA賽事前的練習，他的暖身有如一場競技秀，換手運球、跳投空心入網，以及一些投籃時所運用的進階腳步法……讓觀眾看得入迷。

拉奇回憶道：「五分鐘後，我趨前問他：『今晚你可以教我幾招剛剛的技巧，好讓我教給我的男籃聯盟隊嗎？我想把那幾招傳授給隊上一些球員。』當時十二歲的柯瑞所示範的技巧，是我從來沒見過的。」

其實學校的暖身活動對柯瑞來說根本是牛刀小試。長期以來，他跟隨父親和其他NBA球員一起練球，也曾和當時暴龍隊控球後衛傑克森比賽投籃，命中率之高，連傑克森都吃不消。當母親讓兩兄弟去觀看暴龍隊比賽時，他們常常在暴龍隊主場對面小吃攤前的練習球場鬥牛。當然，哥哥柯瑞常常贏，難得的是兩人打的是全場一挑一！當比賽進入第四節或是聽到球迷鼓譟時，兄弟倆就會蹦蹦跳跳穿過主場與練習場間的通道，跑回主球場內看球，看當時暴龍主將卡特如何精采地急停跳投，然後再回顧看板上的重播畫面後，兩人又跑回練習場繼續比完一挑一的比賽。

在北卡夏洛特時的情況也一樣，柯瑞兄弟倆不斷在後院打一對一比賽增進自己的實力，尤其哥哥柯瑞更花了不少時間和爸爸一起在NBA球場練習，也常在夏洛特黃蜂隊球員休息室裡打混、在場上磨練自己的投籃技巧，只是兄弟倆並沒有加入美國青少年業餘聯賽，他們在北卡諾曼湖的蒙特梭利基督學校度過求學生涯的前六年，該校創辦人兼校長正是他們的媽媽桑雅。

直到柯瑞七年級，轉學至夏洛特基督中學加入初中部籃球隊，該校高中籃球隊教練布朗才有機會認識柯瑞。

「他個子真的很小，但很會投籃。」布朗是這樣說的，「他運球的樣子、在球場上的動作、投籃的方式，一看就知道練了很久的籃球。」

以一週七天來比喻，教練拉奇在練球時看到的柯瑞實力，才只是小露一手的星期二而已。

像昆士威這種小規模的基督教學校，不是什麼籃球名校，球賽對手也都是類似的小學校。所謂的籃球校隊說穿了只是一群矮小球員練習丟丟球、學習一些抽象的團隊觀念和困境處理，而非訓練真正的籃球技藝。只是自柯瑞加入後，突然間每場比賽，他們總能勝出對手四十至五十分。

教練拉奇在求勝的精神下，開始在對手賽程中排入一些多倫多市區內較強勁的高中球隊，不過球隊有柯瑞，就能照樣痛宰他們。

就像所有傳奇球星都有的經歷，柯瑞也同樣遇上。當時競賽的其中一支高中籃球強隊已經招架不住柯瑞強勢打法；當時他打的是得分後衛，弟弟賽斯負責控球，對方決定採取肢體動作激烈的打法，企圖對柯瑞施以猛力碰撞達到震懾的效果，被教練拉奇一眼看穿。

當時拉奇運用很多戰術，為柯瑞製造空檔，增加進球得分的機會，像是讓他打控球、讓隊友擋人，甚至還把柯瑞當佯攻的誘餌……連一些平常不曾練習過的花稍戰術都派上用場，好抵抗這支高大又凶猛的隊伍。

距離終場只剩下一分鐘左右時，球隊落後了六分，拉奇認為本季的全勝紀錄大概是落空了；對一般中學的籃球賽而言，通常需要四到五次的進攻才可能得到六分，而且每一次的進攻都要一段時間跑位才能有一個比較好的出手機會。

束手無策的拉奇只能先喊暫停，希望至少能利用這等劣勢當成機會教育，導引球員以正面的心態接受這必然的失敗。他告訴球員不要氣餒，抬頭挺胸面對敗戰，畢竟面對這樣的一支強隊，他們已經盡力奮戰過了。

其實拉奇並非全盤皆輸，只不過他自己還沒意識到，直到柯瑞出聲。平時柯瑞習慣沉默，一旦開口，卻總是一鳴驚人。每回賽球，他通常都聽從教練的戰術，只說聲「ＯＫ」就下場執行，這次卻有某種力量驅使他做出改變。

「柯瑞忽然變得嚴肅。」拉奇回憶道。他聽見柯瑞說：「我們不會輸的，把球給我！」

而他也真的就下令：「把球都交給柯瑞，這就是戰術！」

接下來一分鐘發生的賽事就這麼轟轟烈烈地展開，柯瑞兩個快速出手的三分球漸漸甩開了對方，迅速改變戰況，最後昆士威高中聖徒隊倒贏六分獲勝。

從那天起，「娃娃臉殺手」誕生了。柯瑞內化的第二自我能將原本可親可愛的孩子模樣，轉變成可以瞬間在球場上變臉成為極具報復心、爆發性強的掠食者。隨著籃球生涯不斷發展，這個娃娃臉殺手面貌最終將會更常出現、也會顯得更強大、態勢也會更果決。

對於這種變臉的機制，現在柯瑞已經駕輕就熟。品行操守在NBA球員中算是十分正向的他，一旦進入球場，馬上變臉，能有多壞就有多壞，為了爭取尊嚴，他可以無情地殺敵，以戰勝來獲取認同，根本不管是否會讓對方顏面掃地！

不過能讓娃娃臉殺手現身，通常都是因對方的挑釁。只要有人懷疑他的能力、鄙視他的身高，或是碰撞挑戰他的底線，二話不說，柯瑞馬上變臉。當對方咆哮著他名字，當他需要取得尊重，他的第二自我就會浮現。

當老柯瑞於二〇〇二年從NBA退休後，柯瑞全家搬回美國的北卡州夏洛特市。柯瑞和弟弟以及同住的表親韋得等三人，經常在夏洛特市內找人單挑籃球鬥牛，當地的基督教青年會（YMCA）則是他們常去的地方。

一如往常，多數球員沒把球場上的柯瑞兄弟當回事，有些人雖認出他們是NBA球員的小孩，卻認為他們不過想上場炫秀一下罷了，只是柯瑞兄弟總能藉由球場上的表現，讓一開始懷疑他們能力的人變成信服。柯瑞投球神準，偶爾也會遇到沒品想單挑他的人，結果無法成功防守，就想動拳頭搞定，幸好這時柯瑞兄弟有大塊頭表哥韋得當靠山。

「我表哥長得高壯魁梧。」弟弟賽斯如是說，「他很凶，那種屬於鄉下地方專門圍事的類型，一般人不會想與他對槓。我們還曾把一些人轟出球場，把他們氣得半死，或許就是因為我們看起來很不好惹的樣子。」

柯瑞上高中後，像以前在加拿大時，選讀的學校同樣也是規模小、籃球校隊實力薄弱的夏洛特基督教會學院。這時的他還沒開始蓄留山羊鬍、練身體肌肉，外形像個大小孩，球衣穿在身上顯得鬆鬆垮垮，也像萬聖節刻意裝扮成籃球員的小朋友，完全看不出是一位真正的球員。

但，天啊！他就是夠厲害。他運球的操控感極佳，遠射的距離雖和二頭肌有點不成比例，但傳球的直覺水準卻是一般高中生所無法企及。他在場上跑全場的速度雖比一般標準控球後衛慢一點，但變換方向和角度的能力極佳，在任何一個位置都能快速出手，很明顯的柯瑞是個奇才，真的非常非常明顯。

「他當時的球技就像現在一樣強。」奧克拉荷馬市雷霆隊後衛馬洛如此回憶柯瑞。

馬洛曾就讀夏洛特拉丁學校，他們倆從小就開始切磋球技，「他開竅的比較晚，但在球場上你永遠都不能讓他有空檔的機會，一有空檔，他出手絕不失投，百發百中。只要他在場上，你永遠都要知道他站在哪、跑到什麼地方。」馬洛是這麼描述他。

在場上對上柯瑞時，迎戰的既定戰術策略就是包夾！馬洛回想當時他的球隊防守計畫就是採設陷防守柯瑞。他們會先退後半場，當柯瑞過半場後，立刻來個兩人閃擊包夾，他們會尖叫舉起雙手誇張地揮動，擋在柯瑞前面，試圖干擾他，讓他失誤。他們知道必須得想個辦法全面防堵，因為只要柯瑞進入這半場布局，大局已定。他會將防守一一瓦解，或是藉著隊友的擋人找出空檔投入三分球。

高三畢業前，柯瑞終於打進州冠軍賽，當時對手葛林斯區日間高中採取一項戰術，最後連NBA球隊都沿用。這戰術就是指派高二生湯馬斯小前鋒防守柯瑞。身高一九六公分的湯馬斯總吹噓自己擁有柯瑞所缺乏的體育熱情和體能。葛林斯區日間高中孟加拉虎隊就在這種作戰計畫下，一舉摘下北卡州獨立運動學聯3A級冠軍。

那場比賽湯馬斯隨時隨地環伺包圍著柯瑞，甚至不讓他有機會拿到球，還以身材優勢防堵這位夏洛特基督學院球星。無奈的柯瑞在那場比賽只拿到八分，而葛林斯區日高則抱走冠軍盃。柯瑞在那場比賽中毫無優勢，但負責防守的湯馬斯清楚知道當時柯瑞不過是在體型高度方面吃了悶虧，與球技優劣無關。

「他球技其實是滿強的。」湯馬斯這麼說到柯瑞。湯馬斯目前是哈林花式籃球隊的一員。「儘管被重重包圍，他並沒有被擊倒，比賽中一直試圖反擊，但我們防他還防得不錯，只是他的體型真的是太小隻了，完全在我的防守掌控中。」

這是柯瑞在現實面上必須面對的緊箍咒：身高太矮，在球場上常被大吃小。可是他的應對之道從不曾改變，就是讓對方付出代價！他所採取的進攻方式就是在宣告：別低估我，你防不住我的！他喜歡藉機殺雞儆猴。

柯瑞有一則精采的傳奇故事發生於夏洛特舉行的泛美錦標賽中，那場賽事當時是由前NBA控衛麥金尼斯主辦；來自西夏洛特高中的麥金尼斯是北卡大「柏油腳跟」（北卡人對他們校隊的暱稱）籃球明星。

儘管被人忽略，泛美錦標賽在夏洛特的籃球界算是水準相當高，目前NBA檯面上的球員如畢永柏、懷賽德、哈里斯頓、伊什．史密斯、馬洛和柯瑞兄弟等人都曾參加過，而且只要參加過在夏洛特市區內柯爾中心舉辦的人，都會有一大堆難忘的經驗，就算徹夜長談也說不完。

「我還記得！」柯瑞回想往事，「那是我在戴維森學院一年級的夏天……」

柯瑞參加該賽事本身就是個話題，除了父親是NBA球員已廣為人知之外，當時外形乾瘦的他，使得不少人抱持懷疑的態度。

在比賽中，敵對球員全都找柯瑞的麻煩，但不是衝著他大喊垃圾話，而是明顯地對柯瑞的防守越來越強、越來越密。這一大票子人持續地對柯瑞防守、進攻，甚至犯規時的招數，顯然都想藉著擊潰柯瑞一舉成名。

柯瑞當然感受到這些企圖，於是中場休息過後，娃娃臉殺手現身！他在眾人面前精采示範幾招攻防，讓那些想藉著打擊他揚名立萬的人知道他的厲害。

馬洛的隊伍當時才剛結束比賽，正在觀眾席作壁上觀，他回想起當時的情境：「柯瑞下半場好像得了四十分，得分的方式和現在沒什麼兩樣，對方對他採取全場壓迫。我記得比賽結束之後，他父親上前跟他說：『你從今開始就是要這樣打球，不要怕投不進、不要想其他人怎麼說。』大家都記得那場比賽，如果你懂籃球，而且參加過這場錦標賽，就無法忘記那場比賽。」

如果真要指出柯瑞變臉的難處，那麼該是變臉的時機點，這需要依靠經驗磨就，目前柯瑞也還在練習中。柯瑞一直以身為控球後衛為榮，一方面想要做個稱職的球員，不自私、用腦袋打球，但另一方面又想靠進球得分和不斷攻擊來摧毀敵人。

就這方面而言，在球場上的柯瑞有點類似人格分裂，理智與情感不斷相互衝擊，究竟要如何才能善用他的攻擊天分恰如其分地取得平衡？

屬於理智的一面，柯瑞的投射和運球技巧永遠是進攻利器；他令人聞風喪膽的三分球不但可以開鬆對方的防守，還能開通內切的路徑，只要一個佯攻跳投或停頓就可以立即讓對方過度反應；優秀的運球功力也讓他能在不快的速度下輕鬆切入，找到投球的角度或空檔。這些技巧就單純的籃球競賽觀念來說可謂正確無誤，要學會懂得傳球、讓隊友有更多機會投球，以及其他可以讓教練總是嘴角上揚的理論。

情感面，娃娃臉殺手又想用同樣的技巧大開殺戒，這些都是可以讓他復仇、稱霸的好工具。

他的遠射功力讓體型大他一號的防守球員有所顧忌，運球功力又讓太貼近他的防守者吃虧。最驚人的方式則是以投射搭配運球技巧作為攻擊所製造出的恐怖氣氛，那就變成一馬當先，試圖一人主控全場。只是當他的球路有些傲慢，甚至濫投不中時，也會讓全隊在回防時士氣低落、亂了陣腳。

柯瑞這種蠻橫獨挑大局濫投的情況雖有持續增長的趨勢，但不可否認，理智面的他同時也維持著教練所鍾愛的籃球競賽理論。他之所以可以成為超級球員正因為可以兩者兼具，但前提是得先把娃娃臉殺手這個身分扮演得更稱職些。

娃娃臉殺手角色在二〇〇八年全美大學男籃錦標賽時依然持續上演。當年柯瑞大二，球隊在第一輪比賽中，面對的是第七種子勘察加大學，下半場，他一枝獨秀，整場比賽獨得四十分，其中三十分得於下半場，帶領戴維森學院順利一舉得勝。那場比賽他於最後一分鐘投進一記勝利三分球，當他倒走退防時，還不忘向觀眾席上的父母致意。

下一場比賽，他的實力也是在下半場大爆發，將第二種子的喬治城大學徹底打垮。這場比賽，柯瑞雖然沒遭到挑釁攻擊，但所屬的低種子校隊以及他的實力，還是受到不少人的質疑：一個來自小學校的小後衛，竟然想挑戰大學籃球隊強權？這種氛圍始終是他籃球生涯持續面臨的挑戰。

柯瑞在這場比賽下半場獨得二十五分，讓球隊追上一路落後的十七分差距，並且順利晉級十六強賽。

「大家都知道柯瑞是名不錯的球員，但我沒想到他這麼厲害。」這句話來自專門跑喬治城大學籃球的報社記者大衛斯，而「娃娃臉殺手」就是他為柯瑞所取的綽號。大衛斯在報導中寫道：「喬治城隊裡有名球員叫賽普，具有全大東部聯盟防守第一隊的水準，但他卻守不住柯瑞。該隊只好再派出高二〇三公分的小尤英攜手連防，但依舊無效。順道一提，小尤英是名優秀運動員，目前在喬治城大學男籃當助理教練。實力強勁的兩人都看管不住這名來自戴維森學院的瘦小後衛，這全然體現柯瑞的籃球攻防真是超強。」

在爭取進入八強賽裡，戴維森學院又再次拿下第三種子的威斯康辛大學，柯瑞在那場比賽裡獲得三十三分。不過戴維森野貓隊於下一輪對上第一種子的堪薩斯大學時敗陣，雖然只差一點就能闖關成功。整場比賽，柯瑞一直無法有效投射，在最後落後兩分的情形下，他控球在手，卻遭到包夾，只好在三分線外將球傳給隊友，但隊友沒能投進這反敗為勝的一球，使得戴維森未能進入最後四強賽。那場比賽他雖然沒有及時「變臉」，理智贏過情感，讓他將球傳出，賠上野貓隊的勝利機會。但儘管如此，卻已讓全國球迷認識這位娃娃臉殺手。

次年，柯瑞再度碰上高中時期對決、防守過他的湯馬斯，當時他已經大三，而湯馬斯晚他一屆，是北卡州大學的大二生。

那時膝蓋受傷的湯馬斯，正在養傷中，只能坐在板凳上穿著便服觀賽，無法上場防守柯瑞。

但這場在夏洛特市區內的ＮＢＡ山貓隊球場進行的賽事，開打前就引人注目，連當時前來踢館夏洛特山貓隊的克里夫蘭騎士隊主將詹姆斯也趁賽前空檔前來觀賽。

其實當季北卡州大學大狼群隊戰績不佳，儘管在二〇〇八至〇九年開賽期間表現還不弱，有個四勝〇負的起頭，但球季末期已落居大西洋海岸聯盟最後一名，然而對於像戴維森學院這種中級聯盟球隊和柯瑞而言依然是場挑戰，而北卡州大學也想好好地給柯瑞一些顏色瞧瞧。

儘管無法上場，湯馬斯之前就已經提醒隊友要小心柯瑞，因為發現柯瑞的體型變得較之前壯碩些，本來就已經很難防守，現在光用激烈碰撞攔阻可能已經不夠力，必須要用更靈活的方式、防守戰術也得執行得當，除此之外更需要全神貫注。他們必須記住這些重點才行。

那場比賽的防守戰術並沒有設陷防守柯瑞，反倒直接使用正規防守策略，也讓柯瑞整場幾乎無往不利。

北卡州大狼群隊那場敗戰，成為柯瑞晉升傳奇人物的祭品，後來轉學至馬歇爾大學的湯馬斯在場邊板凳上忍不住搖頭苦笑，而在場邊的詹姆斯則看得一臉難以置信。

「天啊！我記得罰球時，他真的讓我們很難堪！」湯馬斯回想，「他還邊笑邊和我講：『強尼，你最好警告他們，真的最好趕快跟他們說！』場外的他其實滿謙虛，腳踏實地，但一上場就完全相反。」

那場比賽柯瑞得了四十四分，投了十四個三分球，有十球沒進，之後改以中距離投籃和打板得分。最關鍵的一球是終場最後一分多鐘，一記距離三分線外好幾步、約九公尺出頭的大號三分球，應聲入球後他還順勢看了詹姆斯一眼，並指著他。

這類難忘的瞬間布滿柯瑞的生涯，無論是在高中、大學或職籃階段，他創造出一篇篇如何摧毀敵人的傳奇故事，內容全都是如何轟轟烈烈地痛擊那些想以大欺小制伏他、藐視他能力的對手。

其實二〇一五至一六年的NBA球季對柯瑞來說，在某種程度上也算是一種宣示，因為他在前一球季榮獲年度MVP，並且帶領球隊贏得總冠軍，可是他所遭受的藐視卻從未停止，甚至愈演愈烈，他和他的球隊一直被人看輕。

不過這樣反而助長柯瑞往前衝的力量，讓他不斷地想證明自己：證明自己夠格被第一級男籃大學挑選上，證明自己值得那場選秀會上排名第七順位，證明自己在NBA當控衛並不矮、並不瘦弱，證明自己即便腳踝受過傷也不影響球技，證明自己有足夠的能耐可以帶領球隊進季後賽，證明自己是貨真價實的NBA菁英球員。

通常最能驅使球員不斷努力的，就是給予新的奮鬥動機。但即使柯瑞通過層層測試，完成許多人認為不可能做到的任務，他卻發現自己又回到原點：想繼續證明自己，希望再度追求獲得認同。

只是沒想到這一連串的質疑中，反而是由NBA球員組成的球員工會開了第一槍。二〇一五年四月，當全國熱烈討論到底誰會是當年的MVP：柯瑞或休士頓火箭隊的哈登？為此工會內部還舉辦了「球員自選獎」的票選活動，藉此抗議媒體票選年度MVP。

一個月後，NBA總部宣布柯瑞當選年度MVP，該聯盟自一九八一年起，一直都是採用媒體成員投票的結果，這和由球員工會票選出哈登的結果迥然不同。

柯瑞的隊友早預料到會有這樣的結果。不過即使勇士隊當季不斷連勝，背後仍有不少現役和退休球員認為該隊的成功全都是仰靠一些僥倖的投籃，而柯瑞的竄起不過是因為擁擠的球員陣容和流暢的跑位系統罷了。勇士隊員當然都聽到這些流言，也在他們預期之中，所以拒絕參與那次工會舉辦的投票。

儘管柯瑞在工會的票選中得到「最難防守球員」和「關鍵表現球員」兩個獎項，但他最渴望的還是可以從同儕手中得到「球員自選獎」中「最難防守球員」和「關鍵表現球員」這兩個最完整、最厲害的獎項，可是卻落空。他們認為柯瑞還不夠資格得到那至高無上的榮譽，卻是柯瑞最想要的。

所以娃娃臉殺手不再只是偶爾出現在賽場上，而是整季場場賽事都沒消失，因為還有部分的人懷疑柯瑞的能力，所以這次他要「娃娃臉殺手」這個第二自我全面展現。

二〇一五至一六年的第一場比賽中，柯瑞一口氣投進十二個三分球；勇士隊的第三場比賽，他更在紐奧良客場狂砍十四個三分球、獲得五十三分；接著在第六場比賽飆進十六個三分球。這就是那個曾在八年級某場比賽中拒絕輸球的柯瑞；就是那個在戴維森學院帶領球隊晉級八強的柯瑞；那個在泛美錦標賽於第二節大開殺戒，用神準的投射能力作為殺敵武器的柯瑞。

在柯瑞進入NBA的前六年，一共有九場比賽得分破四十，但光是二〇一五年，從十月底開賽到當年聖誕節，他就有七場比賽得分超過四十分。

多年來，柯瑞一直試圖證明自己在NBA可以打好控衛一職。他喜歡投籃，但有時失手又讓球隊的攻勢斷炊，有些球評給他貼上「其實是個得分後衛卻打控衛位置的球員」標籤，柯瑞並不喜歡。在球場上，他一直是個功能遠超過射手的球員，而且也證明了這一點。他可以用自己被低估的傳球技巧和高超的視野來組織攻勢，並且讓隊友融入其中，他不想只當個單純的得分手，除非情勢所需。

對柯瑞來說，這是籃球生涯一個新的轉換——甩掉不自私的性格。現在，他要主宰比賽，用爆發性的得分和超遠投籃突擊每一場球賽，讓自己成為NBA賽事球迷必看的球員，關鍵就在於讓他的「第二自我」主導一切。

隨著這股力量不斷地湧現，讓柯瑞在二〇一六年一月ESPN運動電視台列出NBA歷史上排名前一〇〇名球員中，榮獲後衛名單第四名，排名名次還超過前底特律活塞隊鐵衛伊賽亞．湯瑪斯。只是被選為後衛第一名的魔術強森並不認同，他覺得柯瑞沒有比湯瑪斯厲害。前活塞小前鋒格蘭特．希爾、活塞籃板王羅德曼也都同意魔術強森的觀點。

同儕的否定態度讓柯瑞更驅使自己向前。

同年一月十八日，柯瑞惹毛了克里夫蘭騎士隊。當勇士隊於前季奪冠後第一次回騎士隊主場速貸球館進行比賽，柯瑞被問到再度回到這個曾經封王的球場感受如何？他回答：「希望還能再聞到一點當時封王後噴香檳的味道。」

這話明擺著就是在人家地盤上直接點爆原子彈！幾名騎士隊員、教練成員和球迷無不認為柯瑞這話語相當挑釁，認定他是一個惡極、囂張、不尊重他人的人，而且在對方主場這麼做，更被視為傲慢不敬。

那場比賽，柯瑞在二十八分鐘內得三十八分，勇士隊大勝三十四分。

然而那一季臨近季末時，柯瑞瀕臨低潮，連續三場比賽，平均得分只有十六．七分，百分之三十七．八的低命中率，遠低於他整季發威的數字，這波低潮剛好發生在痛宰雷霆隊之後，該隊是當季季末對勇士唯一具有威脅的隊伍。

隨後他來到紐約，低潮危機未解，在尼克主場麥迪遜廣場花園的比賽，他出手十七次，最後只得了十三分！可能是疲累、沒精神、低潮，但不管理由是什麼，他在場上就像遊魂般無精打采。這正代表他是有點不對勁。

麥迪遜廣場花園對柯瑞來說有種特別不一樣的感覺！二〇一三年他在此球場得了五十四分，

算是非正式地宣告自己在NBA的明星地位。而他的確喜歡到廣場花園球場比賽，二〇〇九年選秀時，他就一心希望能加入紐約尼克隊。

不過事後回想，其實這真的只是個短暫低迷，二月三日那天他們作客華盛頓之際，就出現一個大爆發。那場比賽他和他的哥兒們華盛頓巫師隊主將沃爾碰頭，而兩人只要上場對戰，絕對都是場好戲。當時這兩名球星在場外都為止汗劑廠牌 Degree 廣告代言，而那一次勇士隊造訪華府的行程中，其一就是以NBA總冠軍身分訪問白宮。

和巫師隊一戰，柯瑞雖狂電外線，反而讓主場觀眾為他喝采叫好、成為他的啦啦隊。在那場比賽第一節，柯瑞就得二十五分，前面的五次三分球出手均中，開賽後的頭十二分鐘，他十投只有一球未進。

該比賽第一節在勇士隊大前鋒格林一個上籃得分後，勇士領先了十三分，巫師在後場發球給沃爾試圖帶過前場時，柯瑞突然伏擊撥掉沃爾的運球，頓時如閃電的一兩秒時間，籃球成為一個自由球，柯瑞試圖從靠近邊線的地方抄球，巫師前鋒達德利也不放棄，飛撲爭搶，就在球於邊線快出界的情況下，從達德利腳上彈回到柯瑞手上。柯瑞拿到球後，毫不猶豫，就在左翼邊線與三分線外兩步之距，直接起跳，投籃！

當球進籃框的剎那，頓時全場包含許多穿勇士隊衣的球迷莫不跳起來狂喊讚歎，而柯瑞只是靜靜地站在原處，沉浸在群眾歡呼的美好片刻之中。過程中又有一球，柯瑞試圖如法炮製，在勇士成功得分後，埋伏在對方後場準備抄截，還好巫師立即叫暫停，裁判的哨聲扼殺了柯瑞野心，讓他無法繼續乘勝追擊。不過可以看出，他充分享受現場戰意甚濃的氣氛，在鬧哄哄的華府球場中，繞著小圈小跳步，彷彿一名拳擊手暖身等待下一輪的攻擊。

隔天美國總統歐巴馬在接見勇士隊參訪白宮時更說：「套句俗話，他就好像『喜劇小丑』一樣。」甚至還模仿了柯瑞在場上高興時小跳步的樣子。

沒錯，這名娃娃臉殺手真是名副其實的喜劇小丑，能夠同時將快樂有趣和展現優勢主導權精采呈現。假如他在敵隊犯規攔截下三分線外投進，他就會伸出四隻手指，意味著自己加罰的一球也必進無疑，而有名的狐步舞／聳肩舞則是他的慶功招牌戲碼；從二〇一二年二月起，他就開始患上這種舞癮，模仿當時的教練傑克森，當他仍是球員時就擅長這種舞步。

柯瑞在爭奪第二次獲選年度MVP那一季，正是他的第二自我主導發展出小丑角色顛峰時刻。其中有一場對紐奧良的比賽，他一記跳投進球還算敵方犯規後，隨即往硬木地板一坐，樂孜孜地隨著腦中節奏起舞。又一次，在對上印第安納溜馬隊終場前的一記中場大號三分壓哨投進後，他從口中吐出護牙套，加碼演出狐步舞，隨著節奏狂喊「砰」，教勇士隊的主場球迷為之瘋狂。二月，一場對亞特蘭大老鷹隊的比賽，他在邊線旁的三分線外投進，一轉過身，馬上對著老鷹球員板凳跳起狐步舞，還對著他的好友兼前隊友貝茲摩大興挑釁。

但柯瑞最著名的招數該是「射後不理」（look-away）。如今想成為NBA超級巨星，非得要有自己獨特的招牌動作不可。這種趨勢由喬丹大帝引領風騷——吐舌頭、一條鬆長籃球短褲和潮翻的籃球鞋！讓全世界知道何謂「超級體育巨星」。

放眼望去，目前很多NBA球員的招牌動作都顯得了無新意，幾乎都是沿用喬丹風格、不見任何新穎創意的模仿動作，像是扣籃後的狂吼、投進三分線後作勢收槍或假裝開槍，以及三指敬禮或兩手高舉，或是投進加被犯規後的肌肉秀和怒氣臉等。

但在這些招牌動作中，少數具高超本領的球員卻能運用巧思打造專屬於自己的獨特性。像是罰球動作，投進是基本要求，但能力高超的喬丹卻會在投罰球時閉起眼睛！這種誇耀的行徑更大幅增加他的傳奇性，換言之，他懂得在自己的職業形象上，如何錦上添花。

另外，詹姆斯廣為人知「從進攻者背後搧火鍋」（chase-down block）的追趕式招數也堪稱一絕。他趁敵隊球員在快攻上籃時，像隻獅子追逐獵豹般，悄悄躲在上籃者視線之外，倏忽間以雷霆萬鈞之姿出現，當進攻球員以為可以穩當輕鬆上籃，詹姆斯已從無人處衝出，出手搧球。在勇士與騎士總冠軍第七戰時，他就曾對勇士的伊古達拉使出這招教人驚詫的伎倆。

而像是以彈性特好見長的球員卡特、葛瑞芬，兩人彈跳能力甚強，扣籃時根本不用傳統式灌籃，只要輕鬆一彈、輕輕鬆鬆就能把球放進籃框，幾乎連籃框都沒碰到。

艾佛森或更資深點的哈達威等後衛，則擁有高超的換手運球技巧。快速是哈達威的特長，有利於甩掉對方的防守者；而艾佛森速度更快，一個晃身就讓對方完全傻眼；小艾如魔術般的運球，每每讓防守者顯得相當愚蠢。

也許二十年後，可以看見一群上了年紀的老頭，在理髮店或野餐時高談闊論，抱怨現今球星毫無特色，沒有招牌動作，感歎重述柯瑞「射後不理」傳奇故事不再，使得那些半信半疑的十五歲小孩，上 YouTube 查看，才真正見識到柯瑞招牌動作的魅力。

既然查看了影片，那麼大家也可以看到二〇一三年NBA季後賽，柯瑞對上丹佛金塊隊時，在底線的一記三分球出手，球還在空中飛，柯瑞已經自信滿滿地瞪看金塊隊的板凳球員，一如預期，球當然應聲進框。除此之外也一定會看到二〇一五年三月，那場對密爾瓦基的比賽。當時勇士隊穿著新款深灰色短袖球衣，以及為慶祝中國新年特別鑲上的紅與黃配色，柯瑞從左翼一記底線三分球出手後，不等球落，就轉頭看著觀眾，想藉由球迷表情確認是否進球；人們還會看到二〇一六年一月對沙加緬度的比賽，同樣的三分線，柯瑞一出手，球還在空中，他就看著國王隊的板凳球員，做出「射後不理」的招牌動作，當時他的弟弟賽斯也坐在國王板凳中。

無可避免的，日後大家也會看到二〇一六年季後賽，柯瑞在西區冠軍戰第二戰，對上強敵奧克拉荷馬市時三分線外的一個佯投。他先晃過雷霆中前鋒伊巴卡，隨即從容不迫地重新站好三分線投射位置，出手投球，球一飛出手，他已經回頭看著被騙的伊巴卡。

想在NBA打球打得神氣活現、教人無法模仿的極致境界，非就得有兩把刷子不可。其中「能把遠投當作罰球一樣簡單的神技」的柯瑞，無疑是代表人物之一，而他心中那個因為經常被當作獵物對待而引發的第二自我，也在這一刻完全得到滿足，讓他願意投以回報。其實很多熟悉柯瑞的人都知道，場下的他為人一點都不傲慢囂張，一旦上場，變身成為殺手時，傲氣囂張氣焰立現，能飆多高就有多高。

柯瑞許多出手投籃的風格都十分傲慢，那是只有自信心超強的人才敢貿然投出。一如布萊恩情願相信自己可以一個人越過兩個防守者而進攻，也不願把球傳給有空檔的隊友。柯瑞只不過把布萊恩的超強自信心進攻模式，改成三分線外的大膽跳投，一般的球員如果膽敢做出這種魯莽的進攻，通常必然會被教練罰坐冷板凳。

柯瑞的前教練傑克森曾說，他的那種打法其實對籃球隊有害無益。柯瑞曾是傑克森愛將，傑克森更是柯瑞最大支持者，為何會如此宣稱？柯瑞儘管不喜歡卻了然於心，因為傑克森想表態的是柯瑞「第二自我」所衍生的傲慢，那種放膽狂放投籃的方式，彷彿家常便飯一樣尋常，無疑是將非常人之事正規化，使得全國體育館青少年爭相模仿，上場比賽時，每每在快攻或轉換防守之際，直接在外線投三分，放棄基本上籃輕鬆得分的方式，阻礙了正確籃球觀念的發展。

不過「娃娃臉殺手」本人對於自己在年輕人圈中引發的狂投風潮，完全沒放在心上，只在乎對自己的防守者是否做出殺雞儆猴的示範效果。這種勢在必得的個性，對於他這些年的成就影響甚鉅，讓他戰勝外在身形的受限，就像艾迪墨菲曾在電影中飾演的肥佬教授克朗普與另一雙重人格角色樂夫一樣，儘管柯瑞接受挑戰、突破重重難關，讓向他說不的人噤聲不語，但人們對他的質疑與挑戰卻永遠不曾間歇，即使在他籃球生涯中最顛峰的階段。

尤其是二〇一六年二月二十五日，前NBA巨星「大三元始祖」「大〇」羅伯森的一段話更是讓柯瑞深受到刺激。當時柯瑞平均每場三十一・九分、還有百分之五十・七的超高投籃命中率（歸功於每場比賽投進四・九個三分球），但老前輩羅伯森卻認為柯瑞之所以能主宰全場，不過是因為現代籃球的防守太過鬆軟。

「截至目前為止，他投球可以投得這麼順，其實和現今的籃球風格有關。」羅伯森在ESPN清晨電台秀「麥克與麥克」節目中提到，「現今的籃球生態已經演變成只要你能扣籃、能投三分就是什麼了不起的球員。在過去，的確是有些不錯的射手，問題還是不變。我們當年打球，只要有人投進一球外線，下一球對手一定貼上對方。沒有人會從大半場就開始緊盯或是半場緊迫防守。但現在新一代球員在場上完全不是這麼一回事，就我看來恐怕是現在的教練根本就不懂籃球防守戰術的關係。」

羅伯森這段分析評論，直指柯瑞的成功並非因為他是個創舉式的球員，而只不過是遇到差勁的防守時代，才占盡便宜。羅伯森已然是傳奇球星，這一席話多多少少有點像過氣的明星批評現在當紅的柯瑞和勇士隊，可能有失公允。

二十五日那晚的比賽，柯瑞在與對抗奧蘭多的比賽中，只上場三十四分鐘就得到五十一分，其中有八次助攻和七個籃板，尤其是在第三節末壓哨前一記中場大號投進的三分球，他仰天狂笑地嚷，那一球只是隨便亂丟，根本沒期待會進，沒想到卻打板入籃，誇張得讓他忍不住大笑，儘管沒有惡意，但那笑彷彿一個剛宣布準備如何摧毀地球計畫的小惡魔所露出的邪惡笑聲。

面對羅伯森先前無情的批評，柯瑞有感而發：「其實漸漸有點厭煩了，因為感覺好像每個人都可以毫無根據地亂作評論。大部分的時候，大家很少聽到我們和這隊或那隊相互比較，或是我們可以打垮哪一隊又或是比哪一隊強……其實我們只是單純地想活在當下罷了。」

一九九〇年代紅極一時的老將塞巴洛斯也隨著羅伯森起舞，砲口批評勇士隊的成功。他說一九九三至一九九四年期間的鳳凰城太陽隊實力可以輕易地擊敗現在的勇士隊，那一年的太陽隊排名西區第三種子，直到季後賽第二輪才敗陣下來。塞巴洛斯說，對付這支才得過總冠軍、目前戰績正處於五十二勝五負最佳狀態的衛冕隊伍，太陽隊鐵定沒問題。

活塞鐵衛老將伊賽亞・湯瑪斯也摻了一腳，在第二天早上附和羅伯森的說法，提及自己認可柯瑞的神投能力在NBA的確前所未見，但目前NBA的外線防守的確是史上最差的。

就在湯瑪斯一席話結束的當晚，柯瑞在對奧克拉荷馬市的比賽中又拿下四十六分，這場比賽還打成延長賽，柯瑞整場狂射十二個三分球，尤其是終場壓哨時，在靠近中線距離籃框有十一公尺之遠的一記超大號三分球投進，讓勇士險勝壓過雷霆。

誇張得教人匪夷所思，即便當季柯瑞獲得票選年度MVP，又帶領勇士破紀錄拿到單季七十三勝，但隔年進入二〇一六至二〇一七球季，對他同樣的質疑與輕視依舊存在。

二〇一六年的季後賽對柯瑞而言無疑是場折磨，他先是在第一場比賽扭傷了腳踝，立刻回到場上後，又弄傷了膝蓋。休息兩週後，他在勇士隊晉級第二輪後加入與波特蘭的對戰，並且晉級下輪，爾後在與奧克拉荷馬市的比賽中，艱困地浴血奮戰，好不容易才獲勝，終於進入總冠軍賽。沒想到在冠軍賽的第四場比賽後，就在勇士隊幾乎大獲全勝的當下，全面崩盤，柯瑞在一連串的賽事裡戰績不再，倏忽之間兵敗如山倒。

他真的只需要一場勝利，就可再次掃掉詹姆斯；他也真的只要再贏得一場勝利，就能阻止這場號稱NBA史上最偉大的反敗為勝發生，但他就是失敗了。

那一系列的後段冠軍賽事，他就是沒打好，沒有打出眾人對這位傳奇球星的期待，無論是全國球迷還是那些平常不看球賽的隨興球迷，無不引領期盼，可以看見這位所謂的超級球星上場展現精湛球技時，柯瑞卻跌回凡夫俗子，成為只有血肉之軀的尋常人！反觀一路從逆境打回的詹姆斯，卻搖身一變成為金剛不壞之身，迥然的對比讓柯瑞頓時光芒盡失，出神入化的球技不復見，貶抑之詞又開始湧現。這一場場敗陣表現，印證先前前輩的評論分析，批評柯瑞的浪潮也越來越大。

那段時間，大家爭相討論的話題不再是柯瑞有多麼厲害，或只差一場就成功，而是「看吧！我早說過他沒那麼厲害吧！」史上NBA真正傳奇球星打進冠軍賽後而從未輸掉總冠軍的人，就只有喬丹和波士頓塞爾蒂克隊中鋒羅素，其他如魔術強森、大鳥柏德、湖人隊「大帥」張伯倫和威斯特等人，均曾在爭奪總冠軍賽時鎩羽而歸！不過，說真格的，對所有NBA球員來說，這不過是段過程。

只是對柯瑞而言卻不然，輸掉NBA總冠軍賽無疑就是對他的控訴、是個奇恥大辱，是他毫無價值的一項證明。反觀詹姆斯曾在總冠軍賽中輸球，而且還是敗在柯瑞手中，卻也不像柯瑞這般遭受那麼多質疑與清算；詹姆斯面對擊敗過的聖安東尼奧馬刺隊時，態度無比客氣，還不忘盛讚對手。這一回卻不然，詹姆斯從勇士手中奪回冠軍後，竟加入討伐柯瑞與勇士的行列，也許潛意識裡，詹姆斯慫恿眾人恥笑勇士的心態，就像學生時代，學校最酷的學生總慣性地欺凌嘲笑新來的轉學生那樣。

更教人意外的是柯瑞的反應，通常任何失誤，他會找機會再試一次，不像其他球員會找其他人協助，這一回他卻一反常態，竟然找人幫忙！

其實多年來，勇士隊一直計畫著網羅雷霆隊的主將杜蘭特，遠在勇士成為常勝軍、在柯瑞兩次成為年度MVP之前，就已經有這種想法。勇士隊企圖挖角杜蘭特的時候，還只是個剛竄起的新興球隊，對於杜蘭特長期帶領著雷霆隊成為NBA強隊，讓勇士隊萌生羨慕之情。初期，勇士隊先用低價簽下中鋒柏格特和伊古達拉，養「金」蓄銳，方便日後與杜蘭特交易，之後又招攬大後衛李文斯頓、後衛巴柏沙、中鋒史培特斯等人，合約均採二〇一六年到期的短約制，日後無論離合，彼此都能好聚好散，最後就連是否要和當時被視為球隊未來重建基礎的中鋒艾斯利延長合約時，也都考慮再三，最後忍痛放棄，原因無他，就是要把錢存妥等著與杜蘭特簽約。

只是在長達三年的等待光陰，勇士隊戰績竟超越雷霆隊，柯瑞更是後來居上，不但和杜蘭特一起晉身成為NBA的星字輩，廣受歡迎的程度以及成就更勝於杜蘭特。在二〇一六年的西區冠軍賽裡，勇士更淘汰杜蘭特的雷霆隊，在那一系列的賽事中，勇士隊的克萊．湯普森大發神威，帶領勇士在一勝三負的劣勢裡扳回一城，再度挺進NBA總冠軍賽。這兩隊的對抗也稱得上是醞釀已久的世紀之戰。

姑且不論兩隊的世仇情節為何，勇士隊想爭取杜蘭特的態度始終如一，柯瑞十分支持。在爭取杜蘭特入隊的過程中，柯瑞扮演舉足輕重的角色，因為杜蘭特擔心柯瑞是否歡迎他的加入，他知道許多NBA球星非常介意所謂的地盤和舞台，他必須先確定柯瑞的態度，才能決定是否跨出這一大步，柯瑞明確堅決的表態成為關鍵要素。

這波遊說行動，柯瑞帶領隊友試圖說服杜蘭特，在一場僅有球員、沒有球隊管理階層和事前擬妥的會議中，勇士隊柯瑞、格林、伊古達拉和湯普森等球員圍坐和杜蘭特交心細談。會議結束後，柯瑞前往夏威夷的個人訓練營時，還傳簡訊，再次重申爭取杜蘭特加入的決心。

無可置疑，柯瑞之所以會歡迎杜蘭特加入球隊，在於內心深植的「想做個稱職控球後衛」的那部分性格。柯瑞一直是個不自私的球員，希望能和杜蘭特相互搭配，以多餵球的方式讓杜蘭特展現得分能力。不過我們也得相信，娃娃臉殺手這個第二自我雖然讓柯瑞傳簡訊招攬杜蘭特之際，也得相信他的包容並不單純只是對杜蘭特的友善，而是放眼未來，希望能攜手共同打造一個超級強隊。

也許有人會認為柯瑞「找人助拳」的方式是弱者的表現，更可能因此讓他的巨星光環失色、退居二位，只是柯瑞的第二自我可不這麼想，他甚至不認為自己有任何妥協退讓之處，或許他會少得幾分、失去部分聚焦目光，但卻有機會讓他加強自己不足之處。那些別人對他質疑的部分，能夠有所成長，他可以靠其他方式主宰比賽，未必只有得分。

從娃娃臉殺手的角度，柯瑞得到的是和自己一起當主角的球星，不但可以幫助他更上一層樓，還獲得難得的自由，能夠嘗試不同的技法，磨練更多經驗。除此之外，柯瑞還得到更好的奪冠機會，足以扯爛那些批評者的舌頭。

在NBA中，或許還有人不知道，輕視與批評只會讓柯瑞變得更強。一如眾所皆知，場上千萬不要對科比·布萊恩講垃圾話，這無疑是喚醒一頭凶猛怪獸；一如惹毛喬丹會被視為針對個人的挑釁，一舉引發喬丹的殺手本能。球場上的柯瑞如出一轍，千萬別惹他。

場外的柯瑞則像是個合唱團裡的男孩，乖巧、順從，從不對媒體開炮，也不隨意評論現任或退休球員，聽到他人對自己高談闊論，也不多作回應。

不過，深藏在他內心裡的吶喊卻持續不墜：「我會做給你們看的！我會做給你們看的！」

我一輩子的籃壇生涯中，花在思考金州勇士隊的時間超過思考任何其他的隊伍，因為他們真的是很有趣的一支隊伍，我會願意花錢買票去看他們比賽。

——波波維奇（Gregg Popovich，馬刺教練）

第二章 顛覆比賽者

柯瑞剛進聯盟時，有個疑問不斷繚繞每個人心中，那就是他到底是控球後衛還是得分後衛？從一開始，柯瑞就下定決心證明自己是前者，但是許多NBA的專家、分析家和鑑定家卻不以為然。他們根據一名優秀控衛該具有的能力及風格等一長串要素評估之後，認為柯瑞並不符合這些要素。

一般而言，控衛在體格上需要具備幾個特點：速度、爆發性、力量、高度等。即便體格不夠出色，至少得有傳統控衛的天分，如：球場視野、籃球智商、領導能力等。這是控衛帶領球隊時必備的獨特本能，尤其是對比賽的理解，甚至成為教練在場上的延伸。一個優秀的控衛必須如同下西洋棋般的能夠操控全盤，其他場上球員只是像玩場跳棋罷了。極佳的控衛必須兼具良好的體格以及顧及全盤的靈活智力。

魔術強森、史塔克頓、基德、奈許、保羅等控衛在球場上就像個指揮官，柯瑞卻怎麼看都不像。他的體格不符合標準，打球態度也不像個霸強的領導人，特別是職籃生涯的前三年，即便在場上他聽從當時勇士控衛艾利斯的指揮期間也絲毫不像。名義上，他是個控衛，打球時卻發生真正控衛不該有的、莫名其妙又明顯的失誤，這些狀況牽制了他的賽場表現。

助攻與失誤比一直是衡量控衛表現能力的主要測量數據，柯瑞的數據差強人意。基本控衛的標準值該是三次助攻比一次失誤，柯瑞打得好時，數據僅是二比一。

只是他仍不死心，還是不斷努力想證明那些唱反調的人是錯的。每個人都知道柯瑞一直想把自己的球路「塞進」人們口中傳統的控衛框線，因此上場打球時，有時他已經為自己找好出手空檔，但拿到球後卻選擇傳給其他隊友，希望能把其他隊友帶進整個攻勢。他經常處於自己投球或傳球給隊友的糾結之中。

就讀高中期間，教練曾拜託他盡量多進攻投籃。當時夏洛特基督學院教練布朗知道他一場球可以輕易拿下三十分，只是柯瑞覺得投太多好像顯得有點自私。

在柯瑞高中籃球隊的前期，布朗花了許多時間對他進行心理建設，讓柯瑞了解「不多投才是自私」，而且他不光是整支球隊得分的最佳選擇，有他的進攻，對方的防守才會顯露破綻，隊友才有機會找空檔得分。

布朗和教練團成員甚至還和柯瑞開會討論，確認每場球賽的投籃目標，保守估計希望他能每節至少出手五次，如果可以一場至少出手個十五到十六次更好，但開會時他們卻把希望目標拉高到每場最少得出手二十次以上，因為猜想柯瑞如果要出手投籃二十次並不容易。

「他的命中率非常高，我們相信只要他能多投，球隊就會打得更好。」布朗侃侃而談，「剛開始他有點無法適應，直到看見隊友一臉『你怎麼不多投幾球？』的表情，情況才略顯改善。他很在乎隊友對自己的看法。」

二〇一二至二〇一三年的NBA球季，柯瑞漸漸打出信心，知道自己可以一肩扛起比賽，領悟何時該找機會出手，對於進攻技巧精進不少。一方面，柯瑞希望勇士隊能將進攻重任交給他，另一方面又希望自己在控衛角色能進步更多。進攻時，他執著於控衛角色，揚棄中外線的跳投，直往禁區切入，利用機會秀出自己的球場視野和傳球技巧，用絕佳手感和本能，選擇如NBA史上傳奇控衛般急停跳投的技巧。不過也正因為如此，有時當他試著施展華麗的傳球或像傳統控衛教人敬重的球技時，反而惹出麻煩，因為如果這些動作失靈，就會變成「他在搞什麼啊？」的難堪失誤。

柯瑞早期的職籃生涯，為了扮演稱職的NBA控衛，反而錯失成為優秀NBA球員的機會。許多失誤的發生，都是因為他企圖傳好該傳的球、努力想展現一名優秀控衛該具備的專精能力，卻誤判防守球員的距離和速度，或不經思考就決定傳球或是直接跳投。

這種遵從傳統標準的控衛打法不但無法突出柯瑞精湛的球技，反而限制了他的能力。晉身職業球員的頭三季，他平均每場出手至少十五次，在球員有效評比數值方面卻只獲得二流球員的數據，甚至連教練傑克森都鼓勵柯瑞，當場上情勢不佳，只要多投，得分率無論如何都會比勉強傳球成功高一些。

終於出現一線曙光！柯瑞強迫自己提升球技，好能更勝任控衛一職。他不甘心自己侷限在一名射手的角色，還決心挺身而出護球，竭力對抗像快艇隊保羅這種壯碩強悍的控衛，也必須更加強勢抵抗對方的防守。為此，他持續提升自己的運球技巧，不斷磨練「擋切戰術」（pick-and-roll），以更有效地增加進攻的技巧與機會。

剛進聯盟時，大家認為柯瑞是個「二不像」，既非控衛也不是得分後衛，其實無論哪個位置，柯瑞都能打得十分出色。「兩棲後衛」（combo guard）形容的就是可以同時擔任兩個角色的後衛，這類球員通常是體型不高卻很會得分的小後衛，例如名人堂級球員前活塞隊伊賽亞．湯瑪斯和前七六人隊艾佛森。不過被稱為「兩棲後衛」，通常也暗指該控衛兩個角色都不是，無法將任何一個位置打好。多數時候，他們從板凳球員身分開始上場打球，再依當時狀況和另一名「真正的」控衛或得分後衛搭配。換言之，兩棲後衛在NBA職籃中代表著不穩定的存在。

柯瑞的出現卻打破大家對兩棲後衛的刻板印象。打控衛時，他可以像個猛灌分的得分後衛；變身得分後衛時，又能展現控衛的高超技藝。

處身兩個位置，柯瑞都能打得精采出色，讓他贏得MVP獎項，則是因為無論任何時候他都能輕易駕馭兩個角色。柯瑞的特點就是打什麼像什麼，不是那種先打控衛，隨即又變回得分後衛，而是可以在同時間扮演兩個角色，讓敵隊面臨雙重威脅。

想要防守柯瑞，等於得同時防止他的外線和切入，換言之，轉換盯人攻勢得緊密，不能有所失誤，因為只要有錯位空檔，他馬上乘機開火。

通常聯盟中最會得分的球員，就不太擅長組織進攻；最會傳球的球員，也不太容易一場投得三十分。柯瑞卻是特例，同一場比賽裡，可以得分也能傳球，是少數厲害的菁英球員。在柯瑞的職籃生涯裡，他有三場比賽，創下單場出現十五次助攻、得分超過三十分紀錄，這樣驚人的成績，職籃史上也只有喬丹創造過。

想讓柯瑞的雙重能力發揮至極致，必須學會用不同的角度看待比賽。當柯瑞進入職籃打球時，首先浮現檯面的問題就是：他到底要防誰？體型嬌小的他很難防守傳統的得分後衛，體能條件也不足以追上頂級控衛。這也讓他的球員價值即刻貶值。

當時的聯盟有幾支頂尖球隊都採取三衛戰術，或把一個多功能的後衛擺放在小前鋒的位置，好讓場上比較多的後衛可以投外線或靈活控球，讓敵隊難以防守，自己的球隊則能用「多衛進攻」擊垮對方。

當時勇士隊認為自己挖到一個進攻天才型球員，所以開始思考如何找到一些能和柯瑞搭配的球員，不但可以發揮他的進攻天分又能避開在防守上的先天弱點。剛進聯盟時，柯瑞和一個體型相近的球員艾利斯相互搭配後場，兩個小後衛同時上場比賽，卻直接暴露柯瑞的防守弱點。加入勇士隊的前三季，和柯瑞一起並肩作戰的不是NBA江湖老將、就是來自發展聯盟的替補球員。

但柯瑞真正需要的是一名可以幫他補足防守缺失的配角隊友。

一如魔術強森有古柏協助守住對方的超強控衛，以及一群能在他傳出魔球後達成完美進攻的隊友。就連喬丹也因為有一批可信賴的隊友協助作戰，職籃生涯才開始起飛翱翔。

而柯瑞之所以能攀上職籃生涯的高峰，正因為擁有一群可以配合他的球路與風格的隊友，以及一門強調技巧、體型和靈活打法的獨到哲學。換言之，勇士隊從不拘泥傳統、限制柯瑞打法，反而全然接受配合他的能力。

在NBA，想為一名超級巨星找到合適的配角球員、並且可以在體系團隊中施展最大能力的優勢，並不容易。當時詹姆斯會離開克里夫蘭隊，就是因為他單打獨鬥實在無法發揮最大實力，所以轉而投靠熱火韋德和波許一起打拚。

二〇一一年起，勇士隊從零開始，以柯瑞為中心開始重建球員組織架構。先找來球員時期為控衛翹楚的傑克森執教，再找一些防守觀念強、投射能力佳的球員，除此之外，更堅持要找到一名能夠扛下先發的控衛，讓柯瑞可以毫無顧忌打得分後衛位置，構成一個三衛先發陣容的球隊。

不過勇士隊隨後還是將傑克森教練解雇，讓柯爾取而代之，部分原因是希望柯瑞的球技能有更多的施展空間；傑克森太過倚重低位打法和球員單打進攻模式了，而當時的勇士隊球員中真正具備單打能力的大概只有柯瑞。從前隊員藍德利以降，勇士隊始終沒有其他能精通低位進攻的球員，傑克森所採取的戰術不僅不符合隊上球員的特點，也讓柯瑞在進攻上必須突破很多難關才能出手，雖然他大多數時間打得分後衛位置，但因為隊上缺少其他具威脅性的隊友，使得柯瑞成為敵隊唯一的防守重點。

換手柯爾執教後，柯瑞的跑動式進攻為自己和隊友製造許多人到球到的機會。

二〇一五年的季後賽，勇士隊將陣容調小，增強在進攻時的跑動速度，此舉也沒讓他們在防守上失手；他們調派小前鋒伊古達拉打中鋒位置，讓整支球隊的進攻速度變快，一般傳統陣容根本無法相比，尤其在對上曼菲斯灰熊隊這種慣於傳統打半場的防守隊伍，勇士隊在二〇一五年西區準決賽中從原本的一勝二負劣勢，急起直追，拿下最後勝利。在當年冠軍戰，勇士隊對上克里夫蘭騎士隊，開場前幾場戰績不佳，被騎士隊成功拖慢賽程，直到第四場，勇士隊換上小陣容快速打法，戰況才見轉機。

上述只是檯面上顯然易見的戰術，其實從二〇一五至二〇一六年開始，勇士隊已經改弦易轍，將這種戰術悄悄轉變成進攻主軸，原本只是對抗陣容較高大、緩慢的隊伍所使用的策略，轉而搖身一變，成為勇士隊最佳陣容強大武器。原本只是被動的反應戰術，卻成為一記具擊倒力量的重拳；原本只是防止對方霸凌的機制，卻反轉成為霸凌對方的利器。此種策略，在二〇一五年十一月十九日與洛杉磯快艇隊——一支理論上應該無法有效制衡的球隊——對戰時闖出名號。

這小陣容打法的重點在於揚棄球員體型大小，換取球員速度和靈活度的優勢，只是快艇隊有體格魁梧且速度頗快的大前鋒葛瑞芬和中鋒德安德魯・喬丹，勇士隊採取這種戰術對抗快艇隊其實無法取得優勢，反而因為球員體型高度的差異而屈居劣勢，使得快艇隊更加稱心如意。

事後證明，由保羅帶領的快艇隊，卻成為勇士隊小陣容策略打法的完美測試。快艇的前五強球員都非常厲害，足以和聯盟各隊抗衡，不論攻或守都能造成強大威脅。

快艇隊在場上可打高、可打低，還曾用快攻的方式，擊敗雷霆隊。他們之所以被稱為「空拋之城」（Lob City），正因為保羅和德安德魯・喬丹、葛瑞芬經常輪番表演精采的空中接力扣籃，成為電視轉播上一幕幕精采的重播畫面。有段期間，勇士隊根本不是快艇隊的對手。

不過那段期間金州勇士隊卻是打死不退，持續和快艇周旋，儘管最後通常還是因為體力不繼而敗退。除此之外，快艇隊也曾數次讓勇士失誤頻傳，暴露球隊需要藉由大量過手傳球才能勝出以及內線不足的問題，一而再地讓勇士隊陷入苦戰。

二〇一四年的季後賽，勇士隊展開小型但快速的陣容戰術與快艇隊周旋至第七戰，當時場上兩名中鋒柏格特和艾斯利已經掛傷號，第三名中鋒老將小歐尼爾也帶傷上陣；在長人方面勇士隊只剩大衛・李和格林，儘管如此，那場比賽勇士隊只差一點就獲勝，但最後還是因為球員身高不足而敗陣。

二〇一四至二〇一五年球季，實力增強的勇士隊打破原本與快艇隊間的平衡關係，當時柯瑞的球技已精進到能贏過保羅，傷癒的中鋒柏格特和長人格林也可聯手抵銷快艇的強大內線力量。

那一年勇士隊在賽場上無往不利，正因在場上可裡可外、可快可慢，不但有柯瑞可以帶領具爆炸性的進攻，也有極佳防守球員可以當作後盾。

在二〇一五年那一季，勇士隊在季後賽避開快艇隊而打進總冠軍賽，下一季則換成快艇隊直衝勇士隊，正面交手。假如勇士所採取的小型陣容打法真能成功對抗快艇隊這類善於得分、具有內線、防守力強、靈活的爆發性隊伍，又能防守那些體格高大體能優異的敵隊球員，那麼勇士這種小型陣容打法可不能稱為只是個小把戲，而是成效極佳的戰術。

對柯瑞而言，這種小型陣容策略是最能讓他主宰比賽的打法，傳統的開空檔、有高有低的防守戰術反倒不適用。另外如果對柯瑞採取盯死的戰術，只會讓自己隊伍的防守零星擴散，反而有利於柯瑞隊友進攻。不過小型陣容戰術的最大問題點在於防守，即使勇士隊可以在NBA季後賽避開快艇隊，但這支擁有保羅的隊伍依然成為柯瑞所帶領的勇士隊測量未來走向的標竿。這可從二〇一五年勇士取得冠軍後的下一季中，兩隊首次對戰時看出端倪。

在二〇一五至二〇一六年球季初期，勇士隊與快艇隊對戰時，前者後衛李文斯頓因為臀部屈肌受傷無法參與這場關鍵決戰，只能穿著便服坐板凳上觀戰，希望藉由休養避免傷勢惡化。快艇隊的主場史岱波中心的客隊板凳座位，就像其他NBA球場一樣擁擠不堪，只見十五名龐然大物排排坐在折疊式的椅子上，擠成一團，就因為主辦單位希望多騰出一點空間，可以多銷售幾個緊挨場邊的好位子。李文斯頓雖有二〇六公分高，體格卻乾瘦得可以躲在一根交通標誌桿後面，但因他的一雙長腿加上空間不足，讓臀部受傷擠在板凳上看球的他相當痛苦，即便在座位上加了張軟墊，試著減緩臀部的不適也絲毫沒有幫助。

李文斯頓說：「感覺自己就像尼克隊總管菲爾．傑克森。」當年這名傳奇教練因為臀部受傷，還在場邊放把特製椅子。

李文斯頓不願意在球員休息室裡觀賽，因為不想錯過可以預期的精采比賽。每回只要這兩支球隊對戰，史岱波中心的氣氛總是格外高漲，特別是週四晚間這場全國轉播的比賽，當時球季才開打三週。

在這一場比賽，勇士隊的啦啦隊團「達不國度」幾乎占滿近一半的球場。就在七個月前，同一個場地，同樣的對戰組合，勇士隊的球迷在史岱波中心喊得震天響，讓快艇前鋒葛瑞芬在賽後抱怨快艇隊根本沒有主場優勢。

「這就好像和湖人隊打球一樣，」葛瑞芬在二〇一五年四月的比賽輸給勇士隊後如此告訴記者，「情況或許還更慘。」

葛瑞芬這段抱怨的話，是勇士隊當年得冠之前的事，勇士上一次拿下冠軍是一九七五年。隨著勇士隊在二〇一五年摘冠，球迷人數也開始呈幾何級數增長。當勇士隊在史岱波中心賽前暖身投籃時，球迷的歡呼聲彷彿置身勇士隊自家球場作練習般，處處可見穿著印有柯瑞名字球衣的球迷，整座球場氣氛宛如古羅馬競技場一樣狂熱，耳畔盡是球迷反覆喊叫「柯瑞M－V－P」的聲音。

通常當客隊打出一波連續得分攻勢後，主場球迷都會噤聲不語，然而勇士隊以客隊身分打球，情況迥異，現場的加油聲從未間斷。當然主場快艇隊球迷也不甘示弱，因此兩隊加油聲此起彼落、相互較勁，為球場增添不少活力。

除此之外，場上兩隊的摩擦頻傳，三年前的對抗已讓彼此醞釀世仇情緒，舉凡小動作不斷、滿場垃圾話、場邊的互相叫囂……沸沸揚揚，不可諱言，二〇一四年兩隊在季後賽的那七場浴血戰，更是添入世仇情緒的薪火，越燒越烈。兩位中鋒柏格特和德安德魯·喬丹也如兩隻大角羊在禁區互碰頭，兩名大前鋒格林堅毅無畏的攻防和以爆發攻擊為特色的葛瑞芬，在攻守之間較勁，激烈對抗。

其中保羅和柯瑞間的激烈對戰，已然超越誰才是最佳控衛的較量，而是球賽的輸贏之爭；保羅決心從柯瑞手中奪回勝利火把。

保羅和柯瑞兩人都是北卡州人，高中時期，保羅已是家喻戶曉未來之星，彼時柯瑞還只是個得把籃球短褲腰繩打兩個結才能綁緊不掉落的孩子。當時柯瑞已把保羅當成學習的榜樣，因此每回球賽對上如保羅這類厲害控衛，總能激發柯瑞強烈鬥志、激勵自己變得更強。先前勇士作客史岱波中心，他對抗保羅的驚天動地表現，已經動搖NBA的控衛版圖。他在場上兩次的背後換手運球過人、底線的跳投，徹底讓保羅烏雲罩頂，這一幕幕精采畫面在網路上廣為流傳，使得柯瑞一夕爆紅。這場比賽稱得上是當季高潮的極致，總結兩人的表現，勇士隊拿下總冠軍，柯瑞獲得聯盟MVP，保羅一無所有。

繼柯瑞二〇一五年拿到冠軍和年度MVP後對上保羅，柯瑞再次確立自己超級霸主地位。二〇一五至二〇一六球季，在奧克蘭（勇士隊球場的城市）的第五場比賽，柯瑞在第四節前五分鐘連得十三分，從他在當節投進該場第七記三分球後，快艇隊節節敗退，這場龍虎鬥還是全國直播的比賽。

兩週之後，兩隊再度相遇，這回在保羅的快艇隊主場。當時勇士隊開季以來，因為拿下十二場全勝而受全國矚目。新一季，坐擁霸主地位的勇士依舊戰力激昂，不過西區整體實力有增強的趨勢，很多人認為勇士隊戰績應該不會像上季氣勢如虹，因為其他隊伍可能像籃子裡的螃蟹般將爬上籃邊的勇士隊拉扯下來。

而快艇隊教練瑞佛斯在某種程度上算是幫了勇士隊在新的一季更加奮發圖強，因為他對勇士隊所作的一席評論，讓球隊不得不更努力去證明自己冠軍盃的純度。

「在西區，有時你滿需要運氣的！」瑞佛斯在二〇一五年十月時告訴知名的娛樂休閒運動網站Grantland.com記者，「金州（勇士隊）還沒機會對上我們和馬刺隊呢！」

勇士隊一聽到「運氣」兩個字就火大，整段評論簡言之就是：瑞佛斯輕藐他們拿到冠軍戒指的實力。

「如果真是運氣，」勇士隊湯普森回擊，「那麼從我們上季兩隊的對戰紀錄，應該可以看出，我們把他們打得落花流水的！」

快艇隊教練事後澄清自己的評論，強調他從沒說過勇士隊贏球靠的是運氣，而是想要在NBA西區打出線，有時避掉一兩隊是必須的，可是勇士隊根本不相信。瑞佛斯是個很會打嘴砲又愛硬拗的人，兩隊長久以來的世仇情緒，其實很多由他造成；他喜歡隔空交火的戲謔挑釁。一般教練對於這種世仇情節向來保持低調態度，瑞佛斯卻不然，反而十分享受這種潛意識詆毀挑釁所造成的娛樂快感，也讓兩隊之間愛恨情仇越演越烈。

這些年勇士隊對這類挑釁早已見怪不怪，清楚知道瑞佛斯的伎倆，因此馬上回敬。

中鋒柏格特回擊瑞佛斯的批評：「我們已經贏得冠軍戒指。這榮譽得來不易，我們卯足全力！我們不需要再承受這類刺激挑釁，如果他們繼續詆毀我們，我們也不會示弱，將好好記下每一筆帳，以後找機會慢慢算。」

這層層交織的仇恨情節，使得二〇一五至一六年球季第一場賽事變成大家非看不可的球賽。這也是養傷中的李文斯頓情願忍住臀部的不適，也要硬擠在客隊靠近出入口的板凳上觀賽的原因。

不過看過比賽後，心傷外加臀傷，讓李文斯頓更加痛苦。這場比賽快艇隊打得相當積極，主將保羅鐵了心要扳回這一段期間屈居柯瑞之下的劣勢，藉由隊友的擋切和人牆，不斷跳投得分，第一節就拿下十八分，而每一次的跳投都是一聲讚嘆，彰顯自己就是菁英。

相較於快艇隊積極的打法，勇士隊顯得有些疲累不堪，第二節勇士一度落後高達二十三分，第三節開打一分鐘後，依然落後十八分，也正是這個時候，讓李文斯頓親眼目睹豬羊變色的戰況。

當時沒人察覺到戰況即將逆轉，通常需要對球隊成員十分了解才有可能意識到。場外的李文斯頓也無法確切描述事情是如何發生的，只是突然間有所感覺，一如登山者無須看到天搖地動，就能得知即將山崩。李文斯頓感覺快艇隊即將大難臨頭，內心響起「完了」的聲音。

對沒有第六感的人而言，戰況轉變的精確時間落在比賽第三節，距離結束還有六分五十二秒之際。

柯瑞一記跳投讓兩隊分數差距拉近至十三分，迫使快艇隊立即鳴聲要求暫停。恢復比賽後，快艇老將皮爾斯一記失投，柯瑞隨即抓籃板快攻，球迅速過前場，一記換手運球避開皮爾斯的防守，輕輕鬆鬆挑籃得分，讓整個史岱波中心的球迷瞠目結舌，震驚不已。

得分後，柯瑞沒有迅速回防，反而站在籃下原地小跑一兩秒，彷彿卡通人物主角，展現一種蓄勢待發的態勢。

勇士隊終於士氣大振了，加快腳步準備換檔攻擊快艇。當時兩隊比數還差十一分，不過勇士隊這支才得冠軍的隊伍，決定非拿下這場勝利不可。

他們的確是會贏的！

接下來十八多分鐘所發生的事，讓勇士隊這支幾乎敗陣的隊伍掀起開創性時刻，成為該隊NBA開季以來最多的連勝紀錄，最終更成為NBA史上最佳的開季連勝紀錄，甚至可稱為開創NBA最新朝代的藍圖。

只見柯瑞在禁區接到格林一記開後門式傳球後，一個小鉤射，將比數拉近成個位數，也在這個時候，場內的球迷才感覺到先前李文斯頓所說那種「完了」的感覺。繼平時不怎麼受重用的小後衛克拉克在切入禁區後，將球外傳給在三分線外的格林，讓他投進一個三分球，在第三節結束前兩隊分數僅差距六分，快艇隊明顯陷入危機。

第四節一開打後，勇士隊小前鋒巴恩斯手感發燙，一連串的進攻得分將比數拉至只差一分，快艇隊不甘示弱打出一波小攻勢，包含德安德魯．喬丹和賈許．史密斯的連兩記扣籃，比數又變成快艇隊領先九分，這也迫使原本回到場邊歇息的柯瑞再度上場做最後的殊死戰。當第四節剩下六分鐘左右，保羅一記三分球，使得快艇隊以一〇九比九十九領先。

勇士隊在史岱波中心早已見過這種戰況，而且還看過不少次，每回發生失誤最後都讓快艇隊化險為夷，轉變成反向快攻，啟動所謂的「空拋之城」戰術，這是快艇隊展現空中接力扣籃而得名的外號，多數由保羅、中前鋒德安德魯．喬丹、葛瑞芬三人輪番倆倆攜手領銜演出，每每讓球迷為之瘋狂，是快艇隊的拿手絕活！他們以一波波的能量、壓力施展一連串的扣籃擊潰對手，如此精采絕倫的攻勢讓ESPN體育中心怎能不搶報。即便勇士隊士氣如虹，浴血奮戰，依然不敵快艇隊這等精采的空中快籃的猛烈進攻。

只是一回生二回熟，勇士隊也慢慢在對抗比賽過程中，透過轉換不同戰術逐次進行測試，找出可以反擊的機會。

比賽只剩五分四十一秒時，勇士隊還落後十分，選擇換下中鋒艾斯利，改由前鋒伊古達拉上場，此時場上陣容正是之前得勝時所採取的「小而美」陣容：柯瑞、湯普森、伊古達拉、巴恩斯和格林等人組成的強勢陣容。球季開季以來，勇士隊已取得十二連勝，其中使用過這種陣容九次，不過這次卻是第一次在處於落後之際、且面對快艇隊這種強隊時派上用場。

小而美陣容讓快艇隊瞬間兵敗如山倒；先是伊古達拉拿下底線三分球，再見柯瑞與格林相互搭配攻防上籃得分，將比數追成僅落後七分。緊接在後的格林，籃下一個錯位，以大吃小之姿，讓保羅上籃再得兩分，快艇隊還來不及反擊，伊古達拉已在右側底線，趁一個大空檔，三分線出手得分。戰況越來越激烈，兩隊攻防氣焰高漲，互相開火，勇士隊小一號的體型，讓防守趨於弱勢，但靠各種技巧，還是勉強可以擋得住，如湯普森負責防守快艇大前鋒葛瑞芬之際，就透過快速包夾讓後者無法善用體型的優勢。

比賽在一次暫停後，再度開展。葛瑞芬試圖再度搶籃下球得分，沒能如願，湯普森還回敬一記後撤步三分跳投，應聲得分。短短不到的三分鐘，勇士隊已經連得十一分，完全抵消掉快艇隊原本領先的差距（十分），這等懸疑緊張的氣氛，使得史岱波中心再度發生「內亂」；勇士球迷紛紛為似乎在踢館的客場勇士隊瘋狂吶喊。

就在喧鬧的加油聲中，快艇隊替補老將克勞佛投進一記三分球，希望可以拉回比數，然而這就像用沙袋抵擋海嘯，一切只是徒然。

因為柯瑞隨即以一記三分球順利回擊，保羅則在面對重重防守之際，趁隙出手，未進！勇士隊隨即祭出拿手絕活「界外轉移」：利用柯瑞當成誘餌，轉移敵隊注意力，淨空籃框附近區域的防守，尋機得分；此時拿到籃板的柯瑞面臨對方包夾防守（連葛瑞芬也在其中），而已經淨空的籃下區域，讓勇士隊前鋒格林得以乘機入侵，接獲伊古達拉的一記傳球後輕鬆得分，而伊古達拉傳這球時，人根本沒過中場，只是站在原地等待格林回返擊掌慶祝得分。

從落後二十三分的差距，在最後時刻，展現化腐朽為神奇的攻防，反敗為勝，讓勇士隊如神兵顯靈般的實力攀升至最高新境界。這等態勢無須言說，任誰都心知肚明，勇士隊先前贏得的冠軍，還不是球隊發展到了頂峰，而是一支偉大球隊的崛起。這場教人驚豔的絕地大反攻，教勇士隊對自己的實力更加篤定。

這種小型陣容的東征西討戰術，怎能產生如此強大的攻防優勢？也讓大家思考籃壇會產生何等震撼的衝擊。其實這一切的一切都與柯瑞有關，是因為他，這種戰術才得以奏效。柯瑞是這套戰術陣容的主軸核心，勇士隊所有攻勢均圍繞著他發動。

綜觀柯瑞職籃生涯的前六季，幾乎都在「企圖發揮自己超強技巧」與「如何減少弱點所產生的損害」之間取得平衡。但後來勇士隊發現，只要找到一組搭配柯瑞打法的隊友，就能讓他的球技優勢完全展現。而柯瑞這種不同於傳統的打法、戰術也讓聯盟深陷困惑茫然，若以這種角度觀看，柯瑞可稱得上是籃球革命的先鋒，更是幾十年來籃球發展拼圖中始終缺少的那一塊。

長期以來，小球戰術一直是勇士隊無法贏球的原因，教練老尼爾森一直無法找到一個夠好的大個中鋒來配合，只好試著要球隊靠著增加得分來贏球。不同於傳統低位打法，勇士隊的中鋒需兼具體型與球技的優勢，通常老尼爾森會加派一名中外線球員，增加球員陣容，以補足沒有優秀大中鋒的劣勢。換言之，老尼爾森寧願用一個善跑會投的中外線，身高僅一九三公分的後衛球員，也不要一個跑速慢，只能等隊友製造投球機會的二一三公分球員。

後衛無須體格高大，因此勇士隊比較容易招攬得到，中鋒則不同，身高是關鍵，如能有身高二一三公分又具備球技的中鋒，對勇士隊而言絕對是珍寶。然而，兼具名聲與實力的中鋒，通常沒有意願加入他們的隊，若只在意是否善於投中外線，倒是容易找得到球員。

老尼爾森喜歡用那種運球如後衛的前鋒球員，用他們引開敵隊高個球員，拉開防守陣勢，讓對方中鋒遠離籃框，以便球技較高的球員能有空間往內運作投球，這種戰術讓進攻呈現高得分趨勢。

一九九〇年代前後，勇士隊所謂的「TMC陣法」（TMC指的是Tim Hardaway〔哈達威〕、Mitch Richmond〔里奇蒙德〕以及Chris Mullin〔穆林〕三人，並以他們名字的第一個字母取名。一九八九年，哈達威加入勇士隊後，三人就開始採用老尼爾森這套戰術。一九九一至九二年球季，TMC是NBA任何三名球員組合中得分最高的一組）正以上述這種鋒衛為戰術主軸。一九九一至一九九二年期間，該陣法為球隊拿下五十五勝紀錄。勇士整隊裡五位後衛上場時間高居球隊前七名，分別是穆林、哈達威、馬西歐黎歐尼斯、艾利和艾斯裘，另外兩位則是大前鋒迪龍．希爾和小前鋒歐文斯。希爾扛中鋒位置負責所有籃板、禁區攬和等垃圾項目，歐文斯名義上雖是前鋒卻具有後衛技巧，因此老尼爾森喜歡讓他控球。

這種小球戰術和進攻所產生的火花，在當時的NBA一直不受重視，因為大家始終相信，唯有堅強的防守才能贏得冠軍。小陣容這種不重視身高的策略，就表示沒有籃板球、無法保護禁區籃框，也不會有機會施展內線攻擊。因此勇士隊在老尼爾森執教期間，每回季後賽戰績從未拿下第二輪系列賽，終究敗給那些採用傳統陣容、擁有身高優勢的隊伍，而這些球隊的防守也同樣強勢。

儘管勇士隊的TMC陣法成為「打跑戰術」（run-and-gun style）的傳奇，「我們相信勇士」口號繚繞不絕於耳；而且在二〇〇七年季後賽大爆冷門，以六場比賽打下高種子達拉斯小牛隊，創下歷史紀錄，也只不過是曇花一現，而非可以永續經營的戰術。換言之，這種打跑戰術和爆冷勝利的小陣容策略，對於勇士隊的建軍歷史都只是小火花，想持續贏得勝利，還是需要堅強的防守，老尼爾森的小陣容戰術不利於防守，因此屢吃敗績。

之後勇士隊更換管理階層，開始揚棄聞名的小球戰術；先是在二〇一二年交易明星後衛艾利斯，換入中鋒柏格特，引發大批喜愛艾利斯的球迷強烈不滿，但要換得一名好中鋒，真的十分重要卻又非常困難，在沒選擇的情況下，勇士隊只得放棄球隊的得分王，換得雖然動過兩次手術、整場球季無法出賽、復出時間遙不可期的中鋒柏格特。交易出艾利斯數個月後，勇士隊在選秀會上順利選進中鋒艾斯利，倏忽之間，勇士隊擁有兩名體型高大、身形壯碩高個兒球員，奠定球隊改走傳統球術的競賽路線。

諷刺的是，當二〇一五年勇士隊打進總冠軍賽時，卻換成小陣容模式打法，讓好不容易交易換入、終於能上場比賽的中鋒柏格特卻獨坐冷板凳。但最終小陣容讓勇士隊成功壓制住克里夫蘭隊順利取得冠軍。

這種小陣容戰術成為勇士隊的絕命殺手鐧，讓他們在下一季球賽戰績轟轟烈烈。這個勇士隊獨創的戰術，陣容強而有力，尤其是對上快艇隊那場絕地大反擊的賽事之後，許多人開始稱它為「絕命陣法」。

「絕命陣法」的優勢，在於成功創造屬於籃球的「節奏與空間」概念的新辭彙，而柯瑞無疑是箇中高手也是陣容裡最致命的武器。「節奏」或稱快速打法，意指在一場四十八分鐘的NBA

球賽裡，可以掌握更多持球權，在敵隊布妥防守陣勢前，能夠創造更多機會進行快攻。「空間」則是將球員散置球場各個角落，將射手放在外線，引出敵隊的高個球員，大幅空出進攻內線，尤其是靠近籃框的空間，增加更多得分機會。

這種「節奏與空間」的環境，使得柯瑞變成敵隊眼中的危險人物。當球隊攻擊節奏加快、成功拉開敵隊防守之際，他的遠射、運球以及觀看全場的視野均邁入最佳境界，不但擁有更多空間鑽竄、試探，尤其快速轉換攻防時，敵隊防守頓時產生錯亂，讓柯瑞取得空檔出手。增加更多持球機會，也意味著可以擁有更多三分跳投的優勢，對敵隊進行得分轟炸。

不過柯瑞並不孤單，球隊裡有五名球員能夠投三分球，包含和柯瑞搭配成浪花兄弟的克萊・湯普森。在這種快打旋風戰術裡，敵隊防守上常會疏漏湯普森，讓他有機會趁空檔從容出手。事實上，除柯瑞外，湯普森本來就是NBA另一名致命射手，若是針對空手接球投籃招式，湯普森球技可能更甚於柯瑞。

在絕命陣容擔任中鋒的格林，在那場對上快艇隊的賽事中，所投的三分球均百分百命中；他可以跑到三分線附近防守打外線的中鋒，不過有時也因此讓內線缺乏防守；他也能在禁區內牽制對方高個球員，使外線球員擁有更多投球機會。通常小陣容打法主要依賴大前鋒或中鋒可以奔至外線投射，只是實際情況卻不容易，畢竟這些球員骨子裡是打內線出身，很難改變根深柢固的習慣。

要有效防守勇士隊，大多數球隊在人力分配戰術上很難作抉擇。若選擇傳統戰術，換句話說具備中鋒、前鋒、後衛等標準陣容，可能就會讓中鋒去防守精於投外線距離的鋒線球員，追隨小個球員滿場飛跑。這樣做對高個中鋒球員而言，成效不彰，難以持續，因此大多數隊伍遇上勇士隊時都會換下中鋒，轉派個頭較小的球員對抗；寧願犧牲身高優勢，全力對抗勇士隊的快速陣容。

如果隨意派五個鋒衛球員上場對抗「絕命陣法」，肯定失策。勇士隊陣容多面向、功能多元化，不但不容易防守也難以複製，如同具有魔力的有機混合物，閃光乍現，再不復見！二〇一五年那讓勇士隊奪冠、拿下MVP頭銜的球季，當時所展現的「絕命陣法」，永遠無法百分百重現！

同樣地，想複製格林的角色也絕非易事，他是「絕命陣法」奏效的關鍵之一，即使就內線位置而言，他的體格不夠高，但陣容中的五人能順利防守、可以搶籃板、還能得分，格林可稱得上位居樞紐。

官方資料顯示格林身高二〇一公分，只是當勇士隊使用小陣容戰術時，他可是身兼中鋒位置，不但游刃有餘，甚至還能有效制衡對方。他的雙手一張，可長達二一六公分寬，宛如雙劍，成為攻守利器。除此之外，出身貧寒的密西根州賽格諾市，形塑出他有如皮革般耐操的個性，完全彌補了身高的不足。他的防守攻勢強勁，懂得如何充分利用對的角度、洞悉如何完美掌控時間點，聰明的他，也善於快速領悟攻防的趨勢，循跡攻擊對方弱點。

格林能夠護籃、對抗禁區高個球員，因此也可稱為小陣容主幹。對敵隊而言，他是勇士隊禁區大將、能吸納籃板，尤其善於在籃下乘機擾亂敵隊打球節奏。另外，格林具有小前鋒傳統球路，在禁區拿到籃板後可以像個特種部隊般自己帶上前場。哪一隊的中鋒具有這種能耐，能夠自己帶球打快攻？

選秀會上，以小前鋒身分獲選的格林，多元技巧是招牌特色。他能透過運球、傳球、搶籃板等球技，彌補自身身高與體能的不足；可以綜觀全場，以打游擊的方式找機會搞破壞，增加球隊贏球的機會。尤其在他進入職籃的前幾年，他鑽營投籃技巧，三分球幾乎信手拈來，再為自己多元技巧增添一筆精采利器。

「絕命陣法」之所以萬夫莫敵，在於能在極短時間磨合出球員之間的默契。格林擔任勇士隊中鋒時，防守儘管略有失利卻控制得宜，足以讓團隊好好發揮攻擊火力。

那場勇士隊取得當季破紀錄的第十六場勝利的比賽，交手隊伍為洛杉磯湖人隊，在比賽進行到第一節的時候，教練團做出一個大膽決定（之後證明這個決定是明智之舉），不因循慣例，在剩下五分十九秒時，換下先發小前鋒巴恩斯，改派伊古達拉上場。

那場球，巴恩斯在第一節前四分內拿下八分，明顯看出手氣正夯，貿然換下，可能扼殺這股好運。當時湖人隊先發中鋒為二一八公分、一百二十二公斤的希伯特，對格林而言是否太過高大？深具威脅？阻礙攻防？教練團最後決定冒險一試，相信格林。先前他們也曾不顧身高懸殊差異，讓格林成功施展「小吃大」戰術。

當時湖人隊發現勇士隊戰術有異後，隨即喊暫停。彼時柏格特並未出現在勇士隊場邊磋商戰術的人群裡。湖人隊換下希伯特，讓大前鋒巴斯遞補。勇士隊本想讓小號大前鋒對抗敵隊最大號中鋒，結果反倒是湖人隊先心虛自行換了球員了。

「在NBA有哪個身高二〇一公分的前鋒能夠扛起中鋒位置？」勇士隊的助理教練佛雷瑟如是問道，「格林真的是陣容中非常重要的成員，因為他就是這麼多才多藝；身高夠格防守高個中鋒，高個中鋒也得夠能耐才能成功對付他的進攻。格林就是如此能纏善鬥，是位天生贏家。

「當球隊需要籃板球時，他就是能抓住時機，緊緊抓取，簡直可稱得上是無所不在。這不僅與他善於防守又能在禁區擋下高個球員的能力有關，還有搶籃板的功力真的很強。格林就是有辦法面面俱到，完備處理那些看似微不足道卻又無比重要的工作。」

格林的「無所不在」遠近馳名，而且對球賽所產生的影響力，可從數據上顯現；這些年所磨練的功力，完全展現在與波士頓交手的那場第二十四勝比賽。勇士隊在這場兩次加時延長賽裡，格林拿下二十四分、十一個籃板、八次助攻、五次抄截、五個火鍋。數據之外教人驚豔的還有格林能在場上與對手不時磨蹭、打死不退的精神。

波士頓塞爾蒂克隊代表綠色，對勇士隊而言恍如具致命毒素的綠石，完全是命中剋星；波士頓對那種亂無章法的打法與勇士隊形如流水的戰術形成強烈對比，塞爾蒂克隊球員的身高、靈活度、體能強度與勇士們的節奏感全面開戰。

格林的打法卻成功彌補兩隊的差異，不但大幅增加隊友投三分球的機會，還能順利施展快攻策略；「絕命陣法」讓塞爾蒂克隊飽受騷擾、磨蹭之苦。另外，格林還能為比賽定調，所有籃下任務全由他一手包辦，使得勇士隊能夠連番採用精采的砲轟攻勢。

「絕命陣法」中另位難以替代的球員就是伊古達拉。如果柯瑞是夜空最閃亮的一顆星，那麼格林就是地面最穩固的基石，而伊古達拉則是數學家的化身。

他善於使用直覺精算比率、測量角度。十年球場經驗，讓他成為最佳防守，對於交手多次的球員，總能精準預測自己對應時該防守的正確位置。如防守對象為詹姆斯，防守策略會避開貼身的緊密盯人方式。善於計算成功率，也讓伊古達拉在球場上無需浪費力氣，防守風格屬於防患未然，透過洞悉人心的觀察力，快速去除可能產生的妨害。

伊古達拉擁有傳統優秀防守球員的體型，一九八公分的身高，兩臂左右展開約二一一公分長，即使年過三十歲，爆發力偏弱，行動依然敏捷、靈活，動靜皆宜，打球不單靠蠻力也懂得運用腦力，讓他穩站勇士隊防守強線。

除了精於防守，他的進攻攻勢也十分穩定，為勇士隊少數運球技巧高超的球員，在「奪命陣容」中，可是場上控衛最佳第二選擇。

伊古達拉曾是先發球員明星，在費城的八個球季中有四季平均得分在十七分以上。他從來不是天生得分好手，而是懂得組織攻勢的人，可以控球、傳球、也能飛身扣籃。儘管隨著年歲漸長，得分能力下降，精湛球技卻讓他變成場上可靠的指揮官，能為勇士隊製造彈性空間，讓柯瑞擔任得分後衛，發揮三分球神功。

在二〇一五至一六年球季，伊古達拉儼然成為組織攻勢大師，只是初始他卻是十分抗拒這樣的角色設定。

在伊古達拉球員生涯的前七百八十五場比賽中，他始終是萬眾矚目的先發明星球員，能夠隨時上場，自由穿梭賽程，宛如變色龍，臨機應變，滿足隊友的需求。二〇一四年夏天，勇士隊聘請柯爾執教後，卻將伊古達拉改為替補球員。在他眼中，伊古達拉球員排名退居第六，是板凳球員第一名，實力相較於傑克森執教時期同樣位居板凳球員第一名的巴恩斯，卻更為出色。他不但可以隨時遞補場上任何一位球員，上場打球後也能與頂尖隊友搭配得天衣無縫，可以稱得上是主控第二波陣容的指揮官。巴恩斯則不同，儘管年輕體力充沛卻技巧不足，只能仰靠實力強勁的隊員相互搭配，才能完全發揮實力。

伊古達拉對於這樣的安排，表面上聲稱完全配合球隊指揮，內心卻滿腹委屈。但為了顧全球隊和諧氣氛，只能勉強自己，沉默接受。

柯爾職掌兵符數個月後，伊古達拉常在比賽後段，獨坐冷板凳。怨聲連連的他，常與同為亞利桑那大學校友柯爾互傳手機簡訊，強烈表達內心的不滿，也開始討論自己在勇士隊的角色和柯爾對他的期望。

「最終，他安慰自己，就這樣接受吧！不然還能如何？」助理教練佛雷瑟回憶說道，「不過暗地裡可能會偷偷笑罵：『去你的，柯爾。』」

他提及，伊古達拉放棄抱怨，坦然接受自己在球隊的新角色。個性使然，雖然對人生懷疑，也不容易相信他人，然而一旦下定決心，伊古達拉就會全心全意展現忠誠，死心塌地跟隨。

勇士隊球員中，伊古達拉與湯普森感情最為深厚。自從伊古達拉在二〇一三年加入勇士隊後，兩人就成為無話不談、宛如親兄弟般的好友。當湯普森合約到期之際，伊古達拉甚至遊說球隊延長續約。

有趣的是，湯普森的球路後來進步發展相當多，從原本一個只會投籃得分的單一功能球員，發展成一個全面的球員。他的進攻招式，後來發展到可以靠自己單打投射。二〇一五至一六年球季，湯普森的單打能力更上一層樓，可以靠著運球輕鬆過人，也可以在三分球無法施展時，自己帶球作中距離跳投得分。

在身形相近的球員中，湯普森高度夠且體格結實，球技雖不如其他得分後衛刁鑽、動能十足，打球速度卻很快。他粗壯的雙腳讓身體重心穩固，修長的手臂則在揮舞防守時圈出一大片空間；他在球場上完全可以對抗敵隊的得分後衛。湯普森就是這般讓自己的防守成功融入球隊之中，成為核心角色。

對多數NBA控球後衛而言，湯普森的防守完全密不透風。他不是那種能夠一眼洞悉對方攻勢，順勢輪防的球員，也不是那種具備三四種攻防能力的菁英防守。無可否認，職籃多年生涯，他的確有長足的進步，不過過於專注也可能成為弱點。

如果你要他一次只做好一件事，像是成功防堵一名球員，他可以做得非常出色。傑克森教練任職期間，派湯普森對抗敵隊控衛之際，總讓他像隻凶餓的洛威納犬，死咬對方不放，令人刮目相看。通常敵隊即便卯足全力，也無法甩開湯普森緊追盯人的攻防，因為他亦步亦趨，緊追不放；高大結實的體型，被敵方不慎追撞也不受影響，防守不間斷，讓敵隊球員宛如穿上濕濡大衣，厚重不已，使不上力。

二〇一五至一六年球季，勇士隊開季第二十三場連勝比賽中，前勇士隊球員、當時為印第安納隊球員的艾利斯，深刻感受到湯普森在球場上舉足輕重的地位。二〇一五年十二月八日，勇士隊前往印第安納比賽時，曾在第一年擔任過艾利斯替補球員的湯普森，搖身一變，成為嚴防艾利斯的球員。

原本攻防快速積極的艾利斯，與老東家交手，不知何故，攻勢變得疲軟不濟，氣勢更是薄弱，整場比賽投射十一球，只有四球投進，拿到九分。反觀湯普森攻守俱佳，在第一節得到十七分，所投十六個三分球裡，成功投入十次，總共拿下三十九分。

「湯普森可以稱得上地球最棒、能力最完整的球員之一！」杜克大學男籃教頭、人稱K教練如此誇讚湯普森，「他不僅是個射手、是極優秀的進攻型球員，同時也喜歡防守，而且樂此不疲！整個人充滿源源不止的動力！」

巴恩斯的角色則是使得「絕命陣法」更為完整。整支球隊就數他最年輕，卻也是奪命陣容中最不可或缺的填補人，總能在多次的空檔接球後投籃得分。他對球隊最大貢獻同樣在於防守，身高二〇三公分、重九十五公斤，是先發球員中最具爆發力的一位，高大壯碩的體型足以對抗他隊高個球員，靈活的身手也能夠與小個球員斡旋。

跟對方大前鋒抗衡時，他能力扛內線，而且一翻身後也能用速度甩掉對方，這點對於勇士來說很重要，因他在注重快速攻擊的同時，還能不失防守。

時值奪冠那一季，巴恩斯始終選用這等打法，然而之後身形略顯發福，體格變壯的他，不想再靠蠻力打球，希望大幅降低上場迎敵時對雙腿的傷害，因此當他與凶惡、愛與人衝突的灰熊隊員藍道夫或在搶占位置對上前雷霆隊中前鋒伊巴卡時，無不期盼自己可以更為壯碩結實一些。

只是這個決定讓他的進攻能力大受影響，不但降低進攻的穩定度，持續力也變差；進攻時再無法輕易甩開敵隊防守，增加的體重也讓他打球的速度變慢，因此導致在球季開打之後，他的腳踝受傷，投籃命中率也不如從前。

但這真的是實情？其實巴恩斯根本不適合擔任主宰性強的得分員角色；他應該是個終結者而非創造者。面對複雜的防守，他的控球能力根本不值一哂，進攻時又想得太多，忽略了本能的直覺。

在勇士隊陣容中，巴恩斯最受非議，因為從未如大家預期般展現自身的能力和天分。在愛荷華州艾姆市就讀高中時期，他被視為曠世奇才，進入北卡大學時，更被認定必然會成為NBA的大學球星，因此當他被勇士隊選入時，雙方都感到無比慶幸！只是巴恩斯卻沒能如大家所願，成為NBA明星球員，反而淪落為倚靠其他球星維生的配角球員。

儘管教人失望，巴恩斯對球隊而言依然有其特定的價值和能力。在與柏格特、賽斯一起加入達拉斯小牛隊之前，巴恩斯在當時號稱NBA史上最具獨特才華的勇士隊中，扮演極重要的關鍵角色，尤其當時球隊正逐日發展茁壯中。

當時柯瑞已經提升到名人堂等級的地位了，部分原因在於能夠大量製造得分機會，且幾乎從不失常，獨特的球技得以發展得淋漓盡致，某種程度上也與球隊整體攻勢、球員間頗具默契的配合有密切關係。不可諱言，柯瑞自身極佳的投射能力以及比賽道德，即便沒有他人協助也能引領風騷，創造歷史。不過若強迫柯瑞在NBA傳統陣勢中與傳統打法的球員搭配，根本無法締造目前可見的漂亮成績，彷彿電影「駭客任務」中的主角，沒有經過程式解碼，就無法有效發揮功能。

二〇一五至二〇一六年，勇士隊開季就打出二十四連勝的佳績，而柯瑞在頂尖隊友相互配合之下，不但一手主宰球賽的節奏、風格也左右了賽事，更將自己從超級球星推升至成一股萬夫莫敵的態勢，簡言之，他擁有顛覆賽事的能力。

勇士隊的陣容核心中，柯瑞始終有大後衛湯普森陪侍在旁，一旦遭逢體能動能絕佳、體型優勢獨大的敵手時，湯普森總能適時補強柯瑞在防守上的弱勢，讓他可以放寬心施展身手，攻防更加自由不羈。

柯瑞懂得如何組織隊友攻勢，被包夾時可以適時補足進攻的空檔，其他扮演射手的隊友也能拉開防守陣勢，讓他有更大的發揮空間，增加進球的機會，甚至隊友還為他控球，讓他能更積極地進攻得分。

二〇一六至二〇一七年球季，勇士隊在「絕命陣法」上又加碼演出。

勇士隊總管麥爾斯是個容易緊張的人，凡是必得預作準備才能夠安心，而球隊多年來計畫招攬杜蘭特入隊，此時認為應該是付諸行動的時機。

這場位於紐約長島漢普頓豪宅區的杜蘭特招聘計畫，勇士隊可謂大張旗鼓、大費周章，彷彿美國職棒國家聯盟邁入季後賽時，個個隊伍摩拳擦掌，積極安排指定打擊，只為贏得最終勝利。

招募過程，不但有市場行銷部製作的投影簡報；柯爾教練也鉅細靡遺闡述勇士的籃球戰略；老闆羅卡布更親自出馬，侃侃而談球隊未來願景，以及正在興建的舊金山大通（銀行）球場藍圖。

甚至還推派大前鋒格林和杜蘭特套交情，逗得他滿心歡愉，至於柯瑞，邁爾斯則希望保持一點神祕性，希望他透過電話簡訊欲擒故縱，讓杜蘭特不至於過於自視甚高。

「格林性格屬於開門見山的類型，會直接嚷著：『來啦，和我們一起奮鬥啦！』」麥爾斯如此說明著，「至於柯瑞，相對低調，簡訊方式比較適合他，每天一則已稱得上熱情，不過力道十足，而伊古達拉的方式比較像位老大哥開心地喊：『我會罩你啦，相信我。我也曾經轉隊，勇士隊還在季後賽殺得我們片甲不留，可是我還是來了！』

「每個人遊說的情況各有不同，最後我們擠掉競爭強手丹佛，杜蘭特也就這麼入隊了。不過，過程中，球隊還是承擔了極大的風險，因為在爭取自由球員的過程中，我們只挑了他，一旦失敗，後果真是不堪設想，至於湯普森……我不知道他在幹麼？還活著嗎？」

雖然勇士隊近年捷報頻傳，氣勢如虹，渴望簽入杜蘭特的心情卻絲毫不減，即便已經拿下雷霆隊，差一點就連莊贏得總冠軍，杜蘭特仍是未來球隊繼續壯大，贏得總冠軍的指標。

在經歷過場場季後賽後，勇士隊發現其他球隊也創造屬於自己的「絕命陣法」，企圖與勇士隊首創的「絕命陣法」相抗衡。那場西區冠軍賽爭奪戰，雷霆隊版的「絕命陣法」相較於勇士隊版更為駭人；杜蘭特對抗勇士隊的巴恩斯，而二〇八公分高的伊巴卡，跳彈能力佳，強勢防禦力可比擬勇士隊的格林。

雷霆隊排出的「絕命陣法」在系列賽的前四場，明顯的比勇士隊更為強悍，部分原因與柯瑞有關，他在第一輪比賽中膝蓋舊傷復發，使得表現失常，不若之前強勢，再則雷霆隊即便擺出小陣容戰術，球員體型依然略勝一籌，無論是高度還是結實度均優於勇士隊，打球的速度卻絲毫不減，也可與勇士隊媲美。

即便如此，柯瑞與湯普森依然配合得天衣無縫，尤其湯普森靠著大量的三分球，讓勇士隊免於吃下敗績。最後冠軍賽，克里夫蘭如法炮製，騎士隊的大前鋒泰瑞斯坦．湯普森是位兼具跑場能耐、體格更為壯碩的球員；詹姆斯則是攻防兼具的大前鋒，防守能力尤其高超。騎士隊三衛陣容中，後衛厄文是得分高手，防守能力與時俱增，J．R．史密斯和薛波爾特不但可以有效防禦對方中外線，也能自己在中外線攻擊得分。

柯瑞當時的確帶傷上陣，如果沒有這層阻礙，勇士隊可以輕易反擊奧克拉荷馬和克里夫蘭的小陣容。無可否認，這等小陣容戰術，已經完全被成功複製模仿，柯瑞首創的雙衛模式更是引領風潮，讓他從只懂得分的不務正業控衛，搖身一變成為各隊爭相模仿的楷模，連雷霆隊和騎士兩隊也比照辦理，分別推出衛斯布魯克和厄文兩人，成效也不遜於柯瑞。在此之前，這兩人常被批評，明明是控衛身分，上場卻頻頻濫投濫射，企圖得分。

不過季後賽也證實勇士隊的小型陣容之所以所向無敵，柯瑞就是關鍵，只是勇士隊卻胸懷大志，不甘於安逸現狀，想在與他隊「膨風過的」小陣容交戰中勝出，必得想辦法讓自己的小陣容戰術更上層樓才是上策。

而杜蘭特就是小陣容戰術升級版的關鍵，一個嶄新的設計模式，足以帶領勇士隊立於不敗之地。雷霆隊的小陣容必須擊破，杜蘭特的加入可以有效對抗克里夫蘭隊的詹姆斯，就理論而言，就是一次配備上的升級，而杜蘭特的加入也讓正值顛峰時刻的柯瑞如虎添翼，攜手讓勇士隊迎向冠軍！

勇士隊在柯瑞的帶領下拿過冠軍，在正規季賽創下最佳勝場紀錄，他不因此自滿，始終持續精進自己的球技，而杜蘭特的加入更是他持續不墜的關鍵。

人們總是問我柯瑞本人是否真如外界所說的那樣好？我總是回答：「不！他本人比外界所說的還要好幾百倍！」

——威爾茲（Rick Welts，勇士隊總裁）

第三章　平凡的家庭生活

在休息室內，柯瑞沒穿上衣，坐在自己的置物衣櫃前。他彎著身子，兩手肘靠在膝蓋上，下巴幾乎碰到胸部，他的兩旁一邊是格林的置物櫃，另一邊則是放置運動飲料的冰箱。柯瑞輕手抓抓頭上那幾叢頭髮，眼睛直視著地板……這裡是雷霆隊主場的契薩皮克能源球場客隊球員休息室，柯瑞腳底下是灰色的地毯，兩腳中央躺著一疊剛剛敗戰給雷霆後的「解剖報告書」：二〇一六年西區冠軍戰第四戰勇士隊以九十四比一一八輸給奧克拉荷馬市的敗戰紀錄。

和第三戰的敗績相比，這場比賽還算好的，但是所受到的衝擊其實更讓人頓挫。勇士隊在上半場讓對方攻下七十七分，而且還落後十九分。第二節奧克拉荷馬市雷霆隊狂電客隊勇士，雷霆球迷瘋狂呼喊，這群白衫軍的狂喜歡呼，像是雪崩一樣崩落球場。這樣的干擾嚴重影響到衛冕軍隊的作戰計畫和信心以及士氣。

在第三節時，勇士隊湯普森試圖力挽狂瀾，他那一節得了十九分，最後一記得分是柯瑞的擋切製造出的空檔，讓給湯普森上籃，那一記得分後讓雷霆只領先六分。第三節的防守讓雷霆隊出手二十三次只進七球，看似這支衛冕冠軍隊伍找到破解方法了，勇士隊好像終於恢復正常。第四節一開頭湯普森又一記三分球，差距拉近到九分，他們還有幾乎一節的時間來追上比數，這九分對勇士來說向來不是個問題。

然而，接下來勇士隊卻完全垮掉了。先是雷霆隊來了一波七比〇的攻勢，立即將勇士反撲的火勢滅掉，衛斯布魯克在終場前三分鐘的一記三分球更迫使柯爾教練叫暫停，這個暫停等於是舉白旗投降，讓勝差達二十三分的勇士先發球員提早下場休息。

此時，勇士隊在這系列戰以一比三落後，休息室的氣氛很低落。第三場比賽時他們最多落後達四十一分，其實是那場比賽輸就輸了，有點像手上的零錢掉了就算了，他們沒那麼介意。但第四場賽事嚴重地擊垮他們，賽後整隊士氣低落，有點像是吊在懸崖邊、面臨史上最痛苦的失望與無助。

柯瑞對於自己在關鍵賽事的脫序表現也很難面對，他整場比賽投二十只中六球，其中三分球投出手十次有八次沒中，而且失誤（六次）比助攻（五次）還多，一點也不像是兩屆的年度MVP，柯瑞對自己這樣的表現很懊惱。

整間球員休息室靜悄悄的，就像裡頭沒有任何生物似的。這是本季第一次賽後氣氛如此低落，沒有任何聲音，即使平常敗戰也不會這樣，再怎麼洩氣，總會有些球員嘆嘆氣或訐譙幾句。

但此時只有死寂取代一切，現場安靜到可以聽見運動飲料機和電冰箱的嗡嗡聲，安靜到可以聽見球員撕下腳踝繃帶的聲音，安靜到可以聽到柯瑞手機的震動聲。

柯瑞緩緩地搖頭，還是不太敢相信這些數據，最後才將目光從報告書中轉移到震動的手機上。他拿起手機一看，原來是老婆艾莎傳來的簡訊，是一則視訊簡訊，他按了播放簡訊，女兒萊莉可愛的聲音透過他的蘋果手機傳了出來。

「爹地，抱歉聽到你輸球了，我愛你、我愛你，我等不及要馬上看到你了！」

柯瑞頓時放鬆了，他坐正看著手機屏幕上女兒的笑容，自己也微笑了起來，緩緩將膝蓋上的繃帶拆掉，站起來將比賽的球褲脫掉。他突然哼著歌，把浴巾圍在腰上，然後把內層的運動緊身褲也脫了。

他正走向淋浴間，有人問他：「你擔心嗎？」他一開始的表情有點困惑，回頭看了一下，皺著眉、嘴巴翹起來，彷彿聽到了很荒謬的話。

「擔心？」他回答時的表情很像灣區西奧克蘭一幅已故知名饒舌歌手馬克垂的壁畫。馬克垂在奧克蘭地區和柯瑞一樣，有很高的知名度與人氣。「你們沒看過我們球隊的表現嗎？我為什麼要擔心？」

他哼完歌後走進淋浴間，腳步似乎有了生氣，他重新找到活力，一掃之前的陰霾。

這就是典型的柯瑞。就像在球場上，他可以任意變換方向，可快速從運球轉變為立即出手投籃。柯瑞就是有這種馬上調整角度的本事，他就是這麼處理所有的情況——無論是快速竄起的優越霸主地位、邪教教主身分，或是面臨源源而來的各種機會和責任，甚至在如稀薄空氣般的壓力下，他都臨危不亂。任何情境對他來說都沒什麼差別，因為基本上他就是一個喜愛享受平凡的人。

瞧，小史（Steph，指柯瑞）就是這麼一個興奮、熱情、有赤子之心又好強的大孩子，他的情緒都寫在臉上。你會看到他嘴裡咬著護牙套玩，來個背後亂投球，在場邊板凳上為了激勵巴西籍隊友的精采表現而大跳薩爾莎舞。他就是這麼一號人物，能夠陶醉在對方的進攻挑戰、享受和聯盟高手火熱對打的情境，若他發生愚蠢的失誤，則會搥自己的腦袋瓜洩憤。

但柯瑞也可以馬上變臉，他可以變成正經的「柯瑞先生」，可能是高階主管、商品宣傳人、大亨，甚至價值百萬的名牌代言人，舉手投足間展現魅力。這時他變成一個什麼都說好、什麼都可答應的人，他認為自己為勇士王國代言，身負重任。這部分的他很重視自我形象和自己所屬的球隊，他懂得適時跳出來和總裁級人物拉近關係，或和流行歌星、明星、匿名政治掮客哈拉，甚至在某些情況下扮演國際巨星的角色，他都搞得定。

把「小史」和「柯瑞先生」合起來，就是史蒂芬（Stephen）了。他是一個平凡無聊的傢伙，可能就適合當肥皂劇裡的那種配角，所以他媽媽和老婆都叫他「史岱芳」（Steffan）。這平凡小子和球場上那個超級巨星是相互矛盾的，這位普通人就因為他的超級籃球天分而陷入超凡境界。他受到大家喜愛的原因，就是因為他忠於自我，忠於那個平凡普通的自我。

通常被問到問題時，柯瑞不馬虎亂答，他甚至在下一次遇到同一問題時，答案依舊，可見他真心重視對方的問題。他很細心觀察並感謝那些私底下默默付出的幕後人物，他第一次獲得MVP獎在頒獎典禮上致詞時，提到他很感謝勇士隊裡的保安人員沃克和器材管理經理霍森。同時他也是個活寶，愛捉弄隊友，每場主場比賽前會和甲骨文球場裡的保安人員隨歌起舞，模仿YouTube裡一個當地小炸雞店廣告裡的白痴舞步。

柯瑞雖是超級巨星，但他平易近人的身段，讓人佩服得五體投地。他越是有名望，他的行為舉止越樸實，讓人驚嘆。那些跟他很熟的朋友都搖搖頭，不敢相信他這麼多年來還是一樣謙虛、低姿態。

「我對成功的定義就是現在坐在你眼前的這一群人，你的成功，就是有這一群最了解你的人深愛著你。」這是勇士隊總經理麥爾斯在柯瑞獲選年度MVP獎的宣布會時，指著柯瑞所說的：「而且我也知道有很多不了解你的人，也深愛著你。但那些非常了解你的人如此地愛你，這代表最真實的誓約。因為這世界上有很多知名的人，他們很有成就，但是他們的家人或朋友並不愛他們，而你（指柯瑞）完全相反，實在很難找到不愛你的人，簡直就是不可能。」

他如巨星般的吸引力——良好的名聲、親和力、粉絲的崇拜——讓他變得更接近真實的「史蒂芬」。柯瑞很愛惜自己的羽毛，他堅持自己的理念和家庭價值，即使名氣急速竄升，他仍腳踏實地堅守本分。

若你說柯瑞是籃球界裡最有看頭的球員，可能有所爭議，但場下的他絕對像一個再平凡不過的鄰家男孩。當然囉，他和歐巴馬總統打過高爾夫球，也參加過一些知名脫口秀節目，他有成千上萬的粉絲，也有成千上萬的財富，但打從娘胎起他所受的教養對他影響深遠，這些名利都被他小心區隔開來，並縮小化了。他在角色扮演上經常掙扎於享受「柯瑞先生」所帶來的寵愛，以及在謙恭有禮的「小史」所得到的讚美和成就感，卻又要不失去真正的自我「史蒂芬」。

他這份真我的最佳寫照，就是與妻子艾莎維持著甜蜜的關係。若沒去了解艾莎的重要性，就不可能真正了解這名ＮＢＡ巨星。柯瑞愛家、愛妻，艾莎是他穩定的避風港，柯瑞不離不棄，並且很珍惜艾莎，有了她，柯瑞才能向世人展現真實自我。

那也是為什麼柯瑞能夠呈現出一幅如畫般的完美形象，因為他有這段婚姻作為後盾。雖然他們夫妻倆平時的公眾形象很恩愛，無論做什麼都很甜蜜快樂，但若和他們私底下相比，這些形象根本相形失色。離開鎂光燈的他們更如膠似漆。

「他們真是太登對、太美好了，我看了都忍不住說：『噢！』（肉麻之意）」柯瑞的媽媽桑雅邊說邊用手指著自己的喉嚨，一副忍不住快爆笑出來的樣子，她描述小兩口的甜蜜關係：「有時我會想，他們是真的還假的啊？他們配在一起也太完美了吧！」

在奧克蘭一個宜人的夜晚，當時勇士隊還在二〇一六年季後賽第一輪與休士頓對戰，勇士當晚取得第一勝後，柯瑞夫婦前往當地知名的大相撲日式餐廳用餐。那晚柯瑞在比賽中受了點傷，上半場末右腳傷的情況看起來還不大礙事，至少對爭冠之路應該沒太大影響。夫妻倆在醉人的舊金山上城享受這美好的一晚，晚餐時他們得知待會兒知名黑人演唱家福蘭克林會在附近的奧克蘭派拉蒙劇院演唱，立即想在網上購票，可惜票已賣完。

晚餐過後夫妻倆漫步去取車，那天攝氏二十六度，為夜晚帶來一點溫度。兩人手牽著手，迎著微風漫步在舊金山西格蘭大道上，這樣的氣氛很適合即興唱上幾句，雖然他們沒能親耳聽到福蘭克林的演唱，但可以自己來上一段。在人行道上，兩人以「天下一家」那樣的合唱方式，你一句、我一句地哼唱那首曾由凱利、波諾等多位歌手合唱過的「傾靠我」。有演員背景的艾莎，在唱到黑人女歌手布萊輪唱的那一段時，投入了更多情感，拉高嗓音。

一名女子經過他們身旁露出訝異的眼神，以為他們是怪咖，直到她發現這對小兩口是柯瑞夫婦時，驚訝到說不出話來。

這是很典型的柯瑞夫婦之夜。柯瑞和艾莎就是這麼真實的一對，隨時上演著浪漫喜劇，有點多愁善感、有點傻氣、有點溫馨，看似太過正常、卻又相當稀有的夫妻檔。真的只能用千禧世代／Y世代最夯的字眼「cute」（可愛）來形容他們，這形容詞涵蓋了魅力、青春、溫馨和激情。實際上，柯瑞夫婦倆可愛到爆表。他們有點像表情符號世代的甘迺迪家庭王子公主愛情故事，或是NBA版的「有情人終成眷屬」偶像劇情節，又像是社群工具推特裡的#RelationshipGoals（愛情保鮮法）真實版。

柯瑞夫婦經常把生活瑣事公開發布在社交媒體上，包括跳舞影片、搞笑照片、享受美好生活等家庭照。雖然這些看起來像是刻意製造的幸福假象，特別是對於那些長年來看夠了演藝圈銀色夫妻肥皂劇——「Brangelina」（Brad Pitt〔布萊德彼特〕＋Angelina Jolie〔安潔莉娜裘莉〕）、「Bennifer」（Ben Affleck〔班艾佛列克〕＋Jennifer Lopez〔翹臀珍〕）和「Kimye」（Kanye West〔溫斯特〕＋Kim Kardashian〔卡達夏〕）等設計過的新聞——的觀眾而言。

不過當你真正了解他們的愛情故事後，就會明白他們的一舉一動並非刻意做作的公關照了。「他們從一開始就是完美的天作之合，未來也是完美的，他們還有完美的寶寶。」這是柯瑞弟弟賽斯以前的大學室友史翠勤所說的，他和柯瑞家庭交往甚密。史翠勤還說：「他們有完美的父母，他們兄弟妹三人也很完美，家庭關係完美到沒話說。」

這種父慈子孝的完美關係，從以前至今，就栩栩如生地描繪了柯瑞這個人。二〇〇二年老柯瑞職籃退休後，全家搬回北卡夏洛特市，信奉基督教的他們，開始走進當地中央神教會集會。柯瑞兄弟還參加教會的青少年團體，這也大概是柯瑞和艾莎相遇的開始。

一開始艾莎很少跟柯瑞說話，但是她喜歡他。艾莎是加拿大多倫多人，每次和家人回多倫多時，都會從家鄉帶一些糖果回來。柯瑞以前住多倫多那段時間，就很喜歡加拿大特產的——沾了糖粉的軟糖——蜜桃軟糖，之後他也愛上另一種類似的酸甜軟糖。

「在某種程度上，這算是他們之間的調情互動吧！」柯瑞的妹妹席黛爾回憶時這麼說，「她通常在教會活動結束後去找他，簡簡單單說幾句就馬上離開。我看著她心想：『拜託！她也太遜了吧！』不過我哥還滿喜歡這招的，留下了深刻印象。」

艾莎是混血兒，有多元族裔的背景：非洲裔、波蘭裔、美國裔、華裔、牙買加裔，她有兩個兄弟和兩個姐妹。後來他們全家遷至夏洛特，和她母親那方的阿姨住得很近。她阿姨在當地擔任住院醫生。艾莎的父親原本是個巡迴表演團隊的旅途管理員，曾陪著放克大師瑞克．詹姆斯和饒舌兩人組 Kris Kross 巡迴演出，不過這工作對於一個虔誠的基督教家庭來說不太理想，因此他決定轉行做房地產，在夏洛特的郊區從事地產工作還滿適合的。

艾莎一家在夏洛特附近尋找適合的教堂，最後找到和柯瑞家庭所屬的同一教堂，這教堂讓艾莎他們回憶起在加拿大集會的靈福神召會教會。艾莎每週三晚上會到教堂參加讀經班，和柯瑞同班，兩人偶爾還會通電話聊聊天。

柯瑞描述那一段和艾莎交往的青澀歲月：「那時正值初中、高中的羞澀期，我們沒有聊太多。」

二〇〇八年三月，柯瑞在大學男籃錦標賽裡東征西討，他成為大學男籃裡最會得分的球員，帶領戴維森學院一路殺進NCAA菁英八強賽，頓時成為全國知名球星。

柯瑞的媽媽桑雅回憶說，那段時期上帝給了她指引，這麼多年來她一直虔誠地禱告，希望正值青春期的柯瑞能夠全神貫注在學業和籃球上，並且「遠離女色、遠離女色、遠離女色」，但某個春天的早晨，她起床後禱告，還沒禱告結束、還沒說「阿們」之前，她突然驚覺有些不太對勁。

「我說：『戴爾（老柯瑞）！我的老天啊！我正在幫大兒子的另一半禱告。』」桑雅回憶起當時，「他說：『什麼？』我說：『我知道，我也嚇了一跳。我已經準備好讓他尋找另一半了。』」

那一年夏天，柯瑞獲邀參加體壇盛事ESPY頒獎典禮，他被提名為最佳突破運動員，必須前往洛杉磯赴宴。

柯瑞想起：「哇！洛杉磯！艾莎現在就在那兒！」

艾莎在高中時期就讀威汀頓高中，距離柯瑞的學校開車要二十分鐘，她比柯瑞早一年畢業。十七歲時搬到好萊塢追求她的演藝夢。具有演戲天分的她，曾被加拿大著名的約克大學藝術系錄取，「星際大戰」知名演員克里斯勤森就是該校校友。艾莎後來在迪士尼頻道節目如「漢娜．蒙大拿」和「好運查理」中演出。

這些年來他們各奔西東，很少機會見面，但是艾莎一直留駐在柯瑞的心中。她美麗、對柯瑞很溫柔、有抱負，也很聰明。柯瑞很喜歡她，因此在臉書上安排和她重聚。

艾莎一直解釋她當時對柯瑞並沒有感覺，但後來慢慢改口。

「我才不相信呢！她當時明明對柯瑞也有意思。」柯瑞妹妹席黛爾說。

兩人在好萊塢見面後，遊歷了不少景點：星光大道、柯達戲院，該去的都去了。那一天，老柯瑞一直在旅館房間裡等著柯瑞回來，他們本來是要出席美足四分衛小曼寧舉辦的派對，但此時的柯瑞心中只有艾莎。套句電影「心靈捕手」裡面的台詞：史蒂芬得去關照這個女孩。

之後，桑雅親眼看著大兒子把艾莎帶回家裡。當時柯瑞媽媽和八位女性友人正在進行《聖經》讀書會，柯瑞沒想到家裡有這麼多人，帶著艾莎經過她們走進廚房，而這些女性則紛紛打量著艾莎，看看這女孩是否配得上這位在教會廣受大家喜愛的好男孩。

桑雅回憶著：「當時她一進來，大家都帶著審視的眼光盯著她看。」

桑雅很看好並支持艾莎，讓她那群教會朋友嚇了一跳。她雖然認為那個時間點不太好，但她對兒子的選擇充滿信心。

「大夥！我內心深處感覺到，就是這女孩了！」她這麼告訴讀經班的朋友，「就是她。」

可是，妹妹席黛爾可不這麼篤定，她甚至認為才不是艾莎呢！沒有任何一個女孩會是哥哥的終身伴侶。

么妹席黛爾，是家裡的掌上明珠，上有兩個哥哥照顧，又有爸爸疼、媽媽愛的。她在家可跩了，喜歡以惹惱哥哥為樂。所以每次大哥帶喜歡的女孩回家，席黛爾絕對會評論一番，找她麻煩。

當晚柯瑞和艾莎一起看電影時，席黛爾硬是要當電燈泡，硬要擠在兩人中間，最後她被趕到一旁的沙發。當小情侶專心看著電影時，席黛爾卻盯著哥哥和艾莎看。

席黛爾從中搞破壞的情況並沒有持續太久，一週左右艾莎取得全面勝利，贏得席黛爾的喜愛。席黛爾現在稱艾莎為「摯友」、「她夢寐以求的姊妹」。

當柯瑞在戴維森學院念大三時，艾莎就搬回夏洛特了。柯瑞大學時期最好的朋友、大一時同是野貓隊的巴爾，知道兩人是來真的，因為柯瑞經常「不請假缺席」，沒空陪哥兒們。柯瑞只要一有時間就陪艾莎。

巴爾說：「艾莎經常出現在學校裡，大家都以為她是戴維森的學生。」

柯瑞在學校已是個球星，而且未來可能會進NBA，但艾莎對於這一切似乎毫不在意的樣子，柯瑞就是喜歡這點。不管柯瑞那場比賽得了三十分、上了ESPN體育中心的精采畫面，還是打得太差害學校輸球，這些都不影響艾莎和柯瑞的互動方式。大家為柯瑞的球技而痴狂，但艾莎就只對這個男人痴狂，對他的球技毫無興趣。

「對我來說那太重要了。」柯瑞這麼說，「她才不在乎籃球或NBA這些東西，她才不會讓我隨心所欲、愛幹麼就幹麼，但我就是喜歡這樣！」

當柯瑞在選秀會被選上後，他搬到奧克蘭近梅里特湖一棟離球場不遠的公寓，艾莎仍待在夏洛特。艾莎會教柯瑞和一起搬過去的好友史翠勤如何煮雞肉義大利麵，讓他們學會獨立生活。兩個大男人對廚房事物一竅不通，但艾莎就是不搬過去幫柯瑞做飯，而是一步步教會柯瑞如何處理雞肉、如何下麵條、製作醬料等。

那時史翠勤已經知道，艾莎大概非柯瑞莫屬了。柯瑞早已決定把艾莎娶回來，共度他的NBA球員生涯。

NBA帶給一個男人的光環和衝擊，是又重又快的：鎂光燈的焦點、超高的收入、女人的誘惑，很多球員都會陷入這片紙醉金迷。這些誘惑多少有點吸引力，但柯瑞從小一直受到《新約聖經》的規範，克制自己的物質酒色欲望，所以他守著自己不受誘惑。他給自己的目標是盡快成為一個好男人、好父親，因此他仰賴艾莎。他們小兩口每天早上一起禱告，下午分享彼此的生活細節，晚上閒扯歡笑。這樣親密的談話互動，是他們青少年時代所沒有的。

史翠勤回憶柯瑞的新秀球季：「那一整年，柯瑞要不是拿著手機走來走去和艾莎FaceTime聊天，就是泡在電腦前和艾莎視訊。只要沒打球或練球，他就是在電腦前和她視訊對話。」

不到兩年，他們就一起回到夏洛特。二〇一一年七月三十日，他們在年少時曾一起上過的假期讀經學校的教堂內，柯瑞站在聖壇台上，內心緊張如焚，和他看似平靜的外表衝撞著。身穿鑲著黑邊的灰色燕尾服，內襯黑色背心、銀色領帶，柯瑞看起來很酷，但在下一個瞬間，他整個人融化了。

教堂另一端的門一打開，光線有如從天堂照射進來，艾莎穿著無肩帶的白色綢緞新娘禮服，披在頭上的白紗像是圍繞著的光環。艾莎就這樣緩緩地走進教堂，這一幕讓柯瑞感動無比。

「那是我整場婚禮最棒的一刻！」柯瑞曾這麼告訴《卡羅萊納新娘雜誌》，「至今那一幕還停留在我腦海裡。」

兩人的結合就像是一闋神聖的交響樂章：偉大的愛情故事、擁有兩個漂亮女兒、飛黃騰達的職業生涯，以及可愛的親家。

小兩口就像其他夫妻一樣，要面對許多問題，他們必須共同處理各類家務事、婚姻適應的問題等等，還得應付像是可以塞爆一只LV小手提袋的忙碌行程。

柯瑞夫婦有了孩子後，很顯然地，日常生活不可能再像雜誌裡的宣傳照那樣完美。他們的大女兒萊莉在家裡常滿場跑，某次季後賽記者會上，柯瑞抱著萊莉受訪，她則搶著玩麥克風打斷柯瑞的答話而大出鋒頭。第一次當母親的艾莎，頭一年裡像是旋風般手忙腳亂，柯瑞也跟著慌張失措。他們一起經歷了初次懷孕、初次為人父母、初次成為明星家庭，所有的一切初體驗同時到來。

萊莉滿週歲時，柯瑞做了一本成長紀錄相簿作為禮物，那全是柯瑞親手剪貼的，花了他不少寶貴的時間。爆忙的他，還是想辦法完成了。那一年對兩夫妻來說真的很混亂，一堆事一起發生，艾莎還來不及好好享受這一切。因此柯瑞貼心地將所有的相片串起，好讓老婆和自己一起回憶過去。

「她知道平常我不太搞這種美勞的，」柯瑞說自己沒什麼美術才藝，「所以我花時間去做，真的讓她滿感動的。」

柯瑞和艾莎兩人真的是速配到讓人覺得有點肉麻，連他們的好友史翠勤都無法接受他們的愛情忠告。

史翠勤說：「他們倆一直想給我一些建議，但是我都會表現出『拜託！你們不懂啦！』的表情，他們根本不了解我所面對的瘋狂狀況。他們夫妻倆根本不知道要找到一個合適的伴侶有多難。他們的愛情其實很不常見，像是電視節目上才有的情節，我看他們自己都沒意識到這點。」

柯瑞夫婦真正特別的地方，就在於他們很平凡。即使擁有特權和奢華財富，他們依然過著簡單的生活，會和孩子在地毯上玩鬧，常和家人聚餐，也會和志同道合的朋友保持連繫、一起打電動。

對了，他們還會一起玩紙上益智遊戲。

和家人及朋友相處時，大家通常會一起玩美國的傳統桌上遊戲「Hedbanz」。此外，夫妻倆玩起任天堂64裡的大輪盤遊戲，場面也是緊張又刺激的。

「她玩起遊戲時，其實一點都不計較輸贏。」柯瑞說道，「她之所以想贏，就是因為她知道我不喜歡輸，然後想看我輸了之後生氣的樣子。」

即使很多責任迫使他們成長，但他們心裡其實還像個孩子一樣。他們依舊會胡鬧大笑、分享只有他們才懂的笑話，繼續在生活中找尋樂趣。

季後賽第一輪第二場比賽時，勇士對上火箭，柯瑞因傷沒出賽，艾莎在通往勇士球員休息室的通道上，表演起她唱美國國歌的樣子。她突然停了下來，向前一步，彷彿前面有個舞台似的，表情轉為嚴肅，抬起一隻手擋住柯瑞的去路，另一隻手佯裝握著麥克風湊到嘴邊，慢慢抬起頭來、張大褐色雙眼，帶著氣聲以中音高唱著國歌的開頭。

「Oooooooh saaaaaay」她一副要開始高歌了的樣子，但這兩個字一唱完，她就停了：「我就只能唱到這了！」

艾莎耍寶後，立刻又變了樣，說自己肚子好餓，柯瑞則在一旁作勢要大家安靜，想逼老婆繼續演下去。

沒錯，柯瑞是兩屆的年度MVP和NBA冠軍球員，也是新的運動品牌 Under Armour（簡稱UA）主要代言人，還替許多產品代言。他是千萬富翁，但艾莎根本不在乎他這些名利，柯瑞還是得乖乖聽話，做一名好丈夫該做的事情。

柯瑞晚上要負責倒垃圾，老婆的簡訊要馬上回，不然他就慘了。

「艾莎才不管什麼全球超級球星之類的東西！」史翠勤說，「對艾莎來說，柯瑞就只是柯瑞，在家裡老婆永遠最大。」

柯瑞喜歡艾莎把他當做平凡人看待的感覺，他可以做真正的自己，而不是一位被崇拜的籃球明星或一位主宰帝國的首腦。他是以家為重的居家男人，可以放肆地大吃大喝、看看高爾夫球轉播賽、聽聽基督教饒舌歌曲，甚至老媽來家裡聚會時，當個敢把她推進游泳池裡的大男孩。

柯瑞和艾莎從年少時一起成長，手牽手經歷風風雨雨，兩人一直相擁在一起。兩人都是對方的初戀，他們在純真的時期、還未對世事有著提防心之前，抓緊了這段緣分，才能如此自然地相處、無拘無束。

所以不管是唱歌，或是艾莎的第二自我「牙買加吉娜」——在 Instagram 社群網瘋傳的自貶自拍搞笑影片，這些都是他們真實的生活。此外，柯瑞和基督教嘻哈歌手雷克拉伊在後台的互動搞笑，或在白宮與前總統歐巴馬的會面，或和加拿大知名饒舌歌手德雷克一起去吃漢堡的情景，都能感受到他們認真享受當下。

「他們兩人的個性就是很合，」柯瑞妹妹席黛爾這麼說，「艾莎可能是你見過最搞笑的人，老哥也差不多，他們真的很爆笑、很呆。他們願意嘗試一切、充滿探險精神，且有共同的理念基石：上帝和家庭。對生活上的優先順序，他們的見解也是一致的。柯瑞這樣的人很少見，像艾莎這樣的人也很少見，然而他們竟然能遇見彼此，簡直完美。」

這種關係是很重要的，柯瑞就是靠著這樣的關係，讓自己在正軌上不慌亂。他有理想抱負、有遠見，且必須有個更偉大、更形而上的價值觀念維繫著他有如龍捲風般的生活。他努力確保自己不失去自我，也努力保留「史蒂芬」在自己內心中的重要位置。

那正是他願意花許多時間陪在艾莎身旁的原因，他喜歡被家庭圍繞著。他的隨從人員就是自己的父母、弟弟、妹妹、岳父母和家族裡的任何人。他盡量在路上把公事處理完，不把工作帶回家，把身心完整的自己獻給家人。

這也是為何萊莉小妹妹會變成全國知名的小朋友。

二〇一五年西區第一場冠軍賽時，柯瑞得了三十四分，將火箭隊及其主將哈登擊退。賽後柯瑞正要到記者室接受訪問，走出休息室時，艾莎像往常在門口等著他，兩人甜蜜地親了一下。那時艾莎懷了第二胎，七個多月了，他們為這即將出生的小女兒取名為萊恩。就在休息室門口，艾莎立刻把皮得不像話、快三歲的女兒萊莉交給柯瑞。

「好啊，但是我正要……」柯瑞說。

柯瑞還來不及解釋有賽後記者會要開，艾莎已經蹲下身，望著萊莉的雙眼問：「妳要不要和爸爸一起去？」萊莉說好，事情就這麼定了。柯瑞因此被調皮小鬼纏身，只好把她帶到勇士甲骨文球場裡的記者室了。

一開始柯瑞有點擔心萊莉看到這麼大的媒體陣仗、攝影機、鎂光燈後，會有什麼反應，但他預想應該會滿有趣的。萊莉之前就有類似的經驗了，她爸爸在置物櫃前站著接受採訪，她就站在後面的椅子上跳著可愛的舞步。在兩週前，萊莉也搶盡爸爸的鋒頭，當時柯瑞獲頒NBA年度MVP，發表獲獎感言後，柯瑞全家要在後台拍照，大家都還沒有準備好，兩歲的小萊莉就開始在眾人面前擺了一連串可愛的姿勢，大夥的心都被融化了。

現在，這個小搗蛋鬼又現身了，地點是在接受媒體採訪的記者室演講台上。小萊莉在二〇一五年五月十八日那晚一舉成名，她坐在爸爸身上恣意胡搞，東翻翻、西鬧鬧，不斷和大家互動和插話。那時早已過了小孩該上床睡覺的時間，但她比現場的每個人還有精神，精力旺盛。

只要認識柯瑞的人都知道，他們夫妻倆很寵萊莉，她可是個小霸王。萊莉的氣勢不同於一般相同年紀的小孩，她結合了小孩該有的精力以及獨特的機智和性格，彷彿身體裡住著大人的靈魂。

柯瑞可以為萊莉說一整天的故事，他的「史蒂芬」自我非常陶醉於此。他享受當爸爸的樂趣，喜歡被女兒圍繞在身邊。全家一起演出小話劇時，媽媽和女兒都充當主角，他自己則願意扮演一個不重要的背景角色。

不過，正因柯瑞的這一面自我——渴望保護小孩——讓他決定不再帶著小萊莉參加各類大大小小的記者會了。自二〇一六年的季後賽起，身為父親的柯瑞決定不再讓小萊莉跟著出席訪問，以免引起社會一些奇怪和負面的反應。

例如，很湊巧地，在社群媒體上，有一個也叫萊利．柯瑞的人，他是二十九歲的前大學美足球員。他的推特和 Instagram 留言上有不少惡意中傷的言語，許多人誤以為他是NBA球星的女兒，大家把這兩個「Riley」搞錯了。這種情況下，迫使他在當年NBA總冠軍賽時站出來替小莉說幾句公道話。

也有媒體記者認為，柯瑞帶小萊莉接受採訪是不妥的，既干擾到正常的採訪，也是對專業的不尊重。然而從小萊莉件事也可以看出柯瑞的家庭生活，大家也更知道柯瑞對於家庭生活的重視。

就因為當時懷孕的媽媽，要爸爸在記者會上幫忙看顧小萊莉，這位小朋友就因此紅了。也可從這件事看出，柯瑞將家庭放在籃球之上，認為自己應該以父親的身分出現，而非籃球明星。這件事其實就只是單純的家務事，就好像他小時候跟著爸爸老柯瑞到NBA球場上班一樣。柯瑞和勇士隊總經理邁爾斯的父母經話題，可能比籃球還多呢！

「當你想跟我聊天的時候，我們還滿多可以聊的，」柯瑞在第二次獲獎MVP致詞時，指著坐在台下的邁爾斯說，「我們聊家庭、聊父母經、聊生活工作上所面臨的挑戰，能夠聽到一名與我背景類似的人提出的忠告，真的是滿受用的，特別是他和我一樣經常不在家人身邊、也有兩個女兒。我是個年輕爸爸，想做好父親的角色，能夠和他有如此的共鳴，真的很難得。」

以一幅完美的柯瑞畫像來比喻的話，若沒有這一面身為人父、丈夫的「史蒂芬」，那麼這幅畫就不完整了，這或許也說明了他母親對他的影響有多大。

柯瑞和他母親桑雅簡直就是一個模樣，他們有同樣的淡咖啡膚色，就像咖啡中加了很多奶油的那種色調；他們有同樣銳利、淡褐色的眼珠，就連他們大笑時鼻子皺起來的樣子都一樣，柯瑞絕對是媽咪的寶貝兒子。但他們母子的相似程度已經超越了外表、潛入了骨子裡，我們可以大膽地說，桑雅是出產這名NBA超級球員的最大推手。

而老爸戴爾．柯瑞也扮演了重要的角色，一個在NBA打滾了十六年的老將。若要簡單解釋柯瑞犀利的外線投射能力，當然是得到老爸的基因遺傳。ESPN的作家佛萊明曾寫過一則從老柯瑞到柯瑞的故事，甚至追溯到老柯瑞的故鄉維吉尼亞州葛羅多斯，當時柯瑞的爺爺沃岱爾．傑克．柯瑞在自家後院為戴爾．柯瑞——他唯一的兒子，設置了個籃框。老柯瑞小時候經常就在老家路面不平的後院練習投射，他就是這麼練出跳投能力的，也讓他在就讀岱非恩斯堡高中時，獲選麥當勞高中明星球員，並且在進維吉尼亞理工大學後獲得先發位置。

一九八六年選秀會上，老柯瑞被猶他爵士隊在第一輪第十五順位給選上，但打了一年後，在某次四人交易中被換到克里夫蘭去，那次交易的核心球員正是名震一時的中鋒道金斯。被換到克里夫蘭五個月後，有一次老柯瑞到紐約麥迪遜廣場花園與尼克隊進行比賽，還以板凳身分拿下十五分，妻子桑雅於此時在克里夫蘭附近的艾克隆市生下他們的老大。隔晚老柯瑞特意飛回克里夫蘭來看看寶貝兒子——沃岱爾．史蒂芬．柯瑞二世，接著又飛去芝加哥與公牛隊（那時喬丹還在隊上打球）比賽，當天老柯瑞從板凳出發得了十二分，但騎士隊被公牛屠殺了有三十八分之多的勝差。

根據桑雅所說，柯瑞兒時觀看的第一場籃球賽是在介於克里夫蘭和艾克隆市間的瑞奇菲爾體育館，他張大眼睛整場全神貫注，但這場比賽打完後，回到家立刻倒頭大睡。

一九八八至八九年球季，夏洛特黃蜂和邁阿密熱火隊成為新增的兩支NBA球隊，一九八八年六月，克里夫蘭把老柯瑞放在可供新球隊選入的擴增球隊選秀名單內，黃蜂隊當年在第二順位就挑選了他。當時對老柯瑞來說是個好消息，因為夏洛特離維吉尼亞只有一小時的飛行距離，桑雅剛好也是維州長大的。

所以柯瑞家庭就這麼落腳在夏洛特市了，該市有市區也有郊區，既有小鎮的感覺，也有大都會的便利。老柯瑞在NBA的收入足以讓他們在那裡過得滿奢豪的。

夏洛特也成為老柯瑞的自家主場。就如大家所預料的，一般新增球隊在一開始肯定戰績常黑。不過第二年起，老柯瑞開始有了起色，在一九八九至九〇年球季，平均每場比賽得十六分，這樣的表現讓他得以續約四年。三分球進攻是老柯瑞的主要武器，那一季他投進五十二個三分球，創下生涯新高，這和他職籃生涯前三季總共只投進六十四球相比有很大的差別。

老柯瑞的甜美三分外線手感，變成他的致命武器。他出手手感非常快，一個隊友協助擋人、拿到球出手，幾乎是一氣呵成，那種流暢感讓人印象深刻——在柯瑞的球賽中也有類似的出手手感。當年老柯瑞只要抓緊時間布陣進攻，他就有辦法得分且讓對方嚐盡苦頭。

後來幾年黃蜂在選秀會上迭有斬獲，陣容開始越變越強，使得老柯瑞的百步穿楊功力變得更有價值。由中鋒莫寧和大前鋒強森建構的內線攻勢，讓老柯瑞在外線有更好的配合機會。

一九九一至九四年期間，老柯瑞達到了生涯三分球投進和總得分的個人新高紀錄，而黃蜂也慢慢成為一支常進季後賽的隊伍。老柯瑞成為聯盟知名射手球員，在一九九三至九四年球季，他還贏得最佳第六人獎項。下一季他缺賽十三場，和前一季相比，他少了快四百次的出手，但還是達到生涯的三分球投進數（一五四）和三分命中率（百分之四二·七）的生涯新高。

老柯瑞在NBA打了十六個年頭，大多是替補球員，但他投進超過一千二百個三分球、命中率為四成。他打得最好的那幾年還是在夏洛特，身為黃蜂球員超過十季，每季平均得十四分、上場平均二十五·一分鐘。

任何人只要看過老柯瑞打球，無論是以前在現場或電視上看，還是現在透過YouTube回顧，多少可以從他身上看到年輕版柯瑞的一些影子。看著老柯瑞精準的投球，球球空心，你大概就知道小柯瑞打從一出生就是要吃這行飯的。老柯瑞的三分準投基本上就是塑造出他在NBA的金字招牌。

只要和老柯瑞相處十分鐘，就可以體會到他兒子的翩翩風度和親和力是從哪兒來的。他們話都不多，但他們也真的不需要說太多，就可以讓大家感受到那種結實的存在感。和他老爸一樣，柯瑞和人說話時，都是看著對方的。他說話不像老爸那樣慢條斯理，但總是面帶微笑、和善、易於親近。他們都語帶輕鬆、幽默，總是有辦法逗得全場發笑。

雖然說老、小柯瑞像是一個模子刻出來的，但柯瑞在品行方面，則是他媽媽桑雅完美管教下的傑作。多年來柯瑞一直受到桑雅的教育薰陶和教誨。

「即使你只和桑雅・柯瑞短暫相處，很多東西（柯瑞的品德）你就會明白了。」勇士隊的總裁威爾茲這麼說。

桑雅的故事是從維吉尼亞州瑞德佛市開始的，父母親是約翰和艾莉莎・史耐爾，他們是被解放的黑奴後代，於十九世紀中期在維州的派翠克郡定居。史耐爾家族枝繁葉茂，桑雅的玄祖父有十一個孩子。

現今所謂的「柯瑞帝國」中的女主人家族背景，就是發源於維州新河河畔，新河的上游是維州的克雷特湖，在這窮鄉僻壤裡生活相當艱困，是一座必須依靠鐵路工業才能勉強存活下來的城鎮。

史耐爾家族是當地小鎮上的大家族，這家族以體能優勢、勤奮工作和虔誠信仰稱著。而史耐爾家族之女萬絲，生了三個孩子：克禮夫、印蒂雅，和桑雅，他們都具有上述優良傳統特質。

「肯蒂（桑雅的母親）以前沒打過球。」桑雅在瑞德佛高中和維吉尼亞理工大學的排球隊教練比爾斯回憶說道。

人們對桑雅的第一印象往往是她那美若天仙的容貌，這也是最容易惹怒柯瑞的話題之一，因為很多人漫天評論媽媽的美貌，讓他很反感。柯瑞很少公開表達憤怒，但有一次在新澤西和籃網隊比賽過後，尚未開始賽後訪問前，柯瑞垮下臉上前詢問一名記者的名字，因為那名記者在播報時說了：「唯一比柯瑞出手姿勢還漂亮的，就是他媽媽桑雅！」自從柯瑞進入職業籃球後，經常聽到別人談論他有個辣媽。

很多人不知道，其實桑雅最讓人印象深刻的，是她的好鬥性格、具感染力的風趣以及她的信仰，這些特質都是她在維州瑞德佛市塑造而成的。

桑雅的好勝心之所以強，因為她的家庭成員很多都是運動健將。桑雅的母親非常嚴肅，對孩子的生活嚴格規範，所以桑雅也將母親這種正經八百的態度融入生活中。

曾經在班上，有個女孩叫桑雅「黑鬼」，桑雅警告她不要再這樣稱呼自己，但那女孩不聽，結果桑雅在教室裡把她扁了一頓！

「桑雅很兇的！」聖塔克拉拉大學男籃助理教練史蒂夫．史耐爾如是說。他是桑雅的眾多表親之一，他們從小一起在瑞德佛市長大。「她敢和我們男生對打，毫無畏懼！」

我們可以從柯瑞身上看到一些桑雅打死不退的精神。在瑞德佛高中時，桑雅是排球隊的主將，她個子雖小但靈活迅速，教練比爾斯說，桑雅是他四十年執教生涯中最好的三位運動員之一，尤其對她的膽識相當敬佩。

一九八四年的排球地區爭冠賽裡，桑雅那時高三（十二年級），這是她最後一次爭冠的機會了，但在與約翰．貝多高中強隊賽前暖身時扭傷了背，她滿擔心的，所以把比爾斯教練帶到一旁告訴他這個情況。

師徒兩人都很擔心，他們也知道若沒有桑雅的話，爭冠大概無望，但他們也都清楚，桑雅無論如何都會上場的，這完全靠桑雅咬緊牙關的膽識了。師徒倆這時坐在艾賓頓高中球場邊開始禱告，接著她就忍痛上場了。

比爾斯說：「不可能叫她不上場的。」

有桑雅撐著場面的瑞德佛高中，先是擊敗貝多高中，接著又打掉傑佛森．佛瑞斯特高中，為瑞德佛高中贏得首次的州冠軍。

桑雅後來繼續她的排球生涯，考進布萊斯堡的維吉尼亞理工大學，比爾斯教練創建了維吉尼亞理工的排球隊，同時身兼瑞德佛高中的教練。桑雅是隊裡最強的發球和作球手，也是一名很強的防守球員。

桑雅的好勝心讓維吉尼亞理工火雞隊實力增強，他們雖然沒有過關斬將連勝，但確實為維吉尼亞大學、辛辛那提大學等名校球隊帶來不小的壓力。大三時桑雅被選為全都會聯盟明星隊。比爾斯經常在體育館內帶著桑雅練球，他朝她發射扣球，然後桑雅閃躲，整個體育館的人都看著他們練習。然而，有一天練球時，改變了桑雅的一生。

學校排球隊通常要等到男籃隊練完球後，才能開始練習。那時桑雅第一次看到明星後衛戴爾．柯瑞。比爾斯回憶起這一段往事，桑雅對老柯瑞戴爾一見鍾情，桑雅當下就說：「我要嫁給他。」然後就跑去暖身準備練習了。

三年多後，桑雅給教練丟出了一個難題，當初桑雅說要嫁給老柯瑞的預言成真了。

「她大四那年，走進辦公室告訴我：『我要離開了。』」比爾斯回憶道，「她說因為要結婚，而且要搬走了，我試著挽留，建議她把學業完成，但是她清楚自己要什麼。不過要她停止打排球其實是很困難的，她好勝心強，而且又這麼會打，但是她確定要嫁給戴爾·柯瑞，共組一個家庭。」

這兩口子於一九八八年八月成婚，結婚前五個月他們的第一個孩子史蒂芬·柯瑞出生了。當時夫婦倆帶著柯瑞一同前往維吉尼亞理工觀賽，順便探望教練比爾斯。當時柯瑞只有四公斤重，教練還抱了他一會兒。

教練當時心中懷疑，桑雅是否後悔放棄了排球，但看著她一家人開心的模樣，很顯然她沒有後悔。她當然還是會懷念排球的，不過在瑞德佛市成長過程中，她的觀念漸漸成形：家庭是一切的重心，甚至是唯一的重心。因此她將好勝心轉化成維繫家庭的動力。

就在快屆滿結婚兩週年紀念之際，第二個孩子賽斯出生了。曾得過NBA最佳第六人獎的老柯瑞於一九九四年十月，又有了第三個孩子。在老柯瑞NBA生涯的高峰期，桑雅一個人帶著三個孩子在家裡忙得團團轉。

他們在生活上當然還過得去，但一九九〇年代的NBA球員薪水，無法和現在的相比，老柯瑞當時前六年裡才賺了五百萬美金，生活上談不上豪奢。

當年NBA球員的太太就像單親媽媽一樣，特別是在季賽開打後，老公在全美各地征戰，而太太則在家維持一切。桑雅偶爾會帶著孩子隨隊去客場看看，主要是不希望孩子太久沒見到父親。

「爸爸經常不在我們身邊，對我們來說真的是滿困難的。」柯瑞妹妹席黛爾這麼說，「我大概理解爸爸經常不在，對媽媽來說也是滿辛苦的，這也是我超佩服我媽的地方。她總有辦法處理這一切，尤其一個人帶著三個小孩。我們常常有機會去看我爸比賽，不過媽媽一人帶著三個孩子旅途跋涉，真不知道她怎麼辦到的，尤其兩個哥哥很愛鬧，而我和二哥又比較鬼靈精怪，只有史蒂芬是乖乖牌，真惹人討厭。」

一九九五年，桑雅自己在北卡杭特斯維爾開設了一間基督教蒙特梭利學校，離戴維森學院只有十五分鐘車程。她自己的小孩也在自己開的學校上課，學校會將她的信仰和她在瑞德佛所接受的傳統價值觀念教給學生。這所學校是她家庭教育的延伸。

桑雅就像她的母親肯蒂，嚴格出了名的，柯瑞只要沒做功課，她就不准柯瑞去打籃球，若連續好幾次不聽話，電動玩具就會被她沒收。每個人該做的家務事她都用粉筆寫在牆上，記得有一次柯瑞在初中時不准上場比賽，就是因為該做的家事沒做而被罰。

席黛爾十六歲準備要升大學時，媽媽桑雅照樣打她屁股。那是席黛爾最後一次被媽媽打屁股。十六歲了。

柯瑞仍經常接到媽媽的「關心」電話。有一次ESPN準備要進廣告前，重播畫面拍到柯瑞投進一個三分球後，慶祝大喊英文F開頭的國罵字眼，因為是慢動作播放，所以從電視上清清楚楚可以從他口形知道他在說什麼。這段畫面柯瑞自己也不知道，直到老媽打電話來關切。

桑雅也不光只是嚴格對待孩子。三個孩子個性迥異，但都非常愛著媽媽，即使她經常開一些很無趣、老掉牙的玩笑。

「不過她自認還滿滑稽的，」賽斯帶著微笑說，「只要她開心就好。」

最重要的是，桑雅有一股狂放不羈的帥勁，三個孩子最大的偶像就是桑雅．柯瑞。她像母雞保護小雞一樣，只要她在，沒人敢惹她的小孩。她是那位教他們規矩的母親，也是那位首先為孩子狂歡鼓舞的母親。她總是在現場，即使三個孩子的運動比賽時間重疊，桑雅總是能趕上比賽，也能在比賽結束前趕來。這個女人，可以在杜克大學男籃比賽裡嘶吼加油，或在勇士隊比賽時跳起舞來，或看席黛爾排球比賽時齜牙咧嘴地喊叫加油，讓粉絲球迷印象深刻。

此外，桑雅總是能自娛娛人。雖然她受宗教信仰的馴服，但內心深處愛玩、愛嗨的熱火仍舊存在著。

即使她現在五十歲了。

「老媽是個很嗨的人！」席黛爾在拉斯維加斯慶祝媽媽生日時說，那時勇士隊正要打總冠軍賽了。「她最喜歡找那些表兄弟姊妹和我的阿姨一起來，他們比我這個二十一歲的人還會嗨。」

柯瑞家三個孩子比較低調些，沒像媽媽那麼瘋，這倒有點像溫順的爸爸老柯瑞。賽斯在學校是很受歡迎的酷酷男生，這點很像他爸。但不管怎樣，媽媽的耀眼光芒還是超越他們。每個孩子也會不時尋求母親的忠告，很願意向她吐露心事，以前那個超嚴厲的媽媽，現在算是教子有成。桑雅到現在還會不時以一些《聖經》金句當作給孩子的忠告，除了媽媽外，可能沒人會向他們說這些有智慧的話了。

他們對母親相當信任，母親也讓他們有安全感，即使這小女兒曾經和媽媽鬧得不愉快，可是現在的她根本找不到更好的字眼來讚嘆媽媽。而同樣也是打籃球的小兒子，雖然在哥哥的偉大籃球生涯陰影下必須努力走出自己的路，他也承認母親對他的影響有多大。

就算是柯瑞，已經是全國最受歡迎的人物之一，也已成家立業、身為一家之主了，他仍對母親抱持著無限的崇敬。現在的他不再需要母親像以前那樣跟在後面事事提醒——老婆艾莎取代他母親了——但他常常受到母親的智慧和信仰的引導。

在甲骨文球場內、給球員家屬專用的私人家庭房間裡，桑雅正聊起柯瑞夫婦的天作之合，而房間裡都是勇士隊球員的貴賓朋友，他們正喧鬧著，因為勇士隊才拿下創紀錄的第七十三勝。桑雅談起柯瑞和艾莎兩人相知、相惜的過程，表情相當嚴肅。她記得柯瑞在念大學時，第一次告訴她有關艾莎的事情，這兩個年輕人打算認真交往。

「他當時告訴我：『媽，我希望她父母同意，讓我追求她。』我在想什麼叫追求（court）

她？」桑雅說到這裡，也流露出有點搞不懂的迷惑表情：「我不知道你在說什麼，什麼是追求？我和你老爸是很自然地交往（hook up），我們不用追求這個字。」

柯瑞就是他媽媽的翻版。仔細一看，還真的很相似。他那種主動想要「追求」、非我不可的樣子，簡直就是媽媽桑雅當年看到爸爸老柯瑞的模樣。

柯瑞對於信仰的虔誠，如同刻蝕在他的靈魂裡，正如桑雅一樣。從進入大學開始，柯瑞就在他的鞋子上寫了兩句《聖經》金句，一句是他自己的最愛──〈腓立比書〉四章十三節：「我靠著那加給我力量的，凡事都能做。」（I can do all things through Christ who strengthens me.）另一句是他母親的最愛──〈羅馬書〉八章二十八節：「我們曉得萬事都互相效力，叫愛神的人得益處，就是按他旨意被召的人。」（And we know that all things work together for good to those who love God, to those who are the called according to His purpose.）

即使球賽排程再忙碌，重視家庭生活的柯瑞還是盡量陪伴家人，讓家人參與行程。這也是受到母親的影響，尤其是年幼時的照顧。柯瑞對於整個世界的看法與角度，都來自母親的宗教信仰。

因此柯瑞也熱心於公益事務，亦是回饋與感激支持他的人的方式，增強了他保持「史蒂芬」自我的決心。

二〇一五年季賽前訓練營尚未開始時，柯瑞經歷了一系列的奪冠、獲選年度MVP，所以當訓練營開始時，他很期待能趕快找回籃球熟悉的感覺。九月下旬，他把媒體專訪和產品代言工作告一段落，正要專心練球之際，勇士隊有人告訴他一個德州小病童戴韋斯的事，他罹患罕見的腦神經膠細胞瘤。柯瑞知道後，立即放下手邊的籃球訓練，協助美國知名的願望成真基金會完成戴韋斯的心願。這種計畫通常從策畫到實行至少要一兩年，但柯瑞硬是在幾個月內搞定。他把戴韋斯一家從德州接到舊金山灣區，而戴韋斯之前哭了好久想要見上柯瑞一面，柯瑞本人也親自招待這位被病魔纏身的小孩，送他禮物，甚至陪他一起打場籃球小球賽等。

「這就是公益！」柯瑞說。

聖誕節隔天，柯瑞和全家人都會依照傳統，親自在奧克蘭的畢伯紀念大教堂發放食物和生活用品。早在柯瑞籃球生涯起飛、成為家喻戶曉明星之前，他就這麼做了，在勇士隊成為聖誕節固定轉播的球賽之前，柯瑞家庭也就已經持續擔當義工了。即使行程再滿，沒有任何事可以阻擋他每年固定在奧克蘭三十九街與電信大道交口處的這座教堂，親手發放愛心物資。

二〇一六年二月二十四日，當勇士隊在邁阿密作客場比賽、柯瑞在賽前練投時，他刻意停下來和另一位小病童甘迺迪見面，這名來自紐約州尼加拉瀑布附近的小孩罹患了罕見的腦癌。柯瑞把自己剛練投時穿的球鞋，送給了這個四歲的小孩，鞋上寫著「勇敢堅強」，還和這小朋友聊了一下。這一切只因為柯爾教練收到一封關於甘迺迪小弟弟的電郵，柯瑞就決定這麼幹了。

柯瑞曾無數次用他名人的光環，讓旁人感到開心，他更常不理會保全人員的建議，突破人牆幫球迷簽名或來個手機自拍合照。還有好幾次在螢光幕後，隨興起意發送一些小禮物給球迷。

柯瑞就是這樣的樸實親和、沒架子，堅持自我的價值中心，而不以球星自誇。就算是前陣子才發生的NBA總冠軍賽「世紀大潰敗」，與克里夫蘭對陣的整個系列賽敗如山倒、一瀉千里，柯瑞一個人難以挽回頹勢，那個「柯瑞先生」正處於超級球星名聲受損的時候，內心的「史蒂芬」自我仍能帶他回歸平淡。他沒有時間生氣或沮喪，因為他還有事要陪伴妻子。

那個夏天對艾莎來說很重要，她正為自己的第一本食譜書努力奮鬥。這本書榮登《紐約時報》的暢銷書排行榜，需要她全美跑透透做宣傳。柯瑞陪伴著艾莎一起，艾莎也因此成了家喻戶曉的人物，且她在美國的美食頻道節目「艾莎私房菜」還特別安排在二〇一六至一七年球季開打前三天開播。

當柯瑞幫代言的運動品牌UA到亞洲做年度銷售宣傳時，在廣州那一站，他甚至帶著太太一起參加港式點心和春捲製作課程。當艾莎被邀請到加州的索諾馬賽車場擔任印地賽車系列的親善大使時，柯瑞則穿著防火裝陪在艾莎身邊，讓艾莎增加一些曝光的機會。

這就是巨星外表下的男人，一個經過媽媽桑雅調教出來的男人，一個位於舞台中央、協助周邊事務順利運轉的主角。

就遠射投球來說，我不確定是否有人比他還行的。柯瑞這種射手型武器，彷彿一路綠燈、通行無阻。一旦他有自由開火權時，失投一兩球對他來說根本不是問題。他可以在更遠處投球，而且可以因為進球，在很短時間內讓你非常難堪。

——大鳥柏德（Larry Bird，前波士頓塞爾蒂克隊球星，現為印第安納溜馬總管）

第四章　三分王

在柯瑞打破種種紀錄之前，NBA早已經是個著重三分線攻擊的職籃聯盟了。二〇一二年時，邁阿密熱火隊在詹姆斯帶領下，取得建隊史上的第一座總冠軍後，於次年簽下了最偉大的三分線射手之一艾倫。即使當時雷・艾倫的年紀稍大，但其三分線神射功力協助熱火隊由原本的排名第二十進步到第三，並取得六十六場勝利，最後還再次奪得第二座總冠軍盃。二〇一三年與熱火隊爭冠失利而敗下陣的聖安東尼奧馬刺隊，在二〇一四年的三分球命中率居全聯盟之冠，也讓他們當年重新奪得冠軍。

自二〇〇七至〇八年球季起，NBA連續五年每場比賽平均就要投進十八個三分球，到了二〇一二至一三年球季後，更提高至二十球，之後每年不斷往上增加。二〇一四至一五年球季，休士頓火箭隊創下最高的三分球得分紀錄（九三三個），那時聯盟平均每場投進二十二・四個三分球。勇士隊又於下一年球季投進了一〇七七個三分球，刷新最高紀錄。

NBA職籃曾經瘋迷體型高大的優勢球員，以利在籃框附近投球得分，然而現在的NBA球賽進球則是離籃框越來越遠、但得分越來越多。柯瑞早在大學時期就已經將這種流行的攻勢融入自己的球技中。二〇一二至一三年球季，他在最後一場比賽投進第二七二個三分球，破了七年前艾倫所創下的二六九個三分球紀錄。兩季後，柯瑞又破了自己的紀錄，創下單季命中二八六個三分球。單在二〇一五年二十一場季後賽裡，他就投進九十八個三分球，而當年勇士隊也拿下總冠軍。

二〇一五至一六年球季，柯瑞從原本只是一個三分球攻勢浪潮的參與者，變成這股潮流的領導者。其實在這個年代，投三分球早已成為稀鬆平常甚至乏味的進攻方式，即使它曾經有如魔術般讓球迷嘖嘖稱奇，但近年來三分球射手多到氾濫，神技看起來也不怎樣神了。然而柯瑞就是有辦法再度帶動這股風氣，將神奇的三分球攻勢再次變成現代球賽的主流。

這名一九一公分的後衛懷著高超的三分球技術，將自己帶進長人如林的聯盟，讓自己成為一名菁英球員。他有著比一般投球還厲害的得分絕技，讓自己成為得分新勢力。他更懂得利用這技能讓自己成為NBA歷史上最有效率的得分球員，他能在較少的出手次數中得到較多的分數，同時藉此製造漣漪效應，讓場上其他隊友跟著受惠。

二〇一五年，他如猛虎出柙般地在外線不斷攻擊、勢不可擋，他在季賽首場比賽裡就投進了十二個三分球且共得了四十分，那一晚勇士隊還領到上一球季贏得的總冠軍戒指，喜上加喜。四個晚上後的另一場比賽換到紐奧良作戰，柯瑞又投進十四記三分球，他在上一季總冠軍賽後至當季賽前的訓練成果，完全展現在這場比賽中，他對於投三分球的技巧有了更深一層的領悟。

二〇一六年二月二十七日在奧克拉荷馬市，柯瑞投進他的第二八七記三分球，不但破了他之前單季三分球的紀錄，恐怖的是當季他還有二十五場比賽要打。他當晚的三分球紀錄與NBA每場三分球紀錄打平，他投進的第十二個三分球，像匕首一般刺向雷霆隊，取得最後勝利。

那場比賽打到延長賽，雙方以一一八平手時，勇士隊發後場球進攻，柯瑞很冷靜地帶球進前場，當時時間只剩三．七秒。進球得分是每場比賽的目的，但如何讓球進籃框，就是一門藝術了。當天比賽是美國權威頻道ABC在週六晚間的全國轉播，就在那寶貴的倒數幾秒內，柯瑞一方面在尋找機會，另一方面也在觀察整個攻擊陣勢運作，伺機而動。過了半場中線兩步後，他心裡有數了。他終於想到了辦法，而且這場比賽的最後一刻，即將帶給籃壇革命性的衝擊。

剩下三．二秒，柯瑞開始感受他的出手步調，他用左手帶球兩步後準備出手。

「我當時帶球的感覺還不錯，」柯瑞說，「而且我也找到了出手的好位置。」

當時防守柯瑞的是雷霆隊的小前鋒安東尼．羅伯森，他二〇一公分高，以防守出名，運動能力也不錯，雙手張開有二一一公分寬，同時又有不錯的防守直覺，所以就常理來說，羅伯森當時至少可以伸一隻手擋在柯瑞面前，讓他無法順利投籃。但唯一的問題是：在防守柯瑞時，你需要揚棄以前所有教科書上的傳統籃球概念。

羅伯森當時在做回防時，就像平常一樣，試圖衝回自己該站的防守定點，因此他以倒退的方式退回到三分線外圍附近。防守世界上任何一位三分射手，這個位置是很合理的。但是對上柯瑞，這樣的防守深度仍是稍嫌不夠，即使柯瑞離三分線還有好大一段距離。

勇士隊的明星前鋒格林，曾在二〇一四至一五年獲得年度最佳防守球員票選第二名，他和羅伯森的體型差不多。格林也是預測柯瑞會運球到距離三分線更合理一點、更近一點的距離才開火。但他的直覺和現場情況落差很大，柯瑞剛過半場就出手投球了。

「為什麼你會在只剩三秒又離籃框那麼遠的地方出手？」格林回想，「真的太扯了，但這就是柯瑞啊！他瘋狂程度超乎我想像。」

雷霆隊的犀利射手馬洛和柯瑞以前是勇士隊隊友。這場比賽倒數計時時，馬洛坐在板凳上就覺得不妙了，他在球場邊站起來嘶吼著，叫羅伯森趕快貼上去防守柯瑞，但太遲了，柯瑞當時已經準備好了，他早已測量好自己與籃框的距離，以及所需要的投球弧度、手感，就像在賽前暖身時，他都會在中場附近投個幾球，為必要時的中場應急投射做好準備、練習手感。

剩下二・八秒時，柯瑞的起投姿勢已經進行到一半了，那時他已經將球舉到準備發射的位置，潛意識地引導球滑進他心目中美妙的拋物線，然後，根據ESPN的紀錄，當時他離籃框有三八・四呎（約為十二公尺）。當羅伯森反應過來、準備反撲過去防守時，大概剩二・三秒，那時球已經在半空中了。當球在空中還沒到達拋物線頂端，雷霆隊長人康特就已經惱怒地聳聳肩、兩手無奈地張開輕輕落下，知道大勢已去。

康特是對的，柯瑞誇張的大號三分球應聲入網，當時只剩〇・六秒，雷霆隊當場心碎，也讓當時近四百萬名透過電視同步轉播的觀眾跟著狂叫。

「碰！碰！」現場ESPN的電視播報員布林跟著狂吼出聲，他以高八度的聲音呈現了現場的震撼，而且用他的招牌台詞不斷地重複：「哇！柯瑞這球太神了！」

以這種方式結束一場球賽真是太讓人情緒高昂了。這場比賽也象徵了柯瑞為NBA帶來革命性的改變——NBA變成一個迷戀三分球的聯盟。這場在奧克拉荷馬市的比賽連同下一場在奧蘭多的比賽，柯瑞成為第一位在連續兩場比賽中，每場都投進十個三分球的球員。這兩場比賽柯瑞出手五十一次、得九十七分。在NBA歷史上，沒有人能在兩場比賽中以這麼少的出手次數得到九十分以上的，但柯瑞光靠三分球，在兩場比賽裡就得了六十六分。

勇士隊教練柯爾說：「他現在所做的事，不管是球路、投籃方式等，都是前所未有的——無論我們說的是喬丹、布萊恩、賈霸、大鳥柏德或魔術強森——他就是有本事為比賽帶來這種衝擊，而且還添加了自己特有的招牌天賦。」

柯瑞的出現是命運的安排，注定成為這時代的代表面孔，即使不看好他的人，也沒料到會出現這股趨勢。柯瑞的養成以及長久的準備，就是為了這一刻。

三分球並不是一開始就被大家接受。剛開始時，大家都認為三分球像是馬戲團特技，這段路走了五十年，三分球才漸漸成為讓人尊崇的籃球技巧。講到灌籃就想到喬丹，講到助攻就想魔術強森，講到三分球，自然就是柯瑞了。雖然柯瑞不是第一個投三分球的人，但是他將三分球變為主流、變成商業手法，並轉變為流行文化。

不光是受歡迎，三分球目前還顛覆了籃球比賽的模式、球員的評價、數據的評比等等。得分效率目前之所以成為籃球的重要新數據，就是因為三分球。三分球能擴展球員的球路，也能帶動籃球市場的成長，因為三分球可以讓更多人在球場上得分——投射三分球並不需要體型多麼高壯。這股三分球趨勢若持續下去，還很有可能NBA會出現首位女性球員呢。

談到三分球對歷代籃球員的衝擊，柯瑞算是顛峰。而講到三分球的歷史，一樣也避不開柯瑞。

一九六七年十月十三日，「美國籃球協會」（American Basketball Association，簡稱ABA）舉辦了第一場賽事。

那時NBA聯盟已經開打十八個球季了，若加上之前該聯盟還稱為「籃球美國協會」的那三年，則有二十一年的資歷了。當時NBA已產出了不少偉大球星，包括麥肯、葛里爾、強斯頓、阿瑞辛、派提特、庫西、薛斯、羅素、張伯倫和「大〇」羅伯森等人。

在ABA正式開打前，NBA早已建立起聲勢，當時由張伯倫取得了第一座總冠軍。當時費城七六人隊終結了東區的王朝波士頓塞爾蒂克隊，摘掉九年連霸中鋒羅素的桂冠，結束了這單調無味的綠衫軍強權，也開啟了NBA總冠軍百家爭鳴的新紀元。

一九六七年NBA總冠軍賽時，七六人後衛葛里爾主宰了系列賽前半段賽事，帶領七六人以三勝一負領先當年總冠軍賽，但是勇士隊在費城第五戰時由主將貝瑞帶頭反擊取得一勝，所以第六場賽事在舊金山再戰，當時的牛宮球場一萬六千張票全售罄，另外還有四千人透過閉路電視觀賽。

當時這場比賽打得精采好看、難分難捨，七六人隊在張伯倫帶領下，最後以一二五比一二三擊敗勇士，即使貝瑞個人得了四十四分，也回天乏術。

這是當時ABA誕生的氛圍。一九六〇年代的籃球風氣和現在當然不能相比，但無論如何，當時的NBA在職籃市場上還是老大，而且一群英雄少年如貝瑞、瑞德、盧克斯和賓恩，讓NBA長江後浪推前浪般地好生興旺。因此當時ABA在籌組誕生時，需要一些噱頭花招來吸引觀眾，才能與NBA別苗頭，而三分球則成為顛覆比賽的祕密武器。

「整體的策略就是用三分球來和NBA互別苗頭！」勇士隊的傳奇球星和球隊親善大使阿圖斯說。他曾經和張伯倫同隊打過球，後來在一九六七年爭冠軍總決賽時，輸給當時在七六人隊的張伯倫。阿圖斯說：「我們NBA看不起他們的打法！我們的打法當然是帶著球往內衝、往禁區打，這才是正確的打法，我都很習慣了。我和張伯倫打過，和勇士隊傳奇中鋒什蒙打過，我們為什麼要在那麼遠的地方出手投球？當然是把球吊到裡面給那些大個兒投啊！」

其實ABA並不是第一個使用三分球規則的。一九四五年紐約的哥倫比亞大學與附近不遠的復敦大學，在籃球比賽時就首次嘗試採用三分球的規則，那場球賽兩隊共投進了二十個三分球。在這次實驗性質濃厚的比賽中，三分線距離是二十一呎（約六．四公尺。NBA目前則約為六．七一或七．二四公尺，視乎你在球場上的位置。）

ABA甚至也不是第一個使用三分球的職業聯盟。著名的哈林籃球隊老闆、也是美國籃球聯盟的理事長塞柏斯坦於一九六一年開辦該聯盟時，是第一個採用三分球的職籃聯盟。可惜那個聯盟打到第二季中途就解散了。後來美國「大陸籃球聯盟」的前身——「東部職籃聯盟」，也於一九六四至六五年採用三分球規則，然而，因當時的NBA幾乎獨占了美國籃壇，東部職籃聯盟的做法並沒有得到廣大回響。

話題又回到ABA。當時的ABA職籃，是由中鋒始祖、明尼亞波里市湖人隊名人堂球員麥肯聯合創辦並擔任執行長。麥肯積極地以ABA向NBA挑戰。他們的計畫是擬定一套不同於NBA那種嚴謹、有條有理的打法的新風格，讓小個子球員也能出頭天。ABA採用紅、白、藍三色相間的籃球，鼓勵快速球風，他們也歡迎會妙傳、會飛躍、會花式運球的球員。他們的賽事通常在大學城舉行，特別是在東南區，而且球隊會在同一區內的不同地點比賽。

ABA就是透過新風格的打法，和當時的NBA做市場區隔，且挑戰NBA的商業取向和強力壟斷，而三分球正是ABA抗衡的招數之一。

麥肯在他的書《自由球：狂野、短暫壽命的美國職籃聯盟》裡寫到：「我們認為這是個全壘打，因為三分球達到我們想要的，它可以讓球迷興奮地跳起來。」

ABA聯盟開幕賽時就是處於這般瘋狂的氣氛之中。加州安納罕阿米哥隊裡有一名控球後衛塞爾維基，身高一八五公分，畢業於杜魯門州立大學，速度超快，被冠上「閃電雷斯」的外號，他就是以外線跳投聞名。像他這樣一名矮將，打內線是一件難事，所以他只好努力發展自己的外線能力。他正是NBA根本不會重視的球員，這種只能靠三分球存活的球員，是無法登NBA大雅之堂的。

「這根本就是把我們和那些只會在外線遠射、其他什麼都不會的低等球員搞在一起嘛！」一九六七年，NBA規則委員會成員加特里布在接受美國《運動畫刊》訪問時如是說，「所以射程遠就是優秀球員的唯一標準嗎？我認為每四十或五十次的投籃裡，至少其中有二十次會比一次的簡單遠射還困難。如果投一次遠射可以賺得三分的話，好，那一個扭曲式的出手、一記行進間的鉤射、全速前進時接到一個傳球後出手、夾在兩個高大防守球員間的切入投籃，這種進球方法肯定一球值六分。當你給三分線遠射多一分的話，等於在鼓勵平庸的球技。」

但對ABA來說，塞爾維基正是完美人選。在ABA的第一場賽事中，他投進四個三分球，整場比賽兩隊共進了十個三分球、四節共得了二六三分。此外，奧克蘭橡樹隊後衛安德森，來自紐約州肯尼西斯學院的新秀，被波士頓塞爾蒂克隊於第八輪選入，他得了全場最高的三十三分，那場比賽他也投進了兩記三分球。

這場畫時代意義的首場比賽，正是在目前柯瑞的主場舊金山灣區舉行的。

當時ＡＢＡ成功將三分球發揚光大的場地，就是在奧克蘭的阿拉美達郡立球場，也就是現在大家所熟悉的甲骨文球場。半個世紀前，三分球的革命就是在同一片屋頂下完成的。今日，柯瑞在同一地點以三分彈狂轟敵隊，這不就是命中注定的嗎？

ＡＢＡ在一九七六年與ＮＢＡ合併，當時合併的部分條件中，包括了四支ＡＢＡ聯盟球隊必須加入ＮＢＡ，不過三分球規則不含在內。至少一開始是這樣的。

「當兩聯盟合併時，ＮＢＡ一些大佬不想採納三分球規則。」當時ＡＢＡ聯盟聖安東尼奧馬刺隊老闆卓索斯在《自由球》一書裡提到，該隊也是兩聯盟聯姻時嫁過去的其中一隊。「塞爾蒂克隊傳奇老教頭『紅頭』奧拜克當時很討厭三分球，他揚言塞爾蒂克隊絕不會採用這一規則，甚至要求所有人跟著舉手反對聯盟承認三分球。當然，幾年後「紅頭」選秀時選了柏德，之後就突然改口表示完全支持三分球。」

柏德在首次上場的處女秀中，目睹了ＮＢＡ的第一記三分球。一九七九年十月十二日，約為ＡＢＡ第一場賽事後的十二年，那一天波士頓塞爾蒂克隊在自家的波士頓花園球場迎戰休士頓，塞爾蒂克後衛福特在第一節最後三分四十八秒時投進一記三分球，最終塞爾蒂克隊獲勝。當天稍晚的另一賽事，華盛頓子彈隊前鋒葛雷維也投進一記三分球。

那一季，聖地牙哥快艇隊（一九八四年遷至洛杉磯）後衛泰勒投進聯盟當時最高的九十記三分球，他也是三分線出手最多的球員，高達二三九次。之前在ABA四個球季裡，泰勒共投進一七六個三分球；而塞爾蒂克隊的福特在NBA首次承認三分球規則的那季，共投進了七十記三分球，有百分之四十二．七的命中率，僅次於西雅圖超音速隊後衛「鬧區」布朗的百分之四十四．三。

一個多月後，西卡羅萊納大學後衛卡爾投進美國大學籃球歷史上的第一記三分球。西卡羅萊納大學所屬的聯盟是大學籃球委員會首批批准實驗性地使用三分球（二十二呎，約為六．七公尺）規則的學校，西卡羅萊納大學山貓隊因為有卡爾這名優秀射手，早就迫不及待想創造歷史。卡爾一九一公分，很像之前ABA職籃的後衛塞爾維基，早在採用三分球規則前，他已能遠距離投球。西卡羅萊納大學的運動資訊主任懷特，在二〇〇七年於美國專門挖角高中與大學潛力球星的Rivals.com網站文章中就曾透露，一九七九年，該校和中田納西州立大學比賽前，他就要求學校提早半小時跳球開賽，希望搶先創造歷史。卡爾在上半場剩十六分九秒時，於左邊底線投進這顆美國大學籃球史上第一記三分球。進球前的二分六秒，他也曾在禁區頂端三分線外跳投，但是沒進球。

對了，值得一提的是，大學男籃第一個獲批准引進三分球規則的聯盟，就是南方聯盟，柯瑞所屬的戴維森學院在當時正隸屬此聯盟（該校於二〇一五年轉至大西洋十校聯盟A-10）。戴維森學院野貓隊在柯瑞的犀利三分球引領下，讓這所中級聯盟的小學校打進NCAA錦標賽八強，聲名大噪。這也是命中注定。

一九八六至八七年球季，羅德島普羅敦斯學院所屬的聯盟是最後一個採納三分球規則的大學籃球聯盟。該校的後衛唐納文當季投進九十七記三分球，坐領全國紀錄。唐納文目前是NBA奧克拉荷馬市雷霆隊的總教練，前述二〇一六年二月二十七日柯瑞和雷霆隊的賽事，唐納文就在現場。在終場前三．二秒，柯瑞的近半場大號絕命三分球起跳時，唐納文就在場邊，球飛在空中時，唐納文兩臂合抱交叉於胸前。

一九八七至八八年球季，塞爾蒂克隊後衛安吉成為NBA史上第一位單季飆進超過一百顆三分球的球員。一九九三至九四年球季，當時的馬刺後衛埃利斯成為第一位生涯投進一千記三分球的球員。同年，夏洛特黃蜂隊一位已有八年職籃資歷的得分後衛，也開始利用他的三分神射功力打出名號，那就是老柯瑞。那年他投進一五二記三分球，比前一年自己創下的生涯紀錄還多了五十七顆，這也是他生涯中首次投出三分多於二分的紀錄。

一九九四年，NBA希望能為聯盟提高得分、增加比賽的可看性，所以把三分線統一拉近為六．七公尺（二十二呎）。之前的三分線，兩側邊線為六．七公尺，線上的其他地方、包含中間弧線頂皆為七．二四公尺（二十三呎九吋）。由於三分線距離拉近，紐約尼克隊後衛史塔柯斯成為第一位單季投進二〇〇個三分球的球員，最後當季以二一七記結束。但下一季一九九五至九六年，馬上被奧蘭多魔術隊的前鋒史考特超越，以二六七記創下新紀錄。柯瑞的父親當季則投進一六四記三分球，為他自己創個人新高。下一球季，印第安納溜馬隊的米勒，成為第三位連續單季投進至少二百個三分球的球員。

一九九七至九八年球季，NBA回歸至原來的三分線距離，當季米勒成為聯盟三分球總數的紀錄保持人，也是首位投進超過一五〇〇記三分球的球員。這個紀錄讓他稱霸三分球王十二載。

二〇〇一至〇二年球季，密爾瓦基公鹿隊得分後衛艾倫第一次成為當季聯盟的三分球王，以二二九記稱雄。那時老柯瑞是最後一年在NBA，當時他已在多倫多暴龍隊打了三年。球季結束後柯瑞全家從多倫多搬回北卡夏洛特，柯瑞於夏洛特基督學院註冊就學。

柯瑞在多倫多念初中時，即使個子小也能縱橫全場。當時他已經是個出色的射手，但是他的出手姿勢有點像是彈弓彈射，因為需要彌補他的手腕推力不夠。為了要將球推到籃框高度，他出手時會稍微蹲一下，然後再將球從手腕彈出去，藉著這怪姿勢來彌補力道的不足。若是接到一記高傳球，他還是會將球拉到低處，重新藉由手腕力量從腰部把球推彈出去。這招確實有效，但進入高中後，面對不同的防守球員，這方法可能不一定奏效了。

柯瑞進入夏洛特基督學院後，一開始打的是替補練習校隊，在季末才漸漸開始上場比賽。有一次在季後賽一場夏洛特基督學院校隊已經被打得淒慘的尾聲，教練布朗給柯瑞一點時間上場磨練，結果卻出人意料。

柯瑞拿到球後，面對防守者輕輕運了幾球，來個三分線急停跳投得分。球一進籃後，布朗轉身告訴助理教練休士頓，柯瑞就是球隊未來的主將了。一球就決定了。

「他從沒打過校隊，當時他瘦弱得跟濕軟麵條沒兩樣，」布朗回憶道，「但他卻能掌握球場上的節奏，一上場就一副『老子靠這專業吃飯』的樣子。你常可以看到杜克大學一些大一生在末節上場替補時，一拿到球後，就像拿到一顆燙手山芋，馬上把球傳出去。但柯瑞完全不同，他毫無畏懼。」

經過夏洛特高中第一年的校隊洗禮後，父親老柯瑞問他對籃球到底有多認真：「你確定你要認真苦練？」

這名有十六年NBA資歷的老將，對兒子的體育生涯一直都是讓他們自行決定，直到這一刻才有所改變。柯瑞早就愛上籃球、難分難捨了，而且他也準備好要將這項運動當作畢生的志業。老柯瑞認為是時候介入了。所以老柯瑞的第一堂籃球課，就是修正高二的柯瑞出手的姿勢。

柯瑞在場上練球時，遠距離投球很準，對很多年輕人來說根本是個神射手。但他父親早就知道兒子真正的問題：出手時很容易被敵手蓋掉。

「我以前常被蓋火鍋。」柯瑞回想以前小時候的比賽。

為了確保柯瑞能發展成為真正的球員，他的父親安排了一些練習課程讓他鍛鍊，包含調整他的出手點需高過頭部，柯瑞必須不斷重複練習。他常常在自家後院花好幾個小時練習這種出手姿勢，把它變成一種自然動作。剛開始練習的那陣子，他練完回到家後，雙臂感覺像木頭一樣，痠痛無力到極點。

柯瑞曾想過放棄，因為苦練沒想像中好玩。看到籃球刷進籃網的快感，現在卻是由痠痛換來的，那種曾經很開心的體驗，現在變成了折磨。父親答應要把他訓練成最好的籃球員，這過程一點也不輕鬆。

最慘的是，新的出手姿勢並不管用，至少在前幾個禮拜時。柯瑞在禁區外根本投不進球，而且當他和別人挑球時，他得不了分。他原本有的優勢都沒了，讓他感覺沒什麼搞頭。

「那真是我人生最糟的一個夏天！」柯瑞說，「當我加入籃球營時，大家都會覺得：『為什麼這個人會在這？』我看起來就像是不會打球的樣子。」

柯瑞雖然當時還沒感受到，但苦練的結果是他的手感更乾淨了、更不容易被蓋火鍋了。之前苦練，現在成就了更有效的投籃姿勢。沒有多餘的準備動作，更簡潔、更有效、更快出手。而且更高的出手點也產生了更有弧度的投球。高弧度在籃球來說，等於是讓籃框變成更大的目標了。

柯瑞不斷地練習也培養了其他的基本功：腳與肩的寬度一致、下半身正對籃框、投球時肘和身體夾緊、籃球與右手掌要分開些、目視籃框、手腕出手時腰部快速跟進。畢竟他老爸生涯投進超過一千二百記三分球。

接受過老柯瑞的訓練後，柯瑞在十年級（高中第二年）重返籃球隊，帶著一個全新的、更有效率的出手姿勢。這個新姿勢讓他投球出手點變得更高且出手更快，不必再花那麼多時間和空間才能投出致命的一球。他出手速度不斷地精進，進化到球一到手就立即發射，讓對方防守球員根本來不及反應。

原本的投籃彈弓手，現在變成了狙擊手。二〇〇八年美國大學男籃錦標賽時，全國球迷終於有機會看到柯瑞。那一年他大二，懷著和我們現在看到差不多的神射絕技，帶領戴維森學院闖進八強賽，他在四場球賽共投進二十三個三分球，與錦標賽史上第三名打平。此外，平均單場投進的三分球次數，至今沒人能超越他。

不過柯瑞是在下一年才添加了先前練就的祕密武器。當年該校的控球後衛理察斯要畢業了，柯瑞沒選擇參加ＮＢＡ選秀，反而回學校再磨練控球後衛的技巧。大三那一季他發展了自己運球後急停投籃的動作。那時柯瑞是主要的持球者，加上不久前經歷過錦標賽的洗鍊，全國大學籃壇都密切注意他，敵手根本不太可能給他機會找到空檔跳投。

柯瑞進攻時，偏好往左走，所以練習往左運球後急停出手不是太難。雖然他是右撇子，但是往右攻擊，對他來說是有點怪怪的。往右進攻時，他需要轉動身體，才能面對籃框。由於過去的苦練調整，極簡的投射姿勢讓他往右進攻時也可以輕易來個天衣無縫的調整。

「我們在大學練習跑位時，總會在這個位置幫忙擋個人、在那位置擋一下的，」柯瑞指著勇士隊練習場的一些站位點說，「隊友幫我做單擋後，我進攻可左可右，對方防守根本搞不清楚我要往哪個方向，我必須練就在隊友幫忙擋人的情況下，任何方向都可以出手。」

他大三的三分球總數和命中率都略為下降，三分球命中率只有百分之三十八．七，投進了一三〇記三分球，比前一年少了三十二個；大二的三分球命中率達百分之四十三．九，但他也因此學會了更多元的進攻招式，在面對更多高大球員的貼身防守時，可以出招應對。所以當時柯瑞在大學多留一年也是正確的決定，這段期間成為他進入NBA前的實驗練習。

柯瑞剛進入勇士隊時並沒有那麼狂投三分球的，雖然他新秀那一年三分球命中率達百分之四十三．九，但他只出手了三八〇次。幾十年前ABA安納罕阿米哥隊的塞爾維基，在新秀年兼ABA聯盟元年就出手了四六一次，卻只有百分之三十一．九的三分球命中率。

剛進勇士隊時，柯瑞並沒有自由開火權。在二〇〇九至一〇年的明星賽之前，他每場三分球的出手次數比以往平均的四次還少了兩次，且大多的出手都是接到傳球後。但是在明星賽週末後，當時先發的明星後衛艾利斯受傷，教練尼爾森將場上主控權交給柯瑞，他便開始打起來了。一球在手，他下半季全面開火，明星賽後他每場平均得二十二．一分，外加七．七次助攻，比明星賽前的十四．八得分、四．九次助攻高出許多。當然部分原因是三分球的貢獻，柯瑞每場大約可以出手三分球六次、進二・七球。

下一個球季艾利斯傷癒歸來，打了八十場比賽，全隊重心又回到艾利斯身上。這時柯瑞的出手次數比新秀球季還少一些。接著二〇一一至一二年球季，柯瑞腳踝受傷，那一季只打了二十六場比賽。

柯瑞生涯的前三個球季，只能說他是聯盟其中一位優秀的射手，三分球對他來說不是全面性的武器，只是讓對方防守時較顧忌的其中一招。但在二〇一二至一三年起有所改變，艾利斯被交換到密爾瓦基，而勇士隊得到很會單擋的中鋒柏格特。同年，勇士隊也在選秀會中選了另一個很會單擋的球員格林，以及後來勇士隊打小球戰術中不可或缺的小前鋒巴恩斯。二〇一二年夏天，他們又簽進另一名老將控衛傑克。

組成這樣的陣容，特別是那一年在季末尾聲時，當時的教練傑克森開始加快進攻的速度，他讓傑克為柯瑞的進攻主導陣勢，讓柯瑞發揮其致命的射手功力。傑克森把原本是小前鋒的巴恩斯拉去打大前鋒位置，增加整體速度。這種快打旋風符合柯瑞的喜好，讓防守他的人跟不上，而且有另一名控衛在場上，柯瑞就可以專心找空檔出手。

二〇一二至一三年球季的最後三十場比賽，柯瑞投進了一二三記三分球，平均每場投進四・三個，而且命中率高達百分之四十七・四。

那是一場大爆發！可以用「三分彈雨」來形容，而且是前所未見的瘋狂。這不光只是投三分球而已，而是他用三分球徹底毀掉對方的防守和策略，進而掌控整場比賽。他在跑位、單擋和切入的樣子，就像老神射手米勒，撼地拔蔥的投球就像艾倫，而快攻時兼投三分球則是前所未見的柯瑞。

柯瑞大部分時間都是打控球後衛，大都是藉由空檔拿到球後投三分球，有些比賽他有比較多的空檔，得看對方防守的情況。但他的主要工作就是藉由擋切戰術進攻，讓隊友在站位和錯位間轉換。

而最關鍵、最具突破性的時刻，是二〇一三年二月二十七日於紐約尼克主場麥迪遜廣場花園球場了。第一節結束時，勇士隊還落後十一分，柯瑞脫去了控球後衛的帽子，開始戴上主宰者的皇冠，他不再組織一波波的攻勢，而決定由自己主導攻勢。他不再被動跟著對方的防守打球，反而按照自己的意願進攻，操弄對方的防守。

柯瑞想將自己的影響力擴大，特別是他想讓大家知道，他是勇士隊贏球的最大希望，因為隊友大前鋒大衛·李在前一晚對上印第安納隊的比賽中和對手打架，被禁賽一場。柯瑞有點像是一人打兩人的份，而他最好的進攻武器，當然就是三分球了。

柯瑞在接下來的三節得了五十分，整場比賽他創下五十四分生涯新高，三節內他共出手十二次三分球，十一球命中。

這是一個經過證明的公式：具侵略性的柯瑞找尋各種機會投射三分球。如果他找到機會出手三分球，就會比聯盟任何球員得到更多的分數。即使他沒機會投三分球，對方的防守因擔心他一拿到球就投，反而讓柯瑞和隊友有更多的進攻途徑可選擇。

其實三分球就是答案，它可以破解一九九〇年代流行的嚴密防守禁區、讓進攻者無法切進的策略。當禁區防守員在籃框下越來越高大、有如銅牆鐵壁時，柯瑞就得像古代投石器那樣，遠射三分炸彈，才能突破重圍。

二〇一三年那一季，柯瑞破了艾倫的單季三分球紀錄，他在十二場季後賽裡另外又投了四十二顆，儘管那時他帶著腳踝傷上陣。下一季柯瑞在三分球表現上有點進入低潮，至少依據他的過去標準是這樣，他投進了二六一顆三分球、創下生涯新低的百分之四十二·四的三分球命中率。那一季勇士隊少掉了成為自由球員的傑克，所以在控球和傳球給柯瑞的戰術出現問題。加上前幾季柯瑞在聯盟造成了不少驚濤駭浪，所以各隊的防守對柯瑞特別「照顧」，想盡辦法讓他失投。

那一年的季後賽，勇士隊和快艇隊打到第七場賽事，儘管勇士隊兩名中鋒都無法上陣了，但隨即祭出小型陣容，希望以速度換取高度，打擊快艇隊。雖然勇士隊已顯露疲態，但柯瑞的內心還是打起精神振作，以持續的攻擊撐過賽事，但快艇在勇士主場偷到一勝，取得二勝一負的領先局面。這系列賽中，柯瑞與快艇明星後衛保羅單挑，保羅可是聯盟裡首屈一指的控衛，一直壓著柯瑞打，而柯瑞也以投射做回敬。在第四戰中，柯瑞出手十四次三分球，命中七顆，共得到三十三分，勇士隊灌翻快艇隊。

雖然勇士隊最後輸掉了那場系列賽，但未來的計畫已經很清楚了：打造一個積極搶攻的柯瑞，以顛覆比賽。勇士隊只需再找另一名球員，來搭配已經很會控球、善於做決定的柯瑞，並和他空手跑位時做配合。

所以勇士隊簽下了李文斯頓，這名老經驗的控球後衛越老越穩健。而在NBA裡算是最會傳球的中鋒柏格特，身為二一三公分的長人，在柯爾教練的流動式進攻策略裡，就像是場上的指揮官。老將鋒衛雙全的伊古達拉，則被柯爾擺到控球位置，和柯瑞搭配，不再當柯瑞的替補。

結果出爐：破單季紀錄的二八六記三分球，接著破季後賽紀錄的九十八記三分球。

在柯瑞進入聯盟的前三個球季，他在三分線外共出手八四三次。但單在二〇一四至一五年的一個球季，他在一〇一場比賽裡就出手了八七三次三分球，包含季後賽，總命中率達百分之四十三．七。這是NBA前所未見、最偉大的三分球投射球季，但是大家之後才發現，這只是開端。

前選秀狀元大前鋒韋伯曾在TNT電台裡為那些防守柯瑞而感到無助的球員發聲：「我無話可說。防守柯瑞時，你得更上前單防他，但又要能馬上退回禁區。但身為大個頭球員，你怎麼做得到呢？後衛這麼做又很容易犯規，該如何把他逼往一個方向？你若順勢去守他，他根本不在乎，因為他可左可右。」

柯瑞不光能在任何角度投射三分球，他還加上了一些複雜的招數，可以遠從「月球」的長距離投射進攻。二〇一五年開季的第五場比賽，他真的就這麼幹，當時的對手是紐奧良鵜鶘隊。兩隊在開季時已對打過一次，那場開季首場比賽中柯瑞得了四十分，包含第一節投進四記三分球，得二十四分。所以這次鵜鶘隊誓死要在三分線附近黏住柯瑞，鵜鶘隊總教練金特里命令球員在三分線附近對柯瑞死纏爛打、奪走他的空檔出手機會、逼他切入，然後交給內線防守球員來應付他。這是不錯的法子，只不過需要完美的搭配。柯瑞的隊友也必須很勤快地跟著他，若他得到了一個單擋機會，敵方的防守者必須迅速機靈換位來防柯瑞，只要遲個半秒鐘，就足夠給柯瑞出手的機會。

理論上，紐奧良擁有一切必備條件來實現他們的對抗計畫，尤其是他們有一位可以完美搭配的球員。鵜鶘隊大前鋒安東尼·戴維斯是NBA裡與眾不同的球星，身高二〇八公分、雙手平伸可達二二六公分，但又兼具小前鋒的體能和身手，他防守意識強烈，對於時間差的掌握和靈敏的直覺，簡直無懈可擊。

二〇一五年季後賽，勇士隊打半場進攻時，由柯瑞和格林搭配擋拆進攻，所以戴維斯常常會換防到柯瑞。戴維斯的身高和靈活性讓柯瑞較難看清楚籃框位置，也不易找到空檔出手。若要在進攻上繞過戴維斯，柯瑞必須在運球和雙手交換運球等方面為自己創造出空間，才能取得出手的機會。

經過在甲骨文球場的開季首場球賽失利後，鵜鶘隊希望萬聖節在紐奧良自家的主場可以好好「待客」。於是一開賽時，只要柯瑞一拿到球，馬上就有防守者貼上他面前；假如柯瑞一找到機會擋拆，防守他的球員就立即黏上擋人的球員，且對方協防的大個頭球員也會擋在柯瑞可能竄出的方向。開賽四分鐘內，柯瑞一球都沒出手。

八分鐘後，看似有個快攻的機會如曙光般出現了。格林在拿到一個防守籃板後，立即自己帶回前場，和他配合的正是柯瑞。格林在空中將球分給了跑到右翼的柯瑞。戴維斯之前那一記沒投進後也立即跟著回防，他讓隊友先向柯瑞撲過去，柯瑞閃掉了戴維斯的隊友後，試圖用假動作晃點戴維斯，但沒效；若硬要投球的話，戴維斯的長臂可能會影響到柯瑞出手的球路。

就在這一瞬間，投射空檔的機會消失了，快攻的機會也沒了。柯瑞持著球等待隊友都到了前場後，想要重組攻勢，可是戴維斯立即跟進柯瑞，伸手用撈的把球給撥掉。

柯瑞馬上把球撿回來，轉身面向籃框，這時戴維斯以不動應萬變，腳就踩在三分線上，站在那兒等著柯瑞的下一招。這是很好的防守方式，戴維斯也真的是聯盟中很出色的防守者，然而柯瑞想大膽挑戰。

那時柯瑞距離籃框有九．四公尺，即在三分線外好幾步。時間還有十六秒，戴維斯的腳步退回到三分線上，這一退，柯瑞需要的空檔出現了，他決定出手投球。柯瑞在這麼遠的距離投球讓戴維斯有點驚訝，不過他立即撲上前試圖封蓋，但太遲了，也太遠了。現場的紐奧良球迷都倒抽一口氣。

進了！柯瑞投進後，邊微笑邊回防，其實那一球出手有點魯莽，但球就是進了，真是有點滑稽。賽後柯瑞對大家說，那一球投得很呆。可能他內心沒有意識到，或者他不想顯得太囂張，所以他沒說：「這球其實太英明了。」

「那是我第一次有這個念頭，」柯瑞說，「他真的太高了，很難找到出手的空間。所以我心想：『幹麼不試試看？』我相信自己有辦法從這麼遠的地方投進。」

柯瑞這麼一投，把比賽的戰場給放大了。如今三分線以外的區域不再只是一個進攻的緩衝區了。遇上柯瑞時，對方的防守必須擴展到三分線以外，因為他的射程太遠了。但防守範圍拉得越大，內線產生出來的空間也就越大，防守也就更脆弱易攻。

「說真的，我當時真的不知道自己站在哪裡，我腦中並沒有計算自己站的位置，好啦，大概就是十一公尺左右吧！」柯瑞說，「精確來說，你就是有那個感覺就對了，我畢竟在那種距離投了很多次了，當你過了半場運了幾球後，大概就有感覺了。你當然想在防守逼近之前出手，我當時大概只想到這些。」

NBA三分線最遠距離約是七・二公尺，二〇一五至一六年球季，柯瑞在九・一公尺以外出手的大號三分球計四十五次，比他前兩季加起來還多了十次。

通常那麼遠的投射，大概是最後關鍵倒數幾秒的壓哨球或進攻時間所剩不多了。二〇一三至一四年球季，前七六人後衛羅頓在單季曾出手過二十記九・一公尺以外的大號三分球，領先聯盟。二〇一四至一五年，快艇隊的克勞佛則以二十二記超越羅頓。

但柯瑞之所以驚人的不只是投了四十五個大號三分球，而是這麼狂妄的投球方式，他竟然進了二十一顆，沒錯，二十一顆！這等於高達百分之四六．七的命中率，以那麼遠的距離來說，真的太瘋狂了。快艇隊的中鋒德安德魯．喬丹站在罰球線上進球的機率都比這低。

「有效命中率」（effective field goal percentage）是一項較新的統計數據，它的計算方式能讓三分球更有價值。柯瑞也因這種大號三分球讓有效命中率提高至百分之七十。假如柯瑞投四十五記二分球且都全部命中的話，才可拿下九十分，然而，由於他的三分線有效命中率是百分之七十，他在三分線外出手四十五次的話，就可以拿下六十三分。

偉大的騎士隊主將詹姆斯於二〇一五至一六年球季，在一．五公尺內的有效命中率是聯盟最高的百分之六十八。這表示柯瑞的一記九．一公尺投射比詹姆斯的一．五公尺更有效率。

這就是柯瑞的祕密武器，他可以較少的出手次數，得到較多的分數。那一季他得了二三七五分，也是他第一次單季得分破二千分高門檻紀錄。柯瑞是NBA史上第三十五個人做到的，也是NBA史上第七十八次單季得分二三〇〇以上。出手次數比柯瑞少、卻拿到比柯瑞多分的球員，只有巨無霸中鋒歐尼爾、前爵士名將丹特利和馬龍三人，不過他們的罰球次數比柯瑞多出兩倍以上。

最令人讚嘆的是，柯瑞在那一季投進了四百顆三分球，刷新紀錄。這項紀錄讓他不光只在籃球，而是在所有優秀運動員裡名留青史。正如棒球波士頓紅襪隊威廉司的四成打擊率，冰上曲棍球球員葛瑞斯基的二百次進球，或美式足球跑鋒迪克森單季陣達二一〇〇碼一樣，柯瑞在籃球場上以他的三分球達到如此偉大的境界。喬丹的後仰跳投、湖人中鋒賈霸的天鉤，柯瑞則是以爐火純青的遠距三分球稱霸籃壇。

柯瑞在那一季最後一場比賽，已達到三九二記三分球了，但之前的十五場比賽中，柯瑞才只投進了八記三分球。最後一場的對手是曼菲斯灰熊隊，當時因該隊已取得季後賽的資格，所以沒把所有主將派上場；勇士隊則正試圖要拿下創紀錄的第七十三勝，所以那場比賽情勢一面倒向勇士隊，柯瑞的上場時間看來也不會太長。

他在比賽第一節出手了九次，全是三分球，看來他想挑戰這單季四百顆的三分球紀錄。那一節他投進六個三分球，希望的火苗又再次被點燃了。在下半場第三節一開打沒多久，他就投進了第四百號三分球，他面對著觀眾兩手高舉空中，兩手都伸出三根手指，代表三分球。

最後，柯瑞達到讓他在三分球歷史排名中留下傳奇的數字：四〇二球。

勇士隊在二〇一六至一七年球季的第六場賽事，遇上正處於重建期的湖人隊。在那場比賽中，柯瑞出手十次全部「槓龜」，勇士也因此敗給了湖人。這也是自二〇一四年十一月十一日以來，柯瑞首次在比賽中未投進任何三分球。

回到二〇一三年四月，柯瑞當時創下了單季投進最多三分球的紀錄，但亞特蘭大老鷹隊卻在推特上以半挑釁式的方式發文「恭喜」他：「你能連續七十三場比賽都投進三分球時再來跟我們說吧，柯瑞！」其實是老鷹隊當時是替自家的白人射手考佛造勢，來比看看誰才是最佳射手。考佛當時才創下新紀錄，連續一百二十七場比賽投進三分球，打破了巴羅斯的八十九場紀錄。就在考佛中斷連續投進三分球的場次紀錄後八個月，柯瑞則開始創造他自己的紀錄，連續兩年不中斷，共一百五十七場，足足比考佛多了三十場。

如果把季後賽也算進去，柯瑞連續投進三分球的場數應該是一百九十六場。更誇張的是，從二〇一四年十一月十三日至二〇一六年十一月四日近兩年的時間，他一共投進八百六十五記三分球，命中率高達百分之四十四．二。

此外，就在他中斷了一百五十七場的紀錄後，下一場比賽對上紐奧良時，柯瑞又創下了另一項紀錄：單場三分球十七投十三中，超越了布萊恩二〇〇三年的單場十二記三分球，也平了前多倫多暴龍老將馬歇爾二〇〇五年創下的單場十三記三分球。

這場比賽後，新隊友杜蘭特相當誇讚柯瑞所創下的紀錄。

「他可以在很短的時間內灌爆記分板，過程也很精采。」杜蘭特這麼說，「真的很不可思議，我自己就在這一隊裡。之前對上波特蘭，才見他一口氣灌進二十三分，今晚又看到他投進十三個三分球，真讓人難以想像。」

可以大膽地說，等到柯瑞退休時，所有關於三分球的紀錄可能都被他一人包辦，包括已退休的三分球射手艾倫生涯中總共投進二九七三記三分球的紀錄，注定也會被柯瑞打破。

他是這個世代的喬丹！我們小時候都想當麥克．喬丹，但現在的小孩都是看柯瑞長大的。

——基德（Jason Kidd，公鹿隊總教練）

距離比賽結束只剩幾秒鐘，多倫多加拿大航空中心場內的觀眾全都站起來了。柯瑞的西區隊伍領先了二十分，勝券在握，此時他拿到了後場球，正掙扎著下一步該怎麼做。按理來說，在領先這麼多分數的情況下，有球品的做法就是運球過前場，消耗掉剩餘時間，結束比賽。但是觀眾希望他繼續進攻，畢竟，這是二〇一六年的NBA明星賽。

同隊的杜蘭特跑過來要球，假如柯瑞不打算出手的話，杜蘭特想要這個表現機會。不過柯瑞並沒有放棄。

「對啊！當時有點像拔河，隊友間彼此相互搶球，誰都搞不定到底由誰出手投這最後一球，」柯瑞解釋道，「我認為杜蘭特一度想要這球，但觀眾好像希望由我來操刀，教練波波維奇則要我們倆其中一人來投。」

最後柯瑞決定將球隨意往籃框拋過去。負責轉播這場明星賽的美國TNT電視台，馬上把鏡頭焦點轉向即將退休的湖人球星布萊恩，因為這是他最後一場明星賽。所以，成千上萬的電視觀眾沒看到柯瑞最後站在前場近中線位置的隨手一拋；沒看到勇士隊格林在球還在空中飛尚未下墜時，就比畫著三分球的手勢；沒看到杜蘭特在見到球空心入網後興奮的樣子；當然也沒見到柯瑞手高舉著三分球手勢往另一頭跑開，以及觀眾對於這一隨便出手都能投進的球感到吃驚表情。

當明星賽滿場充斥著飛身扣籃、聲東擊西傳球時，柯瑞的三分長射當然也是必看的精采鏡頭。這一季的上半段，他用長射主宰聯盟，所以照理說，在這場秀味十足的明星賽中，用他最拿手的招數來畫下句點是最好的，更別說，現場球迷大多是衝著柯瑞的高人氣而來的。

不過這是一場屬於布萊恩的告別秀，柯瑞這位年度MVP球員也只能靠邊站。布萊恩在聯盟待了二十個球季，是本場比賽最大的焦點，甚至在比賽結束後柯瑞都去找布萊恩，最後一次與他握手致意，並且回到休息室，把他西區明星賽的紅色三十號球衣背心脫下來，讓布萊恩簽名。當紅炸子雞球員在此時也變成一個貨真價實的球迷。

其實柯瑞下了球場「看起來」也真像個球迷。這場明星賽的賽後採訪場地正是當年柯瑞的老爸在多倫多打球時，他和弟弟賽斯練球的場地，鏡頭上受訪的柯瑞穿了一件黑色UA連帽夾克，裡面是一件白色連帽運動衫，胸前有片加拿大楓葉，頭上戴了頂黑色棒球帽，帽舌彎成完美的弧度，像是專門為了看棒球賽遮陽而折的，只差沒揹個背包。

在等待賽後記者聯訪的時間，發生了一件事，恰好可以說明柯瑞無人能擋的魅力。當時一群球員聚集在採訪舞台後方區域，等待著輪番上台接受媒體訪問，一位爸爸帶著兩個女兒走向柯瑞，想和他合照。

「我女兒好喜歡你！」那位爸爸笑著說。

柯瑞立刻答應了小女孩的合照要求，他脫下帽子和兩位女孩打招呼，然後三人準備好合影的姿勢。個子較矮，快滿十歲的妹妹吉安娜兩手抱著一顆籃球站在柯瑞右邊，柯瑞把右手搭在她肩上，吉安娜還故意把外套拉鍊拉下，露出西區明星賽的紅色球衣。姊姊娜塔莉雅站在柯瑞左邊，拉鍊全拉上，戴著毛線帽，像是為外頭嚴寒的天氣先做好準備。柯瑞的左手環繞著她。

兩個女孩帶著微笑擺好姿勢，她們的父親在幾步遠的距離外正在調整拍攝角度，他的身體微微向後仰，想捕捉到最完美的畫面。

拍完照，柯瑞和兩個小女孩閒聊了一下，並且和她們握手致意，她們的父親也走過來向柯瑞道謝，他們兩人握了手，然後互相擁抱了一下。

這兩個女孩的父親是誰？就是布萊恩。

這是場屬於布萊恩的明星賽，他就是二〇一六年明星賽的目光焦點，整個週末，不論布萊恩走到哪，每個人都在談論他讚美他。然而，他的兩個女兒卻只想看柯瑞，布萊恩為了讓兩個寶貝女兒高興，他也只能站到一旁去，像是站在玻璃魚缸外面，欣賞著美麗的柯瑞金魚。

兩個月後，勇士隊在最後一場季賽打敗曼菲斯灰熊隊，那場比賽他們拿下七十三勝的歷史紀錄，柯瑞的個人紀錄也突破了四百個三分球。賽後，灰熊隊的鋒衛搖擺人巴恩斯朝著擠滿了攝影師、記者、球隊管理人員和器材管理員的勇士隊休息室走過去。休息室裡相當悶熱，柯瑞的置物櫃夾在巴恩斯和湯普森之間，一堆媒體正搶著看他創紀錄後隊友的簽名球衣、他穿的球鞋和甲骨文球場的籃網，全都是創紀錄的歷史文物。

突然間，巴恩斯從人群中擠了進來，這名二〇一公分的「壞孩子」球員還帶了他的兩個兒子卡特和伊賽亞。

「很感謝你，小史！」巴恩斯幫兩個兒子和柯瑞拍了合照後說，「他們兩個是你的超級粉絲，比起我，他們更崇拜你！」

其實兩個男孩在二〇一五年九月就見過柯瑞了，當時柯瑞和巴恩斯兩家在墨西哥度假城聖盧卡斯巧遇。但伊賽亞來到明星賽球員休息室看到柯瑞時，還是很緊張，他可是死忠的柯瑞迷，比方有一天學校老師要學生打扮成他們所崇拜的人，哥哥卡特穿著爸爸巴恩斯的球衣，而弟弟伊賽亞就穿著柯瑞的球衣。此時見到偶像的伊賽亞既緊張又害羞，還得靠爸爸用手肘推著他前進，才稍微化解了他緊張的氣氛。

柯瑞成為NBA球員的孩子最喜歡的NBA球員，他普通的體型吸引了成千上萬的球迷，這些粉絲都不知道是從哪裡來的。通常超受歡迎的NBA球員都很早就被大家注意到了。特別是現在的年輕世代，像是詹姆斯、布萊恩、賈奈特等，他們在高中階段，就已經受到注目，並塑造成未來之星了，進了大學，更被認為是曠世奇才。

柯瑞在大學時期是有點知名度，畢竟他帶領著原本不被看好的戴維森學院在錦標賽裡表現優異，但那只是一閃而逝的光芒，柯瑞後來被勇士隊這樣一支沒什麼作為的球隊選入時，沉潛了四個年頭，除了舊金山灣區、北卡夏洛特和一些看好他潛力的NBA死忠球迷認可他的堅強實力以外，柯瑞大學畢業後身上原有的光環與榮耀，都被勇士隊平淡的戰績和他自己的腳踝傷磨耗得黯然無光。

但當柯瑞破繭而出，就再也沒什麼能擋得住他了。他不只是搖身一變成為一名閃亮的球星，他的名氣，吸引了球鞋公司來談代言，也吸引了TMZ（美國狗仔娛樂）新聞網站的跟拍。柯瑞的人氣指數在兩年之內暴漲，他是聯盟裡最受歡迎的球員，迅速超越許多知名球員，進入NBA主流代言球員之列。

二〇一三年二月，柯瑞沒能入選明星賽，反倒是隊友大衛．李打破勇士隊十六年來沒有隊員入選的窘境。柯瑞原先還希望能夠靠著教練的青睞，至少進入明星賽的替補陣容，沒想到他們居然選擇了大衛．李，柯瑞只能排在次級球員行列。

二〇一三年開始，柯瑞震撼人心的表現使他成為一顆知名度持續躍升的新星，就像一顆原本深埋土裡的寶石，突然被很懂門路的NBA球迷挖掘出來，大肆兜售。在下個球季開打之前，加拿大饒舌歌手德雷克助了柯瑞一臂之力，使他正式成為家喻戶曉的名人。

我是超級神射手柯瑞
我愛烹飪煮醬汁
大廚！鍋裡放咖哩

二〇一四年二月，柯瑞在明星賽票選中拿下後衛的領先票數，一方面當然是因為布萊恩受傷，柯瑞得以吸收他的選票，同時柯瑞在中國球迷的網路票選中也拿了許多票。

二〇一五年二月，柯瑞不只在後衛位置領先，這次他成為全聯盟明星賽得票最多的球員，而且他的球衣背心也是全NBA銷售冠軍。

到了二〇一六年明星賽時，柯瑞已成為聯盟數一數二的人物了，他取代了詹姆斯成為NBA的新面孔，不但球技出神入化，他的星運也亨通。三年內，他從一個有明星球員水準，為表現普通的球隊帶來希望的球員，變成一個全球知名的球星。柯瑞打破NBA的框架，跨越領域，他不再只是一名籃球員，更是體壇明星和引領流行文化的名人。

二〇一五年季後賽勇士取得總冠軍、搶下詹姆斯大帝的皇冠後，柯瑞的夏天過得很精采。NBA冠軍賽後幾天，甲骨文球場裡舉辦了一場拳擊賽，柯瑞走在拳王沃德的團隊前面，帶領他們走到拳擊比賽擂台上，手上還替沃德拿著拳王冠軍腰帶，頭上則戴著勇士隊剛剛摘冠的慶功冠軍帽。

接著柯瑞又和總統歐巴馬一起打高爾夫球，歐巴馬在二〇一五年二月時就曾邀請過柯瑞來參觀白宮，並一起討論如何防治瘧疾。柯瑞打高爾夫球的技術不差，要不是因為已經擁有優秀的籃球基因，他說不定也可以成為職業高球員。在這場二對二的高球比賽中，柯瑞和老柯瑞一隊，歐巴馬則和NBA知名射手艾倫一隊，柯瑞最後以七十六桿成績收場。柯瑞把差強人意的分數歸咎於現場令人生畏的特勤人員和不斷講垃圾話的歐巴馬。

「他在我揮桿時還一直講垃圾話，」柯瑞笑著說，「但他是總統啊，你能怎麼樣？」

柯瑞也上了不少脫口秀節目，例如深夜的金莫主持秀、寇博秀、瑞芭秀和轉戰娛樂圈的前美足球星史崔漢主持的節目。他還在奧克蘭的一場演唱會，幫葛萊美得主基督教饒舌歌手雷克拉伊伴舞。

但這一切並不影響季賽開打的表現，勇士隊在NBA球季開打後獲得二十四連勝的好戰績，柯瑞猶如猛虎出柙，人氣更加火熱。

二〇一五年十二月，勇士隊拿到第一次敗績終止連勝，緊接著又痛宰鳳凰城太陽隊，回到他們熟悉的勝利道路上。那場比賽結束後，有人看見柯瑞和太太艾莎與饒舌歌手好友德雷克，在奧克蘭附近阿拉美達的一家加州知名漢堡店In-N-Out吃漢堡「續攤」。

二〇一六年二月的美式足球超級盃之夜，柯瑞受邀擔任家鄉卡羅萊納黑豹隊的貴賓，他穿著特別訂做的黑豹隊三十號球衣，背後繡著自己的名字，依傳統敲打黑豹隊球場的大鼓，象徵旗開得勝。

已逝的美國黑人歌手「王子」，在二〇一六年三月在奧克蘭派拉蒙劇場辦了兩場演唱會，門票飛快售罄。令人驚喜的是，他臨時決定在甲骨文球場加開一場，因為他想看柯瑞打球。這位生長於明尼蘇達州的音樂界傳奇人物，是個出了名的籃球迷，三月三日勇士隊在主場和雷霆隊比賽時，王子還穿著閃亮的藍色外套、黑色墨鏡，手持金色手杖在場邊觀戰。七個星期後，王子就離開了人世。

三月三十日，柯瑞在猶他爵士隊主場賽前熱身後幫球迷簽名，大批球迷在觀眾席欄杆邊推擠著，導致欄杆承受不住而斷裂，三名小朋友還因此掉了下來，幸好都沒什麼大礙。經過這一陣混亂，柯瑞乾脆發給他們一份有他簽名的運動用具壓壓驚。

似乎每個人都想認識柯瑞，明星名人也不例外，他的球迷人數持續攀升，勇士隊的公關團隊必須控制他的受訪時間，並且增加保鑣人數，這個保全團隊的主管是前奧克蘭地區的警察沃克，更親自擔任柯瑞的貼身保鑣。

各類型廠商排隊等他代言，例如止汗劑 Degree、醫療保險公司 Kaiser Permanente、音響公司 JBL、濾水器公司 Brita、網上運動用品公司 Fanatics 等。柯瑞最重要的代言產品是美國的運動鞋及服飾巨擘 UA，柯瑞還是該公司的股東，他可以從運動鞋產品銷售利潤中獲得權利金。UA

球鞋銷售量在二〇一六年第一季暴漲了百分之六十四，就是因為柯瑞代言的鞋款大賣。

柯瑞受歡迎的程度已經到了荒謬的程度，家鄉夏洛特還舉辦了「柯瑞之夜」，表面上是為了表揚老柯瑞，實際上大家都知道這是策略性安排，因為當晚勇士隊前往黃蜂隊主場比賽，柯瑞肯定會在場。勇士隊的幕後管理階層也十分佩服黃蜂隊這聰明的手段。

柯瑞的賽前暖身，就像大聯盟舊金山巨人隊邦茲的賽前揮棒練習，和美式足球紐約巨人隊小貝克漢賽前的達陣區單手接球練習，都是球迷非看不可的技巧秀。因此，往往在球賽開始前兩小時，球場內的氣氛已經非常熱鬧，很多人慕名前來觀賞柯瑞的投球神技，幾千支智慧型手機追逐著他，試圖捕捉他瞬間的動作畫面。

「被追著拍的感覺確實很奇怪，我只好學會不理它！」柯瑞這麼說著。

柯瑞的賽前準備流程像個奇觀小宇宙，人人愛看。這個現象顯示他的個人魅力更上一層樓，就算到了客場作戰，你還是可以看到大批穿著勇士隊三十號球衣的球迷，爭睹他練球的英姿，展現出對他的高度支持。你也可以看到一些非體育版的記者和國外媒體提早到場採訪報導，他們都無法抗拒柯瑞的魅力。

其實，從柯瑞暖身練球的動作，就可以看出那麼多人為他著迷的原因。他的動作技巧很花稍，如煙火般絢麗，吸引人的目光。他的練球內容很多元，讓每個教練、老師都想「得英才而教之」，更把他的賣力和勤勞當作教育球員的範本。柯瑞也把他的風趣個性融入練球活動中，因而大受年輕人歡迎。

通常在球賽開打前一個半小時左右，柯瑞會在觀眾掌聲中現身球場上，他穿著練習球褲，搭配短筒球鞋，有別於他正式上場時穿的中高筒球鞋配腳踝護具。甲骨文球場的觀眾喝采聲勢很響亮，柯瑞把腳跨上板凳，繫好鞋帶，在底線靠左邊禁區附近位置站定，拿著球，好秀就要上場了。

開賽前，柯瑞習慣先和勇士隊助理教練佛雷瑟或球隊工作人員聊一下。甲骨文球場的保全人員瓊斯是柯瑞最愛的聊天對象之一，他已經是柯瑞出賽日的固定演出角色，站崗的位置正好就在勇士隊球員進場的通道附近。瓊斯的工作就是保護柯瑞練球暖身時不受干擾，他必須為這位巨星擋掉不相干的人，他也得克制自己對籃球的熱愛，跟柯瑞的談話溫馨但盡量簡短，做好協助柯瑞完成暖身的重要工作。這份工作超適合他，因為瓊斯是個不折不扣的籃球瘋，從一九六〇年代中期就已經是勇士隊球迷，每次主場賽前他都會預測分析賽事，賽後也會去媒體室把所有數據資料蒐集起來。瓊斯自己在外面參加業餘籃球賽時，打的位置就是控球後衛，因此他特別了解和欣賞柯瑞的球技。

柯瑞會先花幾秒時間觀察一下整個球場的態勢，他喜歡這片刻，他喜歡把時間暫停下來，專心享受現場觀眾的說話聲、球場擴音器播放的音樂聲、球鞋在場地上摩擦的聲音，或籃球撞擊地板的聲音。可能是因為他屬於那種心情容易亢奮的年輕世代，需要藉由片刻的停頓讓自己專注。

另一方面，柯瑞可能打從心裡就喜愛、感恩這一切。突然的爆紅，並未使他迷失自我，雖然他不到三十歲已經站在世界體壇的最頂端，但柯瑞超齡成熟的心智明白，注重細節才能通過時間的考驗，每一步都是整個旅程最珍貴的地方。

一眨眼，他開始練球了。他半蹲著左右手各運一顆球，運球的速度慢慢加快，有種韻律感，就像拳擊手擊打沙包的樣子。幾秒鐘後他改變節奏，以兩手同步運球，待兩球彈起的時間頻率相同後，開始左右交互運球。這巧妙的運球手法看似簡單，其實做起來很難，急促的換手運球，展現了他雙手的靈巧程度，不一會兒，他又開始左右手輪流胯下運球。

在這一連串動作中，他並非從不出錯，但只要他漸漸抓到節奏，手與球的動作越來越綿密，就會開始快速運球，接著會做一連串更複雜的運球動作，並且刻意不看球，眼神環顧四周，或與助理教練佛雷瑟聊天，僅靠自己的直覺和手感來運球。雙手與球時而左右，時而前後，時而同步波動，時而交換運球。

動作持續大約一分鐘後，他稍作休息，此時球場內有更多人來觀看並交談，接著他又繼續暖身。這次他站得比較直，來個花式換手運球和胯下換手運球的混合練習，球的軌跡看似隨機卻又複雜，有時一球在前，一球在後，接著一球垂直起落，另一球鑽過胯下，從身後又運回至前方原點。他的運球功力已經到了出神入化的地步，看起來不像控球後衛，倒像是雜耍表演者。

他運球的手法很花稍，只要運過球的人，就知道他這一手功夫有多難。籃球行話「控球」指的就是一名球員的運球技術和掌控球的能力。

在NBA有兩種典型的「控球」方式，克里夫蘭的控衛厄文是NBA的控球菁英，他的手感滑溜，有著與生俱來的控球天分，大多靠直覺和本能運球。一顆籃球在他手裡，就好像他身體的一部分，人到哪球就跟到哪，他擅長使用身體的傾斜、急轉彎、變速來誤導對手，以製造快速甩脫對方的空間，與其說他控球，不如說他是控制身體。厄文根本不運球，他用滑步的方式帶球，從防守人群中穿梭、切入。他就是有辦法運用極佳的直覺和身體控制，把防守者遠遠甩在後頭。

厄文這種控球方式是天生的，誰也學不來。你不可能教一個球員像他一樣臨場應變，或是記住任何轉身、虛晃一招或突然後退一步的應用時機。

柯瑞也有這些無形的天分與特質，但他的控球技巧更像是勤練與專注的成果。柯瑞有一大堆運球招數和特別厲害的動作，是在他的完美主義驅使下，不斷地練習的成果，這個練習成果幾乎已經成為第二天分。柯瑞的控球方式是把球當作引誘對手的蘿蔔，當防守者受騙上鉤，想要上前靠近這個蘿蔔，柯瑞就會立刻把球拿開，往另一方向走或起跳投籃，又或者以一連串令人目眩神迷的運球讓對手傻住，毫無抵抗能力地丟失分數。

總的來說，厄文是天才型控球員，他很會擾亂對手視聽來閃過防守，再從擁擠的禁區裡竄出來。相較之下，柯瑞的控球邏輯明顯易懂，從他賽前運球練習就可以看到他的所有技巧，以及他如何勤奮努力走到今天這一步。運球練習是他暖身的方式之一，他以高度的練習強度強化自己的技能，使得自己正式在球賽短兵相接時顯得輕鬆。

下一步，柯瑞將一顆球丟了，另一球則傳給佛雷瑟，此時他變成一名接球員，半彎著身子等佛雷瑟用力將球傳給他，他一接到球立刻隨機運球，他會假裝有一個無形的防守者擋在面前，然後將球回傳給佛雷瑟，佛雷瑟再迅速將球傳回去給柯瑞，再次展開另一串換手運球、胯下換手運球和背後運球。如此做了幾次對傳，柯瑞完成運球練習了，身體也暖和了，可以準備上場。

柯瑞將球交給佛雷瑟，走到罰球線附近。他的動作有點像個老爺爺揹著孫子走路，低著頭、雙手下垂，好像四肢無力一般。這樣做是有目的的，比賽進行中，用這種方式走上罰球線或坐回板凳區，是節省體力的聰明辦法，他得保留體力才能繼續應付比賽。但是他現在在眾目睽睽下暖身，有這麼多觀眾帶手機拍攝他，他還這樣牛步緩踱真是有點搞笑。

他的投球練習才是大家想看的重頭戲，運球只是開胃菜。一開始，他先用左手懶散地做個上籃擦板動作，這個動作雖然不比接下來的練習動作精采，但卻是他練習手感很重要的一部分。接著他在禁區外進行大弧度的投球，用這種方式投球可不是靠運氣，這是他多年來靠著勤奮練習，與球和籃板、籃框建立下來的默契。接著他又用各種拋、鉤的動作，每一球都看似輕鬆打板進球，在在證明他與籃球的深厚情感。

投進五球後，他走到介於三分線和罰球線之間的左肘區，邊走邊單腳起跳以左手投射，緊接著是接到球後換手運球的左手小拋球，接連投進三球後，他換到右邊練習完全一樣的動作，改換成右手投射。最後一個練習是在佛雷瑟面前投球，佛雷瑟站在罰球線附近，作勢跳過來擋住柯瑞的投球視線，這個練習完成後，算是一個段落的結束。

接著柯瑞走到三分線附近。一般的NBA球員在投球暖身時，都很準，畢竟以他們的程度來說，沒人在前面阻擋，投進球一點都不困難。但是柯瑞練投的快速程度，還是讓現場觀眾驚訝得下巴都快掉下來了。

柯瑞在半場上的五個定位點各投十五顆球：右邊底線、右翼、中間弧頂附近、左翼和左邊底線，每個定點都能進球。接著做運球後跳投，然後從五個定點往後退至三分線外投球。柯瑞投籃時喜歡加點花招，一方面是因為好玩，另一方面則是為了實戰應用。他投籃時會用比較困難的後仰跳投，或是超大弧度的投籃。你大概能料想到他可以輕鬆地連進十五球，但他覺得那樣太無聊了，所以他會摻進一些花稍的運球，誇張地後退一步投射或單腳投射，甚至把球投得超高，再「唰」地一聲入網。他不像一般球員站在三分線中間頂端定點投球，他會一直退到中場勇士隊徽附近投籃，他每投進一顆超級三分彈，旁邊的觀眾莫不「哇……」「啊……」地連聲讚嘆。

若柯瑞好幾球沒投進，也會出現低迷的氣氛。連著兩球沒進，他會有點苦笑；若同一個定點連三球沒進，你可能會看到他搖頭。當這五個點都投過了，他等於總共投了七十五次球，如果你將剛剛那些零碎的左右拋球或看似亂丟的投籃都算進去，一共出手九十七次。但這樣還不算暖身完畢。

他又回到靠近罰球線的肘區、禁區側翼附近和佛雷瑟教練做一對一練習。一開始先以背對單打方式對抗，背靠著佛雷瑟，保護著球，佛雷瑟會推他、干擾他，給他防守壓力，讓他練習後退一步跳投，在禁區左右側各做三次。接著在罰球線上練習罰十個球，然後練習拿球後撼地拔蔥跳投。他沿著三分線跑半圈，沿途接過佛雷瑟的傳球後做三分跳投。通常正式比賽時，勇士隊會讓柯瑞卸下控衛職務，安排他追著防守者跑，這個戰術就是為了讓最佳射手在一秒內的空檔出手得分，所以射手需要具備接到球就能隨時出手攻擊的本事。柯瑞不像其他人需要站穩、面對籃框，才能出手，他可以面朝籃框拿到球，在沒完全站穩的情況下快速出手。這是他為了彌補自己身高不足，花大量時間在外線跑位練出來的功力。最不簡單的是，他會在三分線弧頂位置，以類似芭蕾舞者腳尖旋轉的動作往底線移動，並同時接球，然後立即轉個身投籃。最後，他在底線接下一球，以一個超高拋物線的方式完成最後一個投籃動作。

在主場比賽時，柯瑞會用一個特別的謝幕招式，結束自己的賽前暖身練習。他會走向球場通往球員休息室的通道，面向籃框，這時很多觀眾都會靠過來擠在緊鄰通道的看台處，以便近距離看到他、拍照，並找到最佳觀賞角度看他使出最後一招。這個招式是前勇士隊後衛艾利斯發明的，叫做通道大投籃。球場保全瓊斯幾年前要柯瑞也挑戰看看，沒想到現在這個招式已經變成柯瑞賽前練球的招牌謝幕表演。

「小史童心未泯，他總是喜歡試點瘋狂的！」柯爾教練這麼說。

柯瑞站在通道口，等著瓊斯給他一個低手傳球，柯瑞接到球後以站姿高拋投射，因為距離實在太遠了，他必須靠著下半身的力量，用力將球甩出去，通常他會試三次，如果投中了，群眾就會像投進壓哨球般瘋狂叫好，這時柯瑞就會開心地幫挨在周圍欄杆旁的球迷簽名。

二〇一五年十二月，勇士隊開始提早開放球場讓球迷入場，好讓球迷欣賞柯瑞的賽前暖身。沒多久，當地負責轉播的 Comcast 運動網灣區台，也開始提早轉播勇士隊的賽前熱身練習，這樣才能讓電視觀眾也欣賞到柯瑞的賽前暖身片段。

二〇一六年三月，柯瑞很有可能第二次得到當季 MVP 獎，當他一出現在達拉斯小牛隊的球場，超大陣仗的球迷就開始對他瘋狂呼喊。比賽開始前的兩小時，整個球場的氣氛已經極度熱烈，球場下層的九個區域都已經坐滿觀眾了，所有保全人員都繃緊神經注意著四周。

達拉斯小牛隊也讓球迷提早入場看柯瑞練球。但隔天晚上在聖安東尼奧馬刺隊的 AT&T 球場就不是這樣了，當時馬刺隊是唯一可以和勇士隊抗衡的隊伍。一對身穿馬刺隊球衣的球迷父子，在 AT&T 球場外與票務人員發生爭執，因為他們買的票是不能提早進場看熱身的。錯過柯瑞的暖身活動，那對父子感到非常無奈。

柯瑞的超高人氣無庸置疑。大概兩年的時間，他用高超的實力為自己在運動界建立了良好形象。全球知名足球明星梅西送過柯瑞一件簽名球衣。美國高爾夫球名將史倍斯在達拉斯小牛隊和勇士隊比賽時，像個忠實球迷一樣來觀戰，柯瑞一看見史倍斯就跟他開玩笑討價還價，未來的高爾夫球比賽中史倍斯要讓自己幾桿。

柯瑞的魅力並非偶然，而是他的身上匯聚了眾多完美特質。

第一，柯瑞有一九一公分高，八十二公斤重，對一般人來說這算很高了，但在NBA球員裡，柯瑞的身高只是個普通人。

嚴格來說，柯瑞在控衛群裡不算矮，的確有很多控球後衛比他矮小。但他的迷人之處並不在身高體型，而是他在球場上的主宰能力。小個子球員在NBA成功絕對不是新鮮事，但是新奇的地方就在於這個小個子的魅力竟然席捲了全聯盟。

大多數NBA球員都贏在天生底子好，他們要不就是身高高得連呼吸都覺得空氣稀薄，要不就是體能方面天賦異稟，引領他們在籃壇獲得成就。一些最偉大的球員則是生來兩者兼具：身高夠，天分也高，籃球皇帝詹姆斯正是代表。

相反地，像柯瑞這種在星巴克排隊都不一定會被認出來的人，卻能在球場上叱吒風雲、呼風喚雨，就不是那麼理所當然了。從一般的角度看來，他在體能條件上並不優異，他跳得沒那麼高，跑得沒那麼快，身材也沒那麼壯，他代表著身高不高，卻懷抱遠大夢想的每一個普通人。他向人們證明了：即使是普通的身材，也能創造超群的成就。

這也解釋了為什麼很多小朋友那麼喜歡柯瑞。與那些超級球星相比，小朋友覺得柯瑞更容易親近，與他們的夢想更接近。說得更白一點，柯瑞就是他們。柯瑞在NBA球場上「仰望」其他大個子球員的模樣，就好像這些年輕人「仰望」高大的球星一般，柯瑞的成功是有啟發性的，他滿足了孩子對未來的想像。

或許沒有任何人像小女孩潔登・紐曼那樣迷戀柯瑞了。這位十二歲的籃球小精靈對柯瑞的喜愛幾乎到了瘋狂的地步。在奧蘭多的家裡，紐曼全家人經常一起觀賞勇士隊比賽，當電視上沒有勇士隊比賽的轉播時，她會用電腦一遍又一遍地觀看勇士隊比賽的舊影片。

當柯瑞在奧克拉荷馬市的比賽投進致勝關鍵的三分球時，你真該看看她的反應。「她簡直是樂瘋了！」小女孩的爸爸，也是她的籃球教練紐曼這麼形容：「她狂叫、發瘋、亂跳，在家裡滿屋子跑！」

紐曼小妹妹九歲就成為網路名人，她從小學三年級開始打籃球，身高不到一百四十公分的她，卻能用絕佳的籃球技巧主宰全場，柯瑞的頭像照片被她貼在她的座右銘夢想板上。她現在在道尼基督高中打女子籃球校隊。

紐曼爸爸一直拿柯瑞作榜樣，對孩子灌輸籃球觀念，他指導女兒和她十一歲的弟弟小紐曼透過控球和投射，來展現高階籃球技巧。小紐曼目前也在學校打籃球校隊。姊姊每天則會花三到五個鐘頭來精進自己的籃球技術，以及做體能和重量訓練。她會花整整一個小時練習運球，有時同時運兩顆或三顆，她還按照「柯瑞式」熱身菜單來練習投籃：要投進三百球！包括一百個三分球、一百個中距離、五十個超遠距離運球跳投，和五十個罰球練習。

「不管站得多遠都能投進，可以控球自如，可以運球後跳投，那你就所向無敵了。」紐曼這麼說，「我們從柯瑞身上看到上述的一切，能做到這些真的很不可思議，幾乎不可能有人會從那麼遠的地方投籃……女兒可以在九公尺外運球後跳投。」

從這裡也可以看出柯瑞受歡迎的另一主因：籃球跨國界的、最普遍的投籃技巧。他的神準能力是可以模仿的，就算模仿不來，至少還可以抱著希望。然而，當你看到快艇隊葛瑞芬在空中飛翔扣籃時，你可能不會狂想：「嘿，我認為我也可以做得到。」但任何人都可以懷抱希望，自己的投籃有機會像柯瑞一樣準。

籃球運動的核心概念就是把球丟進籃框裡，如此簡單易懂的運動，確實讓人難以抗拒。本質上來說，人類自古以來一直著迷於這種「擊中目標」的活動，從挑戰投進籃，到球進籃的那一刻，其中的滿足感，實在太有吸引力了。我們把臭襪子捲成一團球往洗衣籃裡丟；我們把廢紙揉成一團往紙簍裡投；我們把葡萄拋到空中再用嘴去接。種種類似投籃的動作，都能夠帶給我們滿足感，這也是那麼多人喜愛籃球的原因。欣賞柯瑞投籃神技，正好滿足了我們心底的欲望。

雖然我們會驚嘆於喬丹和布萊恩的飛天滯空能力、詹姆斯結合力道和速度的優異體能、「俠客」歐尼爾的龐大身軀、魔術強森的直覺本能、歐拉朱萬的迷蹤步法，但這些超能力非常罕見，並非一般人所能擁有，也許你連試都不想試。

當然，柯瑞的技術也不是一般人可以做到的，但至少在球場上，你還可以試試看，相信大家都曾投進過一兩球吧。或許你曾經在比賽中面對著籃框，身負重任必須投進，又或許曾經因為投不進而備受打擊，也或許曾經在投進後志得意滿，得到很大的成就感。

任何曾經投進球的人，特別是連進三四球時，或許就能感受到與柯瑞同在的歸屬感。在這世界上，只有少數人能了解翱翔天空扣籃的感受，但大多數人都有機會享受投進球那一剎那腎上腺素飆升的快感，也會提升下一球再度應聲入網的自信心，尤其是遠距離投射進球後更是讓人振奮不已。

但柯瑞不只是一名射手，他被籃球界的人稱作「投球機器」，專精各種高難度投球，他的投籃動作，一般人終究也只能在夢裡做到。

你應該看過小孩假裝自己正在運球，想像自己是前NBA射手名將「手槍皮特」，闖過了一個高大的防守者後，來個跳投射籃？那個孩子在投籃後也許還會做出像雞爪一樣的完勝手勢，享受著虛擬的籃球擦過網袋「唰」一聲進籃，以及旁邊觀眾的喝采聲。柯瑞在現實生活中真的做到了，他那神射手的模樣真令人著迷。

在社群工具Vine裡，NBA是第一個超過二十億次網路短片分享的組織，擁有一百八十萬名追隨者，比任何運動球隊或球員都多。而其中分享最多的，幾乎都是柯瑞和他的各種精采片段重播。

當年柯瑞參加NBA選秀時，看懂門道的人了解他的潛力，甚至稱他為黑奈許。結果就像奈許一樣，柯瑞得過兩次年度MVP，也都是外線投籃能力很強的控球後衛。

奈許是個控球精靈，很會傳球，而且場上指揮若定，也有很好的外線技巧。當時他在鳳凰城太陽隊的快速流動打法，讓人輕易就忽略了他高超的外線得分能力。太陽隊教頭尼爾森在達拉斯小牛隊執教時，曾栽培過奈許，就訓誡過當時在太陽隊打球的奈許，外線投得太少。

奈許在太陽隊之所以捨外線而選擇在禁區得分，主要是因為對手太忌憚他的分球和妙傳能力，讓他的隊友大量得分，因此很多敵隊會拚命阻絕他和隊友之間的傳球，逼得他不得不扛起得分重任。魔術強森也曾遇過類似的情況，最後也是被逼自己搶分。

柯瑞和奈許的後衛技巧不分軒輊，但柯瑞的打法和奈許不同，他仍以外線為主。喬丹、布萊恩、詹姆斯等具有卓越運動技巧的球星，通常把外線投籃設定為對方嚴密防守時使用的武器。因此他們大多是憑藉優越的體能素質，進攻禁區得分，外線投射只是他們的第二選擇。一旦決定了這樣的進攻策略，他們就會朝著這個方向練習和發展。

但對柯瑞來說，外線投射是他讓對手聞風喪膽的絕技，並以此為基礎開發出多元的進攻技巧。反而傳球、運球、眼觀四面，以及上籃的手感，則只是他的第二選擇，當對手專注防守他的外線進攻時，才派上用場。

因此，柯瑞的風格具有相當高的自主性，他的投球技巧不受距離限制，他運起球來出神入化，不論是行進間投球、三分線外，或禁區一帶的小拋手都難不倒他，空檔外線也得心應手。柯瑞的籃球打法能夠幫他快速判讀對手的防禦策略，並做出多種相對應的戰術攻略。NBA很少有這樣能同時為隊友和自己製造得分機會的超級球員。

柯瑞無與倫比的天分無疑是他最吸引人的特點。他用過人的運球技巧找出空檔，然後用精靈般的手感投射入網，創造出一幕幕震撼人心的精采畫面。

過去幾年，球隊持續賦予他高度的掌控權，加上他已經習慣了場上如巨星般的待遇及光環，柯瑞的進攻模式已經打磨出耀眼的光芒。

柯瑞總是不斷提及，積極侵略式打法是他的致勝關鍵，亦即他不光只是找空檔投籃，而是主動找機會投射，並且以攻防轉換時的快速打法和切入方式，持續地向防守方灌注大量壓力。

其實早在柯瑞的新秀球季時，就已經可以預見他未來的不凡成就。二〇〇九至一〇年球季明星賽後，勇士隊確定無望進入季後賽，當時的教練尼爾森就將柯瑞在控衛一職從替補扶正為先發，搭配一群NBA浪人、未經選秀會進入NBA的球員和從發展聯盟上來的球員，正式上比賽場演練，柯瑞在當年度的下半球季打出聲勢。自此，柯瑞氣勢如虹，開始嶄露出積極侵略的性格。

明星賽過後，當時還是新秀的柯瑞平均每場得二十二．一分、七．七次助攻，特別是球季最後三十場比賽中的七場，他交出每場至少得二十五分、十次助攻的雙十成績，其中一場還拿下三十六分、十三次助攻、十個籃板的大三元。另一場在波特蘭更以四十二分、八助攻、九籃板為當季作了最佳的勝利註腳。

如此磅礴的氣勢，讓當年的柯瑞獲得最佳新秀票選第二名，當然這也為他的NBA生涯拉開了華麗的序幕，只不過在這之前，他還多花了一點時間。

勇士隊將艾利斯交易出去後，柯瑞就成為球隊的主控手，而大前鋒大衛・李則和他搭配，一起和柯瑞發展擋切戰術。

其後，柯爾教練接手執掌兵符，他的主要進攻方式為移動、傳球和擋切，這些都相當適合柯瑞的打法，這和過去馬克・傑克森執教時期強調的低位打法和個人單打是截然不同的。

在傑克森執教時期，柯瑞加強磨練在比賽時的控制力，減少失誤，並且改善他在比賽中的決策過程。在柯爾掌兵符後，柯瑞跟隨著更快的進攻節奏，搭配遍布球場的多名射手，進攻的流程有更多情境可以選擇，使得柯瑞狀況極佳，得以展現出行雲流水的控場能力。

如同《聖荷西信使新聞報》專欄作家川上所述：「柯瑞在全球體壇上是眾所矚目的焦點，每晚球賽中的表現恍如神蹟般，讓大小球迷神魂顛倒，場場經典球賽讓人無法抗拒。」

二〇一五至一六年球季，柯瑞獲選為當季MVP，手指又套上了總冠軍戒指，投籃更為積極且充滿侵略性，出手次數創下生涯新高，且出手速度之快更令人嘖嘖稱奇。

曾有人把柯瑞和奈許做比較，後來則是被人拿來與年輕時外線精準的老將克勞佛相提並論。克勞佛在顛峰時期是個超強的雙項後衛，控球技巧出神入化，又有觀照全場的視野與直覺本能，加上精準的投籃能力，因而有一批忠實球迷追隨膜拜。NBA裡有一些打街頭籃球出身的球員，克勞佛十七年的職籃生涯雖然有著街頭球員的靈魂，但卻能在各種嚴密的防守下，以其流暢的運球基礎、後仰跳投、小拋手、急停跳投等技巧，遠投近射得分。

克勞佛一直受到隊友的尊敬，因為他始終是個讓人難以防守的球員。一名能投、能控、能運球的球員對於防守者來說是多方威脅，如果他還擅長傳球，防守球員會更慘。克勞佛就是這樣的一名球員。克勞佛能為對方防守者帶來許多實質上的麻煩，外加另一種無形的壓力：你要是守不住，就丟臉丟到家。

身高一九六公分、精瘦的克勞佛，具有很好的彈跳力，他最廣為人知的動作就是將球往籃板甩過去，然後追上去接住從籃板反彈到空中的球，再將球灌入籃框。但他真正的拿手絕活卻不是扣籃，而是在防守者伸手幾乎擋住視線的高難度情況下投籃得分，或是讓對手根本攔不住的運球過人得分。他常常在籃框附近做出一些讓人歎為觀止的妙傳或是投射，這些招牌動作讓他在隊友前贏得尊重和敬畏。

克勞佛從未入選過NBA明星賽，但這並不減少其他NBA球員對他的尊重，而且克勞佛自認為他和柯瑞的球路滿相似的。

他們倆唯一不同之處，在於目的性不同。克勞佛比較專注於運球和控球。克勞佛擁有厲害的切入技巧，運球變化多，且更油滑些，他過人上籃的能力使得對手在防守他時不得不退後一兩步，來增加防守空間。他在運球方面的花招也很多樣化，例如背後繞球戲耍對手，或是連續背後運球、胯下運球和背後傳球等，讓防守者失去重心，以製造切入禁區的機會。他也練就了中距離的投籃能力，讓一些後退一兩步以防他過人的球員（因而給了克勞佛太多空間），反而付出慘痛代價。他的快速起身投籃和大量得分，總能讓對手氣得跳腳，而他瞬間停頓、後仰佯攻投籃更讓對手難以招架。

柯瑞的打法則完全建立在他的投射能力上。他的投籃精準度就像克勞佛的切入技巧一樣致命，他的外線投射是所有球路中最具殺傷力的，對手拿他沒辦法，只好貼近防他出手，這又使他練出趁機切入的能力，讓對手因為太貼近防守而吃上大虧。

柯瑞熟練的換手運球、背後運球、急轉向動作，都是為了破壞防守而使用的技巧，也因為柯瑞這些動作常把對手耍得團團轉，所以比賽片段經常被放到Vine上，讓大家不斷重播觀賞他的精采動作。柯瑞已經是一個超級難搞、讓對方後衛極度頭疼的球員。

二〇一五至一六年球季，柯瑞成為聯盟中最會切入的球員之一，他用外線搭配運球得分，他的百步穿楊功力讓他成為一名超級會得分的後衛。

柯瑞的打法是克勞佛的進化版本，柯瑞總是可以在球賽的最高潮添加酷斃了的娛樂效果。無人能及的投射功夫和讓人目眩神迷的運球技巧，組合成充滿娛樂效果的打法。雖然一般而言，擅長扣籃的球員比較能製造娛樂效果，然而柯瑞在三分線以外的投射準度，以三分球遠射的方式懲罰對方的防守，還是比扣籃拿到的兩分球還更慘痛一點。

「他和我的心態一樣，專門攻擊要害，招招致命！」克勞佛說，「他在場上擁有完整的自主權，一般人不了解這有多難得。他可以做出各種投射，可以做到任何動作，可以耍各樣花招，且不用擔心會被撵出場，因為整體進攻都是以他為主，他能夠瓦解對方的防守。很多人以為這是故意搞花稍噱頭，當然在我身上有一些，在柯瑞身上也有一些，但更重要的是，他透過花稍招數來誤導防守者，按照他自己的想法來扭轉局面。柯瑞代表著新一代的球風，當你能像他那樣投籃，整場球賽就是由你掌握了。若能投球兼控球，可以說你已經沒有任何疆界與限制了。」

柯瑞超越了克勞佛代表的傳統模式，進而成為主流社會的偶像，他是所有孩子心目中的英雄。就算有些人對籃球或運動一竅不通，但他們都認識柯瑞。

無庸置疑，他們是NBA籃球史上最偉大的後衛搭檔，我從沒看過任何兩人組能夠像他們這樣具有殺傷力。

——傑克森（Mark Jackson，前勇士教練，目前為NBA球評）

NBA球星大概分成三個等級，最初級的球星有技巧，能為比賽帶來亮點，能在一場得個三十分。這種等級的球員不算少，但他們還是有其價值，畢竟不是每個球員都可以在一場比賽裡為自己的隊伍得到三十分。這些球員只要對手的防守稍弱，或是當天手感好一點，或教練允許他自由發揮時，大概都可以拿到這樣的好成績。

第二級的球星基本能力更佳，他們在對手防守表現不錯的情況下還能得三十分。第二級球星比最初級的人數少得多，畢竟在防守隊伍沒發生太多失誤的情況下，不是很多球員能得到三十分這種高分。第三級球星則是能在對方防守非常嚴密，同時自己又被緊盯死守的情況下，還能有優異的進攻表現。這種球員需要有相當精湛的主導進攻能力，能帶著球隊打仗，即使敵軍對他特別做了防守功課，研究如何阻止他發揮專長，並且打擊他的弱點，這類球員還是能強渡關山。

除了前述這三種等級，NBA還有另一層可說是精銳的球星等級：這種球員在最高強度的比賽裡還是能保有超水準的表現，當所有嚴密的防守陣容都刻意針對他，隊友對他的期待也高到變成壓力時，他還是照樣能打出好成績。在聯盟裡這類球員很少，尤其在季後賽那龐大的壓力下，真的很不容易。這種菁英級球員可以用偉大的意志力戰勝一切。

在過去十五年至二十年內，NBA最強的隊伍中大概至少會有兩位，通常是三位這種菁英級球員。邁阿密熱火隊曾經有詹姆斯、韋德和波許，他們都是至少三級以上的球員。馬刺隊曾經有鄧肯、帕克和吉諾布里；湖人隊曾有布萊恩、歐尼爾，後來是布萊恩和加索；塞爾蒂克隊曾有皮爾斯、賈奈特和神射手艾倫。

騎士隊之所以在二〇一六年球季贏得冠軍，最主要的原因就是因為小後衛厄文在冠軍賽時，順利蛻變成菁英級的球員。

而快艇隊近些年也擁有兩名菁英級球員，並且一直等待著第三名菁英級球員的出現，雖然曾經期待皮爾斯是他們等待良久的那第三張、也是最後一張拼圖，然而結果卻不如預期。因此，多年來他們一直努力爭取杜蘭特加入。印第安納溜馬隊已經有喬治了，他們希望目前的新人中前鋒透納未來能晉升成菁英級球員。

其他像是華盛頓巫師隊的沃爾、紐奧良鵜鶘隊的安東尼．戴維斯，目前都在孤軍奮戰，他們幾乎沒有後援，除非管理階層能夠幫他們找到一兩名能配合打仗的菁英級球員，這兩隊才有機會打出成就。而杜蘭特離開了雷霆隊，則意味著衛斯布魯克也加入了這孤軍奮戰的聯盟，除非中鋒亞當斯能持續有所長進。

這就是目前NBA的情況，有太多武藝高強的球員，戰術方面又那麼精細複雜，想要取得壓倒性勝利，必須要有天時地利人和，把各種最有利的條件加總在一起才有希望。

自從勇士隊在二〇一二年把後衛主將艾利斯交易出去，球隊交給柯瑞來主導，他就成為全隊唯一具有菁英級實力的球員了。他是唯一一個能夠肩挑重任，在場上指揮若定的領導型球員。二〇一二至一四年期間，曾和柯瑞一起搭配的中前鋒大衛．李，雖有兩年獲選明星隊的資歷，但他並不是那種可以一肩挑起球隊成敗的球員。大衛．李在最顛峰時期，頂多就是個實力介於第二與第三級間的球員。他在勇士隊的大部分時間還滿享受與另一名可以震懾對手的球員搭檔，只是一旦遇到專門對付他的嚴密防守，他就完全沒轍。

二〇一四年，湯普森變成與柯瑞的搭檔，大前鋒格林則接下大衛．李原來的位置。湯普森是個射手，但他和大衛．李一樣，喜歡以搭檔的身分待在柯瑞身旁，適時從旁輔助，比擔當主要攻擊角色壓力小一些。湯普森的確偶有佳作，但他的攻擊無法連貫持續，畢竟他的技巧還需要多加磨練。二〇一五年NBA季後賽時，就可以看出菁英級球員柯瑞的無助與無力感，只要他失去手感沒能得分，該場比賽勇士隊就等於宣告戰敗。

勇士隊在二〇一五年季後賽第一輪勝出後，從第二輪到冠軍賽又打了十七場比賽，在這一系列比賽中，湯普森不是大起就是大落，他有七場比賽得分超過二十分，卻也有八場比賽得不到十五分。總冠軍賽對抗克里夫蘭騎士隊的第二戰，他拿到三十四分，大家都以為他打得順手了，但沒想到接下來的四場比賽，他總共只拿了四十分。

相較之下，湯普森已經算是柯瑞的副手搭檔中最好的一位了，但柯瑞還是沒辦法把重擔交出去，或讓隊友分攤他的壓力，他只能拚命從場上對手的雙人包夾戰術，和刻意碰撞使他受傷的肉搏戰中熬過來，為勇士隊取下勝利，然後在沒有比賽的夜晚稍作喘息。格林呢？格林對球隊貢獻很大，兼具攻守能力的他能為比賽帶來衝擊，他是個防守專家，進攻則能帶給對手心理上無形的壓力，確實成為勇士隊的第二道進攻火力。然而，格林的球路雖然可以協助柯瑞打得更好，但就是沒辦法取代他。

湯普森雖然表現起伏不定，但他有一點好處，就是每年都有穩定的成長，一年比一年好。每一季開賽前的休季期間，湯普森總能多練幾個新招回來，讓自己的技藝更精鍊、攻守能力更全面。二〇一五至一六年球季，他有比以往更多的精采表現，讓他在場上看起來已經和柯瑞一樣有價值。就對方防守來說，現在不能只包夾柯瑞，完全放著湯普森不管了。有好幾場比賽，對方在沒辦法一次看守兩個人的情況下，只好眼睜睜地讓湯普森出手。此時湯普森證明自己已經成為更可靠的射手，並在球路各方面都有顯著的進步，即使有一兩場比賽他找不到投籃手感，也還能藉著切入上籃或是背對單打來取分。

在二〇一六年季後賽時，柯瑞因為受傷沒辦法主攻，只好將進攻重擔交給湯普森。最明顯的一場比賽就是西區冠軍賽第六場，柯瑞只能仰賴湯普森支撐起球隊，這是兩人搭檔以來配合得最天衣無縫的一場比賽。

湯普森在第二節快結束前手感開始發燙，他在上半場最後四分鐘內投進三記三分球，三次得分機會全都來自柯瑞的助攻。柯瑞早先在第一輪和休士頓火箭隊比賽時受了傷。因為這記腳傷，加上遭受嚴密的防守，因此柯瑞在對抗雷霆隊的系列賽中打得並不理想。第一場比賽他打得其實還不錯，但在緊要關頭時後繼無力，讓雷霆隊偷走第一勝。但接下來的三場他真的打得不好，使得勇士隊面臨對手先拿下三勝，搶占勝利先機的驚險局面，尤其勇士隊當季拿下NBA史上單季最多的七十三勝紀錄，理應要拿個總冠軍來匹配，如果在分區冠軍賽就被雷霆隊擋下，連總冠軍賽都進不了，真會是一大恥辱。

在第五場賽事中，柯瑞回過神來了，他拿下全場最高的三十一分，讓勇士可以再撐一場，但要翻盤擊敗雷霆好像有點不可能。在第三與第四兩場賽事中，勇士合計輸給雷霆五十二分之多，這麼大的得分差距，就算發生在別支球隊身上也很令人吃驚，更何況是發生在勇士這種很少輸球的隊伍身上，慘況簡直就像鐵達尼號撞冰山，剩下的兩場比賽，勇士只能以背水一戰的決心全力取勝。

第六場賽事上半場後段，湯普森接連投進了幾顆至關重要的三分球，第一記進球是在距離第二節結束還剩四分二十三秒時，這一球讓勇士的落後分數從十六分拉近為十三分。第二記進球又將兩隊分數差距拉近為七分。第三記則是在上半場結束前兩分〇九秒時，兩隊的差距只剩下四分。

當然，湯普森這幾記三分球的貢獻不光只是把分數拉近而已，更重要的是，他提醒了勇士隊球員，就在不久之前，他們曾經多麼偉大輝煌，他不但讓勇士隊找回自信，也讓雷霆隊開始自我懷疑。在前兩場慘敗給雷霆的比賽裡，勇士隊也是在第二節被打得不成人形，尤其在自家主場的比賽，勇士雖然試圖振作，全場觀眾也竭力嘶吼為球隊加油，卻還是逃不過大敗的結局。所以湯普森在這場比賽挺身而出，徹底破壞了雷霆的進攻計畫，勇士在進入中場休息前把雙方分數拉回到只落後五分，因而獲得起死回生的機會。求勝的魔力回來了，勇士已經準備好要大開殺戒。

勇士隊在下半場很大膽地更換了先發陣式，他們注意到雷霆的杜蘭特上半場出手了十九次，因此希望杜蘭特再接再厲，盡可能多投，他們把原本先發的巴恩斯換下，改由伊古達拉專心一對一防守杜蘭特，故意塑造對戰組合單純化的假象，讓杜蘭特獨打「英雄球」，以阻礙雷霆的全面進攻。

截至目前為止，勇士隊的防守似乎開始發揮效果了，剩下的唯一一個問題就是：勇士的進攻效率是否可以配合得上？

下半場開賽才十秒，湯普森就開始發功了，第三節初，他先從左翼三分線外投進一球，接下來，他利用一個隊友幫忙擋人的機會，從右邊底線又投進一個三分球。下半場才打了三十七秒，勇士隊就超前領先了，雷霆隊開始認清一個令人心驚的事實，他們勢必要和這支超級想拿總冠軍的隊伍來場近距離肉搏戰了。

接下來湯普森稍微失去了手感，但此時柯瑞也找回投球的感覺了。由於雷霆隊派比較高大的球員防守柯瑞的三分外線，所以柯瑞改以切入做破壞性的攻擊，他在僅僅兩分多鐘的時間內得了十一分，然而到了第三節結束時，勇士隊還是落後八分，很顯然，勇士隊必須硬撐下去，否則他們極有可能再次失敗。

柯瑞在第三節既要應付對方包夾，又得忍受自己的膝蓋傷痛，裡外交迫的狀況極為驚險，但他還是硬搶下十四分，只不過，第三節結束時，勇士仍然落後雷霆八分。通常柯爾教練會視情況讓柯瑞休息一下，好讓他可以在第四節繼續上場。原本這場比賽也應該要這麼做的，但柯瑞和全隊隊友都很清楚雷霆隊若贏了這一場，就可以把他們擊敗出局。眼看著勝利就要飛走，勇士隊需要一點奇蹟，但柯瑞這次卻無法製造奇蹟。

在第三節和第四節之間的那段休息空檔，勇士隊員與教練的戰術討論結束後，柯瑞走向湯普森，悄悄講了幾句話。

「這是你的機會，」柯瑞告訴湯普森，「這是你展現實力的時刻，儘管放手打，做任何你該做的，打得盡興點兒。」

假如有誰可以在場邊板凳上給柯瑞一些寶貴意見，那人鐵定是湯普森。同樣地，如果有誰可以告訴湯普森何時該挺身而出，那就是柯瑞。為了達成不可能的任務，柯瑞必須倚重他的副手。

這是兩人真正建立起密切合作關係的里程碑，勇士隊的戰術策略也從此刻起了巨大的改變。過去四年裡，每每在比賽面臨危機的時刻，扛起責任的絕對是柯瑞，其他球員當然也還是會在場上扮演好自己的角色，但多半是為了對得起薪水，而非滿足任何人的期待，對這支已經習慣依賴柯瑞單打獨鬥的隊伍而言，突然要將關鍵時刻的重責大任委以他人，實在是冒了很大的風險。

湯普森再度回到場上，柯瑞繼續留在板凳上休息。湯普森在第四節一開始就先投進一記右側底線三分球。一分半鐘後，在杜蘭特的飛撲看管下，他又再投進另一記三分球。緊接著一分鐘後，湯普森拿到中鋒柏格特一記遞手傳球後，並且隨即用這名二一〇公分高的大個子作為掩護，再進一記三分球，就這樣，湯普森連續得手三記三分球，每投進一球，兩隊的差距就更縮小一些。

接下來是關鍵的一球。就是這一球，讓原本已經相當火熱的籃球之夜，轉變為一場震撼人心的經典賽事。在杜蘭特一記後仰跳投中的後，雷霆在距離比賽結束還有五分鐘的情況下領先七分，而湯普森在接下來的一輪進攻，立即在三分線弧頂外，距離籃框八・五公尺處接到一記傳球，雷霆後衛衛斯布魯克立刻貼了上來，此時湯普森並未正面面對籃框，而是側著身面對著右邊線，在對方貼身壓迫防守的情況下，他完全沒運球，乾淨俐落地一個轉身面對籃框，撼地拔蔥跳投出手。這種幾乎沒有任何迴旋空間的驚險出手，通常是毫無勝算的，但當晚湯普森已經投進了九記三分球，沒有什麼能攔得住他。

那場比賽湯普森創下季後賽單場投進十記三分球的NBA紀錄，他把原本充滿敵意和壓迫感的客隊主場打得滿場挫敗，他讓那些經驗豐富的NBA記者與專欄作家跌破眼鏡。勇士在他的隆炮火帶領下，將比賽追到只差四分，雷霆感覺有點抵擋不住了。經此一役，湯普森像是一頭沉睡的巨獸驀然驚醒，又繼續縱橫了NBA整個球季。

勇士與雷霆的賽場上，「浪花兄弟」的戲碼尚未結束。

一分鐘後，已經回到場上的柯瑞也補了記三分球，緊接著又來一記，讓比數迅速打成九十九分平手，柯瑞的手感也回來了。接下來，伊古達拉把球從衛斯布魯克手中截走，立即展開快攻，兩隊打成一〇一分平手。快攻時，湯普森在伊古達拉的左邊找機會配合，伊古達拉在右邊運了兩下球，隨即將球傳給湯普森，湯普森在拿到球的瞬間立刻在定點跳投，負責守備的杜蘭特只能眼睜睜地看著球進了籃網。

比賽剩下一分三十五秒，勇士隊已經以一〇四比一〇一超前領先，柯瑞以一記巧妙的小拋手打板得分，勇士再次躲掉了被淘汰的命運，重新奪回了主場優勢，把所有的自我懷疑和沮喪都轉手送給了雷霆隊和奧克拉荷馬市。第六場賽事的一切，其實就是勇士隊這對後衛邁向成熟的見證，是五年前的遠見與緩慢培養的耐心所造就的不凡成果。

湯普森在第四節時投進五記三分球，得到十九分（全場四十一分），他拯救了勇士隊的命運。這一役，湯普森和柯瑞深深鞏固了他們在球場上的手足之情。「當MVP球員都對你有信心時，那真是意義重大。」湯普森說，「他會給你一點危機感，但也讓你上場充分發揮、享受比賽。和小史打球就是這麼自在，他的自信感染了隊上的每個人。」

比賽結束後，發生了一件更不尋常的事情。當英雄湯普森走回休息室時，看見有一個人在走道上以單膝跪地的方式向他致意，這個人原來是勇士隊老闆拉卡布。一向自視甚高的拉卡布白手起家，也是舊金山矽谷的創投資本家，他經常做出大膽狂妄的預言，在他二〇一〇年買下勇士隊時，就曾誓言要將勇士隊打造成一個具有毀滅力量的超級強隊。

拉卡布左手拿著一件黑色西裝外套，露齒而笑，像個小學生一樣張開雙臂迎接迎面走來的湯普森，一副要拜倒在他腳邊的樣子。拉卡布保持著跪姿，連兩次低頭鞠躬致意，接著立刻站起來擁抱他的得分後衛。

「這還滿有意思的！」湯普森靠在自己的置物櫃前，邊滑著手機邊說：「老闆鞠躬致意？這挺難得一見的，你很難不愛拉卡布！」

這個「全新進化版」的湯普森其實是有跡可循的，他在當年度季賽中的得分、命中率和三分球進球數，都創下他的生涯新高，而且在季後賽中，當柯瑞受傷無法上場時，湯普森就必須扮演主將的角色，帶領整個勇士隊衝鋒陷陣。

第一輪對上休士頓火箭隊、當柯瑞因傷生平首次缺陣季後賽時，湯普森就得了三十四分，帶領勇士拿下勝利。柯瑞膝蓋扭傷無法上場的那段時間，湯普森連續八場比賽每場至少都得了二十分，包括第二輪對上波特蘭拓荒者隊的第一場比賽，他得了三十七分，第五場比賽他又拿下三十三分，並將拓荒者給淘汰出局。湯普森前幾年的表現其實讓勇士球迷不太滿意，但這次他證明了他是個能處理危機的菁英球員，也證明了自己是勇士隊當時不可或缺的依靠。

柯瑞雖然從沒這麼說過，但他或許也希望能再多一個優秀副手和湯普森搭配，讓他偶爾可以化身配角，稍微放鬆一下。這種超級球星孤獨作戰的壓力和負擔，曾經帶起了一波球星轉換球隊的風潮，波士頓塞爾蒂克招攬了賈奈特，保羅讓紐奧良黃蜂隊將他交易給快艇，詹姆斯大帝則是第一次離開克里夫蘭加入邁阿密熱火隊。柯瑞是一肩擔起球隊興亡的人，他能在高壓環境下生存，證明他天王級球員的價值，但他還是需要合適的搭檔，能夠在他下場休息時撐住場面，在他上場時分散對方的防守壓力。這也就是他現在有湯普森和杜蘭特的原因。

湯普森越打越好，他已經不再只是個單純的射手，多年來他苦練運球、背對單打，他變得更聰明，懂得選擇出手投球的機會。進攻時他更具侵略性，也更充滿自信。

湯普森和柯瑞建立起良好的默契後，有幾場比賽打得轟轟烈烈，有時湯普森甚至還能主宰全場，以彌補柯瑞偶爾的失常。湯普森的下一步任務，應該是要能隨時扛起領導隊友、擔負成敗的責任。從目前進行中的部分賽事看起來，他已經展露出那樣的能力了。

勇士隊在二〇一五年末的最後一場賽事對上休士頓火箭隊，柯瑞那場比賽因為小腿瘀傷，連續第二場比賽作壁上觀。前一晚小牛隊擊敗勇士，讓勇士拿到季賽的第二場敗戰，當時湯普森出手十五次，只拿了十分，看起來不太像柯瑞的主將代班人。但在對休士頓的這場比賽，湯普森終於看起來比較像是聯盟的菁英級球員，光是第一節就得了十七分，連坐在場邊穿著西裝外套的柯瑞都為他瘋狂加油。到了第三節湯普森又拿下十四分，到了第四節中段，他再拿下七分，足以讓火箭乖乖墜落。整場比賽湯普森得了三十八分，證明自己是夠格的代班主將。湯普森之前和柯瑞一起在場上作戰時，也曾表現精采過，但這場比賽明顯不同，他被對方當作頭號戰犯般防守，但他安然挺過了。

所以當柯瑞在季後賽受傷時，勇士隊並沒有那麼擔憂，湯普森已經證明他夠格來帶領球隊了。

當然這一切都看在柯瑞眼裡，他似乎對於湯普森的成長進步衷心感激，所以在對波特蘭系列戰最後取得晉級的記者會上，他對這位一起在後場打拚的隊友讚譽有加。

「我必須說一件事，」柯瑞在答完記者會上最後一個問題後主動說道，「你們應該提到湯普森……那小子在這系列賽打得真不錯，無論是進攻或防守，都是我有史以來看過最棒的。你看，這小子這場比賽得了三十三分，而且和波特蘭主將里拉德整場對抗糾纏了三十四分鐘，把他守得死死的，所以我在這裡要好好表揚湯普森，慶祝他在攻守雙方面的提升。也希望我們全隊能一直這樣打下去。」

柯瑞和湯普森兩人之間一直沒有嫌隙，應該可以歸因於兩人的家教與個性都不錯。他們都出身於ＮＢＡ家庭，父親都是球員，克萊·湯普森的父親麥可·湯普森曾是選秀狀元，在湖人隊期間與魔術強森一起拿過兩座冠軍，並且打起當時的「湖人秀場時間」。兩人都有一位強勢的媽媽主導一切，穩定的家庭也讓他們的人格發展很健全。

柯瑞和湯普森對於成為鎂光燈焦點似乎都很習慣，但卻不會人來瘋。他們也沒在NBA球員紙醉金迷的生活裡迷失自我，事實上，他們選擇的是辛苦練球、私人聚會和其他非競爭性環境。那是NBA友善的一面，打破了階級，每個球員都是NBA兄弟會裡的成員，都是這個大家庭的一份子。他們兩人也不怎麼重視金錢和虛名，卻很重視球場上的競爭與隊友之間的情誼。

柯瑞是隊上的主將，卻從未擺出一副耍老大的樣子，他在大家面前的行為舉止就像一名普通隊員，他在一些重要典禮場合總是想盡辦法躲避鋒頭，不想成為目光焦點，低調得幾乎讓人覺得有點過分了。

柯瑞多年來一直都使用同一個置物櫃，從左邊牆算起的第三個，旁邊就是休息室進出口，右邊則是湯普森的櫃子。當勇士隊慢慢成為季後賽列強之一後，來採訪的媒體越來越多，而且都希望接受採訪的知名球星盡量往中間靠，站在隊徽旗幟的前方，但是柯瑞拒絕這麼做，他堅持繼續在他的置物櫃前受訪，他的隊友因此能獲得受訪的好位置。

如果隊友真要選一個字來形容柯瑞，那就是「謙虛」。大家看著他成為閃耀的巨星，但他的個性仍然非常低調。柯瑞這種性格，不但讓湯普森在球技方面有所進步，柯瑞更時時鼓勵他盡情發揮。儘管湯普森有時還是會「凸槌」，甚至被勇士隊自己的球迷譏諷嘲笑，認為他的身手和地位永遠無法超越柯瑞，但柯瑞從來不為所動。

很明顯地，湯普森也是一個天生不喜歡出鋒頭的人，他需要別人在背後推著他、催促他去把握良機。湯普森根本不太在乎搶功勞和公眾曝光的事物，例如他選擇與中國的體育品牌兼球鞋公司安踏簽約，擔任品牌代言人，看得出他真的滿低調的，不像一般球員一樣和美國知名的大品牌運動公司合作。

通常在賽後，不管湯普森當晚表現如何，得了三十分或十二分，他都是第一個離開球員休息室的，除非有記者把他攔下來採訪。湯普森總是願意回答記者的問題，卻不會主動去找攝影鏡頭藉此出鋒頭。他最近接受了一個想要建立自我形象品牌的點子，畢竟是自己長年苦練的成果。可以說，湯普森的低調謙虛，是勇士隊能崛起的主要原因之一，因為隊上已經有柯瑞和格林兩位球星了，若湯普森也愛出鋒頭，甚至心存憤慨，隊上的默契必然很快就會崩解。

湯普森在這方面就是和別的球星很不一樣，他不在乎地位。私底下他是個個性外向的單身男子，喜歡去夜總會和朋友相聚玩樂，但他對於自己是不是有明星魅力並不太在乎，這讓他的私生活更輕鬆自由些。因此柯瑞如巨星般驟然升起的地位並未給湯普森帶來任何負面影響，更不用說兩人之間會有什麼緊張氣氛了。甚至當另一球星格林突然竄起，使湯普森落居勇士隊第三把交椅時，他也絲毫不介意。

湯普森是名靈巧的得分射手，但他在防守上也能無私地堅守職責，場上很多本來是柯瑞應該面對的敵手，湯普森也都不計較地接手過來。他的身高二〇〇公分、體重九十三公斤，比起一般控球後衛來說是較壯碩高大一些，尤其在面對與身高一九一公分、八十二公斤的柯瑞捉對攻防的對方後衛時，不論是體能或投射優勢都占些便宜。尤其傑克森教練執教時期，戰術就是讓柯瑞不要花太多力量在防守，把體力保留在進攻時使用。所以當湯普森被分派去守對方的控球後衛時，他任勞任怨地調整、改進自己的防守節奏，去守號稱NBA最難防的位置。最終，湯普森變成一名出色的防守球員，經常讓對方的控球後衛吃不消。有時在整場比賽中，他的最主要貢獻就是防守。這種工作吃力不討好，有些球員會在休息室發飆，影響團隊和諧，但湯普森就是願意接下這種苦工。

柯瑞、格林、湯普森這三名「勇士們」在二〇一六年都獲選參加在多倫多舉行的明星賽，柯瑞有大批的隨行人員跟著，包含保全、勇士隊工作人員和經紀公司代表，再加上幾位跟拍的媒體記者。格林也有差不多的隨行陣仗。湯普森呢？他的隨行人員只有兩位依聯盟規定指派的人員。所以他有比較多機會坐下來和一名跟著他的記者閒聊，湯普森喜歡這種無拘束的低調作風。

「你不是應該去跟著小史做採訪嗎？」湯普森對這名跟著他的記者說。

二〇一四年夏天，柯瑞和湯普森都入選FIBA世界盃男籃賽的美國國家代表隊，他們因而有機會相處，培養出更深厚的感情。在此之前，他們已經在勇士隊同隊三年，但是除了兩人都有驚人的投射能力，成長背景類似之外，各自的生活方式其實相差甚遠，私底下沒什麼交集，直到那年夏天他們到拉斯維加斯集訓時，共同生活的經驗才使他們從隊友變成真正密不可分的雙人組。

柯瑞比湯普森早兩年進NBA，湯普森的第一年球季期間，柯瑞大多為腳踝傷所困。在二〇一一至一二年球季的第四場比賽，湯普森替補艾利斯上場，當時柯瑞還沒受傷，那是他們第一次一起先發。但直到勇士二〇一二年三月時將艾利斯交易出去，湯普森才正式成為固定的先發，那時柯瑞已經傷了腳踝。

經過了休季期間的手術，柯瑞在二〇一二至一三年球季腳踝傷癒歸隊。他夏天先在母校戴維森學院自行練習，接著回到勇士隊試圖回到正軌。那是湯普森的第二個球季，他還在繼續摸索自己在NBA球場內外的定位。

湯普森是個滿沉默的人，教練和球迷對他的冷漠低調性格完全沒轍。那時的他正試著開拓自己的球路，並且專心勤練防守和投球時機，因此和柯瑞交朋友、培養感情完全不是他關心在意的事情。湯普森和柯瑞在二〇一二至一三年球季被球隊安排為先發後場。但那時的他充其量不過是柯瑞和中前鋒大衛・李身旁的配角。

二〇一三至一四年球季，湯普森繼續強化自己的戰力，到了那年季末時，他已經開始威脅到大衛・李的地位，準備成為柯瑞的第一副手了。但那年的季後賽顯示，柯瑞其實還是在孤軍奮鬥。洛杉磯快艇隊把柯瑞和勇士隊狠狠教訓了一頓，阻擋他們晉級到下一輪。那個系列賽中，湯普森要不就是極度發燙，要不就是極度發冷，表現很不穩定，而大衛・李則因為當時其他中鋒柏格特和艾斯利都受傷無法出賽，連內線中鋒的位置都快應付不過來。勇士隊勉強和快艇打到第七場殊死戰，柯瑞和格林還拚命撐著，但湯普森和大衛・李卻已經快頂不住了。

打完這年的季後賽之後，湯普森和柯瑞就一起進入了美國國家代表隊。兩人平日在勇士隊時是有一些交流，但私下並不經常混在一起，兩人在場外的關係只限於有關球隊隊務的活動場合。這其實很合理，柯瑞已婚有家庭，而湯普森單身，幾乎整天待在健身房裡。在美國隊集訓的一個多月裡，他們朝夕相處，後來又一同前往西班牙獲得世界冠軍，兩人終於有機會開始培養感情與默契。

他們一起共用午餐，一起去海灘閒晃，還一起打高爾夫球。湯普森的揮桿技術不怎麼樣，但是由於西班牙崁納里群島的高球場不大，湯普森只需要用一號桿就可以把球揮得滿遠。因此勉強能和柯瑞較量一下，不至於輸得太慘。

柯瑞甚至有一晚還跟著湯普森去了夜店。柯瑞畢竟是結了婚的人，平常他是不太去這種地方的，尤其是老婆不在身邊時，但他為了湯普森特別破例。而湯普森可是夜店常客，每次去玩都是直接包下VIP貴賓套房的。

他們從擁有相似成長背景的隊友，到現在成為對彼此有獨特責任義務的朋友，兩人早已獲得後場最佳投射拍檔的響亮名號，當時的教練傑克森早在二〇一三年季後賽時就宣稱兩人是聯盟後場中最佳射手組合，最終也證明傑克森的看法是對的。現在兩人的相處更融洽了，他們倆將生活層面的緊密連結，轉化為場上合作無間的戰力。

經歷在美國隊一起作戰的默契培養，五個月後湯普森在下一個季賽的一場比賽中技驚全場，算是NBA史上一大功績。二〇一五年一月二十三日迎戰沙加緬度國王隊時，他在一節中得了三十七分，真是破紀錄的瘋狂表現，而整場比賽他得了五十七分。在得三十七分的那一節，總共十三次出手投籃都命中，包括九記三分球。他已經達到一個怎麼投怎麼中的境界，包括最後壓哨後出手的那一球都進，可惜不算。而整場比賽最用力幫他加油的就是柯瑞，湯普森接到的九次助攻中，有六次是柯瑞給的，柯瑞那場比賽的助攻次數居全場之冠，而他大多數的助攻都給了湯普森。

那場比賽的一個月後，他們又一起先發參加在紐約舉辦的明星賽。湯普森曾說過，和柯瑞一起在麥迪遜廣場花園聯袂先發，是他生涯中最美好的時刻之一。他對柯瑞的讚美欽佩，更讓那個時刻具有不凡的意義。畢竟湯普森在球場上仰望柯瑞這麼多年，這次終於有機會在NBA最重要的舞台上與他並肩作戰，一起先發當後場後衛。

二〇一六年明星賽時，兩人又再次獲選一起進入明星賽。但在明星賽開打前，兩人也同時參加了該週末的三分球大賽，湯普森決定要將這次的冠軍從去年的勝利者柯瑞手中搶過來。湯普森相信，如果你被認為是個知名的三分球高手，你至少得用三分球大賽的冠軍來做個資歷證明。自從兩人一起打球，湯普森一直以來都相當欽佩柯瑞的投射能力，有時候他看到柯瑞的出手和手感，只能搖頭興嘆。他常說，一個隊裡有兩名很會投三分球的球員同時在場上的感覺其實滿奇怪的，湯普森始終不習慣自己的隊上有另一名命中率神準的射手，但同時他又敬畏著這名射手。

若仔細研究一下兩人的投球動作和習慣，你會發覺湯普森是比較接近傳統定義的好射手。柯瑞的投籃進攻方式多元，不論是運球起跳、走位、往左或往右切、有人緊盯、大空檔、中距離或遠距離，柯瑞都能投出致命一球，他就是這麼神。柯瑞就像一把瑞士刀一樣多功能，既能快速出手，又有高超控球技巧搭配進攻。但純就射手的美感來討論的話，湯普森是屬於比較正統的射手，他的出手姿勢像教科書上描述的一樣標準，而且投球毫不費力。當他的腳步站穩時，他的投球準度可能比柯瑞還靠得住，只不過他的射程沒柯瑞那麼遠就是了。

他們這種「友情版」射手之爭，從練習一路延伸到投籃比賽。二〇一五年三分球大賽時，湯普森在最後一輪時突然熄火，加上柯瑞當時手感發燙，因此柯瑞毫無意外地奪下了當年的冠軍。到了二〇一六年的三分球大賽，湯普森覺得自己非把冠軍搶回來不可，為此他也緊張得要命，他需要最佳的手感來擊敗柯瑞。比賽時他的手感果真來了，柯瑞比其他人都早感受到湯普森的好狀態，並且馬上站起來為湯普森用力鼓舞喝采。

柯瑞當時表現得超級興奮，原因和湯普森賽前緊張的理由一模一樣：若是他們倆能夠先後獲得三分球大賽冠軍，「浪花兄弟」的名號就更顯得實至名歸，也落實了他們是NBA史上最佳後場射手搭檔的殊榮。

三個月後，柯瑞在波特蘭的一場比賽中大展得分秀時，換成湯普森在旁邊興奮地幫柯瑞加油了。那場比賽是柯瑞傷癒歸來的第一場比賽，兩隊難分難解地打進延長賽，柯瑞在延長的時間內灌進十七分，包括一記致命的三分球。柯瑞在進球後轉過身來對滿場波特蘭拓荒者隊的球迷狂喊：「我回來了！」而同時，一旁的湯普森也將手指向柯瑞，同樣轉向球迷高喊：「他回來了！」這實在是非常經典而動人的一幕。

這些年來，兩人互相在後場配合，建構出一組出色的射手搭檔，並且彼此砥礪，創下更多豐碩的戰果。一開始，是柯瑞先設下門檻目標，畢竟他年紀稍長，整個球路也比較寬廣，他的耀眼成績，一再給湯普森新的標準努力跟進；而柯瑞的全面多元進攻技巧，也給了湯普森學習典範，激勵自己建構更有效的進攻方式。

當湯普森進步到足以回饋柯瑞的程度，他的絕佳防守也鼓勵了柯瑞加強自己的防守能力，甚至在二〇一四至一五年的總冠軍賽中，柯瑞不再需要和湯普森交換防守對方球員。那一季，是柯瑞生涯中防守做得最成功的一季，湯普森也成為一個更穩定的得分手，這讓柯瑞能更放心地與湯普森「輪班」，當天誰的手感好，誰就負責主攻。

下場後，兩人或許在興趣方面很不一樣——湯普森喜歡賽後在家裡開趴狂歡，而柯瑞則溜回家與女兒萊莉一起看普通級的兒童電影，然而湯普森與柯瑞的球員生涯繼續緊密交織，直到柯瑞登上籃球名人堂。若說柯瑞在湯普森的籃球傳奇中留下了不可抹滅的痕跡，相對的，湯普森對柯瑞也有一樣強大的影響力。

假如你準備要投資在一個人身上，或是相信一個人，柯瑞就是那個值得你這麼做的人。

——麥爾斯（Bob Myers，勇士隊總經理）

第七章　纏繞不去的腳傷

穿上西裝外套的感覺很不一樣。柯瑞在波特蘭先鋒廣場九號豪華旅館房間裡，把準備要穿的衣服全都攤在床上，他站在床邊看著這件黑色西裝外套平放在鬆軟的白色床單上，顏色反差很大，但他似乎不若以往那般沮喪失望。

在比賽的日子，午睡是例行公事，只不過今天的午覺醒來，柯瑞感覺自己心中湧動著一股全新的感覺。他感到有點緊張，雖然每次賽前總會這樣，但二〇一六年五月九日這一天很特別，除了緊張，更多的是難以言喻的興奮雀躍之情。柯瑞像被施了魔法一樣，懷著奇異的心情重複著客場比賽前單調而固定的程序：更衣、收拾盥洗用品、摺衣服、支付旅館一些雜費，然後準備搭上球隊巴士前往球場。

這是西區季後賽第二輪第四場比賽，終於，他要上場了。

在這一輪的前幾場客場比賽，柯瑞都拒絕帶著西裝外套——在板凳上的受傷球員依照規定必須穿著西裝外套——帶著西裝就意味著那天有可能無法上場比賽，這是樂觀的他無法接受的。他在第一輪對抗休士頓火箭隊的第一和第二場比賽就因腳傷無法上場，但他依然打算在第三場和第四場比賽上場。

這次，柯瑞穿著西裝外套，倒不是因為NBA的服裝規定，而是因為他就想這麼穿。他因傷不能上場的漫長煎熬等待終於結束了。

先前柯瑞以為這個球季他會提早在三週前畫下句點。也就是二〇一六年四月二十四日，季後賽第一輪對休士頓的第四場賽事，在那場比賽裡，他嚴重扭傷了右膝蓋內側副韌帶，深怕會影響他接下來的NBA職業生涯。右膝受傷之後，他已經缺席了四場比賽，膝蓋還沒百分百恢復，但他已經準備重回球場。如果你認識柯瑞，就會知道比賽對他來說有多重要，手中感受著籃球的皮革觸感，耳裡聽著現場觀眾的鼓譟騷亂，在場上想方設法摧毀對方的防守陣勢，或是和隊友在場邊為剛剛犯下的愚蠢錯誤嘻笑，柯瑞就是愛這些感覺。

其實很多NBA球員本身並不熱愛比賽，當他們運用天分把籃球從一場單純快樂的競技轉變為一份掙錢的職業，就失去了純然的歡樂與熱情。為了多賺點錢，他們辛苦練球，熬過漫長的賽程，逼自己多花時間來精進球技，因為這一切的代價，就是不斷進帳的支票，他們只好忍受。

但柯瑞不是這種人，他覺得練球很有趣，季外的操練對他來說反而是一個避免公開亮相的好藉口。而比賽呢，他根本享樂其中。

所以當他知道自己可以準備重新上場打球，和隊友廝混，並與隊友在開賽前圍成一圈一起蹦蹦跳跳，嘴裡嚼著牙套，這一切都讓他心存感激。

尤其當他知道勇士隊不能沒有他時，心裡的感覺更是好得不得了。之前他必須穿著西裝外套，在板凳上看著拓荒者後衛里拉德在系列賽第三戰對勇士展開猛烈攻擊，所以這次重返球場，是柯瑞扮演救世主的好機會，他必須摧毀拓荒者把勇士逼出季後賽的夢想。

柯瑞滿腦中想的，都是能再度回到場上打球，為此他什麼都願意做。他暫停片刻去感受那份平靜和解脫，揮別那折磨人的不確定性。什麼都不缺的他，現在最想要的就是再次上場打球，現在他的祈禱終於應驗了。

他這次賽前沒有打電話給老婆艾莎，也沒打給平常固定會在賽前一起做禱告的好哥們巴爾，這一刻他自己獨處，滿懷謙卑與希望。

「當我走出那扇門，知道我還能再打球時，真的很感恩，」柯瑞這麼說，「我這幾年經歷了一連串的身體傷痛，很高興我還能回來打球。」

那些一路看著柯瑞從菜鳥成為巨星的人應該可以理解，為何這次回到球場的經驗，會讓他的感覺如此深刻，他們可以想像柯瑞回想起當初膝蓋受傷的痛苦，像揭開瘡疤的那種感覺。

那些柯瑞的新球迷或是穿著柯瑞三十號球衣的青少年，大都是因為他二〇一四年竄紅世界舞台而開始崇拜他的，他們從沒看過柯瑞如此掙扎的樣子。他在二〇一六年季後賽所受的膝傷，可能是他們第一次看到自己熱愛的偶像被迫屈服。

但其實在他成為傳奇人物史蒂芬．柯瑞之前，已經有不少人提出合理的質疑：他究竟能在職籃待多久？在他的第三和第四季比賽，甚至他第一次參加季後賽時，柯瑞最廣為人知的兩件事就是：他的必殺技投籃和他脆弱的腳踝。

他在大學時期就被確認具有NBA身手，是未來明日之星，但大家最擔心的就是他會不會因為容易受傷，因而無法發揮潛力？這不免讓人回想起曾經有一位NBA巨星，就是因為腳踝受傷而在職業生涯殞落。

「無論我到哪裡，」柯瑞說，「總是有人告訴我，我會成為下一個格蘭特．希爾。」

希爾在籃球生涯的每個階段都是球星，他在杜克大學時就是大學全美明星，拿過兩次全國冠軍。當年NBA選秀他以第三順位被底特律活塞隊選上，並與大控衛基德並列獲選一九九五年度最佳新人。他的職籃生涯前四季，年年入選明星賽，更在第三季獲選NBA年度最佳第一隊，也就是全聯盟最厲害的前五名球員。

一九九九年NBA罷工封館，球季縮水，希爾加入前湖人天王中鋒張伯倫、快艇傳奇貝勒的行列，成為少數在NBA史上單季得分、籃板和助攻皆為全隊最高的球員。

他的NBA生涯前六季，總共得了超過九千三百分、三千四百個以上的籃板和兩千七百次以上的助攻，在前六季能有如此表現的，除了希爾，還有三位球員：大三元製造機始祖羅伯森、柏德和詹姆斯。當時的希爾正往名人堂邁進。

希爾是在二〇〇〇年的季後賽前一週扭傷左腳踝的，但他當時還是繼續打下去，直到第一輪的第二場比賽才退場。之後希爾成為自由球員，與奧蘭多魔術隊簽約，魔術隊很可憐，不知道自己簽進來的是個受傷的球員。成為魔術隊隊員後，希爾第一季只打了四場比賽，之後就再也不能上場。第二季也沒好到哪兒，只打了十四場，第三季多一點，打了二十九場，他頑強的腳踝傷迫使他非得動手術以挽救他的職業生涯，醫生得再度切開他的腳踝，才能好好修復重建，所以二〇〇三至〇四年一整個球季，他也完全無法上場。

雖然他最終還是回到球場，但與往昔相比，已經大不如前了。他還是有一定的好身手，而且手術後還在二〇〇五年又獲選進明星賽，但已不再像以往那樣卓越了。希爾還算不錯，總共在NBA打滾了十八個球季，其中有五季在鳳凰城太陽隊，成為幫助太陽隊晉升強隊的關鍵人物。不過希爾本來可以更好，他本來正在邁向NBA偉大球員之路，他的體型佳、有驚人球技兼具智慧，而且靈活，是很全方位的球員，很有機會可以成為另一位NBA歷史上的傳奇球星。

但這揮之不去的腳踝傷，讓他終究無法攀上籃球員的最頂峰，最後只能靠基本技巧和籃球智商在場上存活，被腳踝傷剝奪的速度和彈性則一去不復返。

這看起來和柯瑞目前面臨的困境有點像，一股充滿不確定性的陰霾正纏著他，威脅著他的職業生涯。

柯瑞慣性腳踝傷，似乎是從二〇一〇年西班牙馬德里世界盃籃球賽時開始的，之前他沒什麼腳踝傷的病歷。在大學三年只因腳踝傷缺賽過一場，當時傷的是左腳踝，進NBA的第一年也沒出什麼問題。

二〇一〇年柯瑞差點拿下NBA的最佳新秀獎，因為他在當時超遜的勇士隊中，有很多機會可以表現。明星賽後，他平均每場得二十二・一分、七・七次助攻和五・五個籃板，有八場比賽至少得到二十分和十次助攻。在有一場對波特蘭拓荒者隊的比賽中，他拿下四十二分創生涯新高，因此讓他有機會加入美國隊的徵選資格，正好那次有幾位NBA的大牌球員不想打世界盃，想等美國隊晉級奧運再加入，所以柯瑞順利獲選參加世界盃。

二〇一〇年八月十八日在西班牙魔術盒球場的一場練習賽裡，柯瑞在跳躍落下時，踩到隊友的腳，扭傷了左腳踝，似乎傷得不輕，柯瑞自己和現場的美國隊教練都嚇了一跳。但他恢復得不錯，三天後他就回到場上了，還與立陶宛國家隊打了一場友誼賽。

那次是他過去十八個月裡第三次扭傷腳踝：第一次是二〇〇九年二月在母校戴維森學院練球時；第二次是二〇一〇年三月在勇士隊新人球季時；第三次就是在西班牙。

在馬德里受傷後的兩個月，柯瑞在聖地牙哥一場和湖人隊的季前賽，又傷了另一腳的腳踝，這是他第一次傷到右腳踝。隊上的教練員當時認為是由於左腳踝傷勢尚未復原，以至於他雙腳落下時太依賴右腳踝。這算是柯瑞「右腳踝系列傷勢」的第一次，他只好停止後續的訓練營和整個季前賽活動來養傷。

但在沒多久後的二〇一〇至一一年開季第一場比賽，他又扭傷了右腳踝。他在場上試圖避開快艇隊葛瑞芬的阻擋，卻發生了他自稱的「鬼魅扭傷」——也就是在沒有與任何人接觸或碰撞的情況下扭傷。那一傷，害他缺賽兩場。

他就這樣勉強撐著，一直打到十二月與聖安東尼奧馬刺隊對戰時又再傷了一次，他接到一個由內線球員外傳的球，卻在運球時再次發生「鬼魅扭傷」，這一傷讓他一直休息到聖誕節才復賽。當季接下來的日子，柯瑞沒再錯過任何比賽，不過他的踝傷如影隨形地跟著他，二〇一一年一月的一次練習中他又扭了一次，迫使他在當季結束後進行了腳踝手術。

當他從北卡夏洛特的卡羅萊納骨科學會醫務所出院時，當時的腳踝專科醫生安德生修補了柯瑞兩個腳踝韌帶的撕裂處，柯瑞鬆了口氣。他樂觀地認為長期的腳踝問題終於可以解決了，他在休季期間進行復健，醫生准許他在九月中旬全面恢復練球。

二〇一一年的NBA罷工封館讓他有更多的恢復時間，並調整自己的狀態。柯瑞當時在母校戴維森學院練球，試著將自己調回最佳狀態。當十二月NBA封館結束，準備進行季前熱身練習時，柯瑞看起來真的達到很完美的狀態，在練習時他很輕鬆地打敗隊友後衛伊什．史密斯和詹金斯。當年的季賽因罷工延遲到聖誕節才開季，沒想到開季前的最後一場練習賽，柯瑞防守國王隊的後衛佛雷戴特時，正想要進行抄截，又扭傷了右腳踝。他原本還想繼續打，最後卻只能自己一跛一跛地走到場邊，由別人攙扶才回到座位上。

經過休息，柯瑞還是趕在聖誕節開季賽當天回到場上了。但十二月二十六日，該季的第二場比賽對抗芝加哥公牛隊時，他一記快攻上籃，落地時踩在公牛考佛的腳上，又扭了一記，柯瑞再度提早下場，並且錯過下一場比賽。

在休養傷勢時，他特別前往奧瑞岡州比佛頓市運動知名品牌耐吉的總部，讓耐吉進行一些測試，特別針對他容易扭傷的腳踝來打造一雙能保護他的球鞋。

他在新年除夕夜回到球場，沒想到四天後「鬼魅扭傷」又出現了。二〇一二年一月四日對聖安東尼奧馬刺隊的比賽中，他在一記快攻時，腳踝在無任何外力情況下又扭到了。又來了，柯瑞開始一跛一跛地跳著走，這熟悉景象又出現了。固執的他還想撐著，但實在痛到撐不住了。當柯瑞被隊友攙扶下場時，所有在場的人都想：「不會又來了吧?!」就連他的隊友都認為，柯瑞是該停賽好好休養，直到腳踝傷痊癒了為止。接著他休息了八場比賽。

一月二十日他重回到場上繼續比賽，中間休養了十五天，是他進聯盟後休息最久的一次。當時的教練傑克森還特別小心，即使柯瑞自己覺得休息夠了，傑克森還讓他多休息幾天再上場。沒想到七週之後，一場在自家主場對達拉斯小牛隊的比賽中，柯瑞右手運球至外線準備進攻，腳趾絆了一下讓腳踝再度扭傷，迫使他離場。這是他休季開完刀後的第四次腳踝扭傷，而那次開刀原本是要把腳踝問題徹底解決的。

由於這次的踝傷沒那麼嚴重，他隔天又繼續上場，但時間受到教練團限制，上半場還剩三分鐘，他就被傑克森換下，一直到比賽結束。那一場對快艇的比賽，他總共只打了九分十三秒，卻是他那一季最後一次上場。當時他希望能盡量做復健，期待季末再上場，但兩天後，勇士隊就來了個大交易，將當時的主控艾利斯和中前鋒余道交易至密爾瓦基公鹿隊，換來了中鋒柏格特。

這場交易把勇士整個球員陣容都打亂了，勇士隊送出了三名球員，竟然換了一名正在養傷的柏格特回來，柏格特因為左腳踝骨裂傷根本整季無法上場。這樁交易等於讓勇士隊失去季後賽的希望，好像也沒什麼動機要柯瑞重返球場。

但柯瑞並不因此而氣餒，他仍積極地進行復健，繼續遊說勇士隊能再度安排他上場比賽。當時勇士隊感覺已經與季後賽無緣，而且球隊臨時簽進來的都是NBA發展聯盟的次級球員，等於讓正規球員提早結束賽季，該養傷的養傷，該休息的休息，甚至提早度假去了。

一直到四月十八日，勇士經歷了一串六連敗，柯瑞漸漸放棄與球隊爭取提早歸隊。當時球季還有五場比賽，但柯瑞的恢復情況不如預期，連最後三場客場比賽都不用跟隨隊伍出征。他原本希望能參加該季的最後一次出征，希望藉此宣告傷勢已經恢復，畢竟若真能上場的話，就能證明他一切都沒問題了。至少，他很需要「那樣的」勝利。

但由於沒能獲得醫師的傷癒認可，讓他只能將希望放在最後兩場沒甚麼意義的自家主場賽事，他對於這種情況也很無奈。

「我是真的很想回到場上打幾分鐘，試試自己的恢復情況，看看腳踝是否還好，也為下季球賽作個接軌。」柯瑞說。

柯瑞知道自己本季上場無望，一週後他前往加州范奈斯的醫務診所，躺在一間乳黃色牆壁的無菌消毒室裡，他和在一旁的父親以及他的經紀人奧斯汀默默地祈禱著。

經過佛考爾醫師的檢查後，他們知道醫師已經做盡了嘗試——讓腳踝休息，藉由強化其他肌肉來分擔腳踝承受的壓力，使用不同的包紮方式，以及穿特殊設計的鞋子。他們有點擔心柯瑞是否需要進行腳踝重建手術，如果真要這麼做的話，可能會威脅到他的職籃生涯。

若要將受損的韌帶更換一組新的上去，這對一名籃球員來說風險很高，特別是專靠腳步變換方向和爆發力致勝的球員。而且這項大手術完成後至少要休息六個月，也不能保證回到場上還能像以前一樣擁有相同的爆發力和跳躍力。

佛考爾必須得把柯瑞的腳踝切開，才看得到真正的狀況。手術檯上的柯瑞，對於未來籃球生涯是否能繼續，真是一片茫然。說不定他就這樣毀了，也說不定他得經歷折磨靈魂的復健過程，用他重建的腳踝來努力挽救職籃生涯。另外，手術後很可能發生併發症，這些都曾讓本來可以進名人堂的球員如希爾和哈德威賠上籃球生涯。

手術完成後，柯瑞恢復了知覺，他得到了一個最好的消息！佛考爾醫師在整個手術過程只是清除了他腳踝裡的一些碎骨，算是一個小手術，而有最佳的結果，他只需要多休息、多復健，就可以趕上下一季的季前訓練營。這好消息讓他獲得前所未見的高昂鬥志。

柯瑞在經歷這一連串的傷痛，自信心多少受創。是的，他很有天分，但是腳踝重複地受傷，讓大家都認為他脆弱、不耐操又容易受傷，這點是柯瑞難以忍受的，他最受不了別人看不起他。如果有人對他說：「你做不到的，前方路途太艱難了！」那只會更激勵他，使他更拚命。

柯瑞在手術後復原得不錯，剛好趕上季前訓練。不過傑克森教練也試著讓他放慢腳步，第一場季前賽沒讓他上場，第二場也只讓他小試一下，等到他完全恢復正常並上場時，卻發生了一個驚人的碰撞，導致另一記扭傷。

當時季前賽中某次對方進攻結束，柯瑞在後場等著隊友把球傳進來，防守方的後衛馬修斯偷偷地跟上來想要進行抄截，在過程中他不小心踢到柯瑞的右腳後跟，當時柯瑞右腳是點地式的立著，這一踢讓他的腳又扭到。

雖然柯瑞一跛一跛地再次走出場，但是，他和他的防護教練員其實還覺得慶幸的，因為這次扭傷是被人重重地踢了一腳，而不是「鬼魅扭傷」。這傷勢看起來有點嚴重，但其實沒有太大的破壞，腳踝還頂得住。柯瑞本來還想回到場上，但傑克森教練為了謹慎起見命令他休息。

兩天後，幾名勇士隊員接受了傑克森的邀請，出席他辦的教堂集會。出身宗教家庭的傑克森是這次集會的牧師之一，集會地點在范奈斯的真愛崇拜國際教堂中心。

傑克森的教會儀式是採比較活潑的方式進行，崇拜者會在教堂內沿著牆邊跑邊讚頌主。當時柯瑞才剛扭傷後兩天，他與傑克森和其他隊友一起跑著，虔誠地讚頌主。當傑克森佈道結束後，同時擔任共同牧師的傑克森太太黛瑟瑞繼續進行崇拜，包括即席佈道和禮拜結束前的賜福祈禱。她把柯瑞叫上聖壇來。

他們把柯瑞的鞋襪都脫了，為他的腳踝抹上油，並禱告讓他的腳踝能完全康復。教堂裡所有的人一起高聲吟誦並呼喊「阿們」，希望主保佑他們的基督使者。傑克森的教堂儀式與柯瑞在北卡老家的教堂儀式很不一樣，但他也很客氣地接受這些祝福，之後他帶著微笑想要回到座位上去。

「你要去哪？」黛瑟瑞在集會大眾前問著這名明星控球後衛，而柯瑞則有點迷惑，瞪大眼睛要笑不笑的樣子，他以為儀式結束後乖乖回到座位上就好了。

「你不可以在得到上帝的祝福後就這樣走掉！」她大聲嚷嚷著，「你要在我們大家面前證明你相信神的力量！」

柯瑞想了一兩秒後才知道這是什麼意思，原來這是《舊約聖經》裡的一段故事。耶穌在畢士大池旁治癒了一名跛腳男，讓那個男的拿起坐墊開始行走。同樣地，如果柯瑞相信自己痊癒了，他必須證明給大家看。

所以柯瑞開始跳起知名的聳肩舞，並用右腳單腳跳，頓時讓整個集會愉悅了起來。

柯瑞說：「我當時不知道還能做什麼。」

做完手術歸來也不是什麼榮耀的事情，因為當時柯瑞的新秀合約快到期了，準備要和球隊續約，而這惱人的腳踝傷勢害他少賺了至少二千九百萬美金薪資。

柯瑞雖然得過年度MVP，但是二〇一四至一五年球季，他在隊上的薪資只排得上第五。他本季年薪一千兩百一十萬已經是生涯最高的了，但也只居全隊第四。現在看起來柯瑞的合約對球隊來說滿划算的，柯瑞場上的表現遠超過這價碼。不過勇士隊從柯瑞身上占了便宜而省下來的錢，才能簽下伊古達拉，並與湯普森和格林續約，最重要的是把杜蘭特也簽進來，這些都是因為柯瑞的合約太物超所值的緣故。這份合約將於二〇一七年夏天到期。

柯瑞在二〇一二年萬聖節（十月三十一日）簽了四年四千四百萬的合約，比二〇〇九年和他一起參加選秀，晚他十一個順位選上的丹佛金塊控衛勞森薪水還少了四百萬美元。

參加同一年選秀會的球員中賺最多的要算是第一名被選進快艇的葛瑞芬，他是唯一在新秀合約中獲得最久延長約的球員，他簽了一份五年合約。與柯瑞相比，葛瑞芬在同樣的四年裡可以拿七千三百萬以上的薪水。

那時柯瑞的表現還算不上是頂級球員，但具有頂級球員的潛力，這是無庸置疑的。他的老家——當時的北卡夏洛特山貓隊可是非常願意給他一份頂級合約，讓他風光回家的，山貓隊認為光靠柯瑞的知名度就值頂級合約的價錢了。柯瑞是備受愛戴的夏洛特之子，山貓隊當然願意花大錢把他簽回家。

實際上，柯瑞當時算是高等級後衛球員，應該至少會有一支球隊願意不惜一切代價得到他，勇士隊若是讓柯瑞變成自由球員的話，是滿冒險的。不過，柯瑞當時才經歷第二次腳踝手術，勇士隊在他腳踝恢復情況未明前，也不太可能用更好的條件和他續約。

勇士隊給柯瑞的這份四年合約其實有點冒險，若是他的腳踝傷沒能完全恢復，這份合約將成為最新的爛合約，因為勇士隊多年來已經簽了一大堆爛約了。這一直是勇士隊當時新聘的總經理麥爾斯最想避免的。

柯瑞必須選擇：要不就甘願地接受這至少有點保障的四年普通合約，要不就投入自由球員市場一年來試試身價。如果他不立即續約，當年球季結束後，他就會變成所謂的「受限自由球員」（restricted free agent），夏洛特山貓隊或其他隊就可以和柯瑞接觸談價。但這也是有風險的，若他在二〇一二至一三年球季間又扭傷腳踝掛傷號，只能乾坐板凳的話，這對他未來的身價傷害更重。

柯瑞能有今日，都是靠自己對自己的賭注，但走到這一步，他選擇了較有保障的勇士隊四年保證約。雖然他知道若真的將自己投入市場待價而沽，可能價值超過四千四百萬美元，但他還是選擇打安全牌，因為他不確定自己的右腳踝問題未來會如何。

不過換個角度想，他也算賺到了。根據他過去的掛傷號紀錄，勇士至少還願意給他一份四年約，等於每年有一千一百萬美元的薪資，半年前當他還在醫院裡準備動刀時，職籃生涯的一切都還在未定之天，現在還能拿到四年的延長約，算是否極泰來了。

柯瑞的腳踝傷勢惡夢還沒結束，但這時的柯瑞有更多理由讓他得徹底擺脫腳踝傷，因為他要讓大家知道他繼續打球不是為了錢，而是為了證明自身價值，再加上感念勇士隊對他的知遇之恩和肩負球隊興亡重責。

二〇一二至一三年球季，自開季後三個月內，柯瑞沒再受過傷了。但二〇一三年一月十五日在比賽前的練投暖身，他試著抓一個籃板時，一腳踩到中鋒艾斯利的腳上，又讓腳翻了一次，這讓他缺賽兩場。沒多久回到場上後，在同月的二十八日於多倫多比賽，又是一腳踏在對方中鋒埃德·戴維斯的腳上，這讓之前的傷勢更嚴重了。柯瑞又跛腳退場，但也很想回到場上比賽，當然傑克森教練照例拒絕了，柯瑞又缺賽兩場。

真正的厄運發生在那年的季後賽。勇士隊在二〇一三年進入了久違的季後賽，在與丹佛金塊隊的第一輪第二場比賽裡，柯瑞在遇到包夾時的一個急停，扭傷了左腳踝，這次不是長年受傷還動過手術的右腳，柯瑞在扭到腳後跳著下場、努力想擺脫痛楚的樣子，讓球迷非常心驚。

這次「翻船」的傷勢滿重，柯瑞真的需要好好休息。當時勇士隊是以低種子身分打高種子金塊隊，而且兩隊打成一比一，比賽要搬回甲骨文球場繼續，甲骨文球場已經有六年沒舉行過季後賽了，柯瑞拒絕錯過這場比賽，他使出渾身解數準備讓自己重回場上，而球隊也真的需要他，傑克森教練竟然放他下場了。

靠著場邊全天候的熱敷治療，加上打可體松針來麻醉痛楚，同時擔負較簡單的防守任務，柯瑞撐過了這一輪。最後勇士隊擊敗金塊隊，成功地以低種子球隊身分，晉級第二輪。

柯瑞在第二輪對抗聖安東尼奧馬刺隊時，左腳踝又扭了一次，從他季後賽第一輪第一次扭傷到勇士隊被淘汰，他總共撐了十場比賽，每打一場比賽他在場上的時間就越少。

但至少他還在場上，這對他來說很重要，他無法忍受自己不在場上與隊友並肩作戰的心情。

柯瑞從二〇一二至一三年球季開始，連續四年平均出賽至少七十八場，其中二〇一四至一五年那一季，他還打了八十二場比賽，創下生涯里程碑，一掃之前大家對他容易受傷和耐戰性的質疑。尤其是在傷勢完全恢復的這幾年，他創下事業高峰，帶領勇士隊取得自一九七五年來首次的NBA總冠軍，完全把腳踝毛病拋諸腦後了。

但在二〇一六年的季後賽，柯瑞的腳傷又回來了。這次的受傷也是造成勇士隊沒能拿下總冠軍的部分原因，這同時也說明NBA賽事是很挑戰人體極限的，要保持全年無傷無痛根本就是一大挑戰。

二〇一五年勇士能拿到總冠軍的主要原因，就是對戰的隊伍都有不少球員掛傷號，每一輪的敵隊先發控衛都受過傷，輕者帶傷上陣，重者則無法上場。冠軍賽時，騎士隊的先發後衛厄文和大前鋒勒夫都無法上場，等於讓詹姆斯帶著有限的隊友陣容孤軍奮戰。

到了二〇一六年冠軍賽，情況剛好相反，換成勇士隊主將傷痛纏身。柯瑞在季後賽中受傷兩次，即使他勉強上場，表現也不如從前。最後勇士隊輸掉了總冠軍賽。

季後賽第一輪對抗火箭隊時，柯瑞一個後仰跳投落地沒踩好，整個右腳包含腳踝都輕扭到，傷勢不算太嚴重，第一場賽事的下半場和整個第二場比賽都在場邊休息。他原本打算第三場比賽要上場，但柯爾教練為了保險起見沒答應，希望他再多點時間恢復並練習。

勇士隊因為沒了柯瑞而輸掉第三場比賽。第四場他回來了，希望能阻止火箭隊連續取勝，但卻在上半場快結束時，發生了一件嚴重的意外，讓勇士隊差點在季後賽止步。

就在準備進入中場倒數時，火箭鋒衛亞瑞查拿到球，帶了幾步後，準備在過中線後起跳試投一個大號三分，柯瑞本來正在防守火箭隊的哈登，這時看到亞瑞查拿到球沒人防，立刻改貼上去守住他。這時情況有點混亂，火箭大前鋒莫提尤納斯也跟上來，想要幫亞瑞查單擋柯瑞，不過他沒擋到，自己反而踉蹌了一下，在半場中線附近跌了一跤，一直滑到火箭隊自己的前場罰球線附近。他的身體在場上滑行時留下了一道汗漬。

當時持球的亞瑞查在中線附近，而莫提尤納斯已經打滾至三分線內，柯瑞為了追亞瑞查而進入了那條又滑又溼的汗漬區。柯瑞在跑動中左腳滑了一下，兩腿因而劈開，他失去了重心，右膝就這麼突然朝內彎扭並撞擊在硬木地板上，全場看著他倒在地板上抱住右膝，臉部充滿痛苦。這名年度MVP球員就這麼倒下了，情況看來不太妙。

柯瑞倒下的第一時間，他還勉強地伸出手，要隊友羅許拉他一把。隨著他跛腳跳入球員休息室，勇士隊的冠軍希望也跟著離開了。

柯瑞的膝蓋從來沒受過傷，但是柯瑞自己也清楚這種疼痛感覺不妙，尤其看見膝蓋立即大範圍腫起來，皮膚底下肯定發生了大事。不過經過隊上防護訓練員初步研判，排除了膝關節前十字韌帶斷裂的可能性，應該只是膝關節內側副韌帶扭傷，但還須經過核磁共振檢查才能明確診斷。柯瑞的內心無法再承受這種打擊，他的靈魂尚未準備好要接受更多的失望。

他這些日子如此努力地做復健休養，好不容易終於回到場上。現在竟然又受傷了。

這場系列賽中，勇士實力遠勝對手火箭，他們不需要柯瑞就可以把火箭淘汰。然而，拓荒者隊似乎有希望趁柯瑞不在場上的時候，擊敗勇士隊。而柯瑞在這系列賽的前三場比賽，都只能坐板凳觀賽。

黑暗時期的回憶又再度被喚起。

面對拓荒者隊的第四場，柯瑞從板凳替補上場，這是他四年來首次沒能先發。比賽前三節他打了二十二分鐘，十八次出手中有三分之二的球都沒投中，其中有九次是三分球，連一球都沒中，看得出他的技巧生疏了，體能也有所限制。

柯瑞是柯爾教練口中常說的節奏型球員，他憑藉著敏銳而流暢的感覺、判讀和反應打球。因此在防守他時，必須要打得兇狠一點，才能打亂他的流暢度和節奏感。但這次他的節奏感是自己打亂的，畢竟季後賽開打至今的八場比賽裡，他缺賽了六場，其餘兩場比賽裡，他也只出賽了三十八分鐘。膝關節韌帶的扭傷算是穩定了，但尚未完全復原，柯瑞只能靠意志力撐過去。

比賽到第四節末時，柯瑞突然找回節奏感了，他也必須找回：李文斯頓在第二節末時，因為連兩次技術犯規被驅逐出場，這對平常性格輕鬆悠閒的他來說，可說是沒遇過的狀況，加上拓荒者的控衛里拉德正一路壓著勇士打。所以柯瑞的分鐘限制被教練解除了。這場系列賽打得激烈，拓荒者全力反擊，先前勇士隊已經在拓荒者的主場連輸了兩次，如果再輸一次，對勇士這支高種子隊伍就很有壓力了。

第四節剩兩分鐘時，柯瑞藉著格林的一個單擋協助，來了個立定跳投三分球，將比數拉成一〇七比一〇六只差一分。柯瑞的感覺回來了。接下來面對拓荒者得分後衛麥凱倫的防守，柯瑞先在他面前換手運球六次，接著又晃了幾下，最後趁對方一個防守空檔，用左手把球妙傳給在籃下的格林，格林接了球，來個戰斧式的劇力萬鈞大扣籃，作為這次進攻的完美結束。在這讀秒的關鍵時刻，和里拉德你來我往的一決雌雄，讓柯瑞的腎上腺素大爆發，克服了之前手感不佳和不靈活的問題。這一段精采的表現，堪稱他生涯中的高潮時刻之一。

這場比賽打得難分難解，在正規賽快結束前的倒數幾秒時，柯瑞一個拋手投球沒進，將比賽帶進延長賽，他站在籃下兩手奮力鼓掌，為剛剛那沒進的壓哨球感到可惜。但這時的柯瑞才正要開始大顯身手。

延長賽一開始，他就靠著一個禁區外急停單手打板進球得分，他整場看起來都鬥志十足。不過接下來拓荒者隊一輪攻勢得到五分，將比數拉成領先三分，柯瑞必須找機會投籃追分數。他先在三分線做一個假動作投籃，把防守者騙得跳起來在空中後，將球快傳給中鋒隊友艾斯利，艾斯利拿到球後又回傳給剛找到大空檔的柯瑞，一記三分球輕鬆將比數追平。很明顯的，柯瑞處於全力主宰比賽的狀態。

接下來的一次進攻，柯瑞躲在籃下防守的人群裡，混亂中，拓荒者中鋒普拉里原本應該抓下的籃板，卻被柯瑞搶下，成為一個進攻籃板後又投進兩分。回防時，柯瑞振奮地兩手高舉。隨後格林又在對方攻擊時抄截成功，柯瑞早已快跑到前場等著接應，輕鬆挑籃得分。

波特蘭又一次進攻失投，柯瑞回到自己的前場，靠著格林的一個迅速改變方向的單擋，加上拓荒者前鋒阿米尤的誤判，產生了一個空檔，柯瑞再進一個三分球。連同這一球，柯瑞已經為勇士隊連進四球拿下十分，總共才花了一分三十秒，這讓拓荒者主場摩達中心的球迷哀號不已，柯瑞則像是動作派電影裡的英雄一樣，虎虎生風。

只見場上的柯瑞一陣甩肩搖擺，大聲喊著：「我就在這裡！」

他指著自己腳踩的木地板，喊著：「我回來了！」一個一個音節清楚地說著：「我、回、來、了！」

柯瑞的傳奇表現還沒結束，延長賽只剩一分鐘時，勇士領先了五分，再次拿到進攻權，柯瑞與格林做了個擋切配合，換成了阿米尤防守柯瑞，柯瑞欺負他沒自己靈活，先作勢把球往左邊帶又換背後運球回右手，接著快速往後退了一步，在三分線外好幾步，大約距離籃框七．六公尺處再度開火，拓荒者的球迷又是一片哀號聲響起，柯瑞就以如此戲劇化的方式將拓荒者徹底擊潰。

這一系列流暢的動作，簡直令人嘆為觀止，即使是那些經常有驚人表現的球員也讚嘆不已。柯瑞之前有在季後賽單節得二十分的紀錄，也有季後賽單場得四十分的紀錄，但這次不同，這是延長賽得十七分的NBA新紀錄。柯瑞剛剛傷癒歸來，在不友善的敵方客場，勇士隊員普遍表現不佳，還得對抗拓荒者刁鑽的小後衛里拉德。這精采難忘的時刻，為NBA眾多傳奇故事又寫下一章。

「你能相信這一切嗎？」柯瑞邊走向客場球員休息室邊說，「我自己都不相信！」

他能打得這麼好簡直是有違常理。事實上，柯瑞的膝蓋傷勢恢復得不錯，足以讓他回到場上比賽，只是終究不到百分之百恢復的程度，能拿下這場勝利，多半還是靠著腎上腺素的爆發以及拓荒者隊防守較弱的原因。

隨著系列賽繼續打下去，對方的防守越來越強，柯瑞的膝蓋狀況還是很明顯限制了他的表現。

雷霆隊打得比前面幾輪的對手更激進，他們有不少先天體能好的球員，讓柯瑞在中外線備感壓力。很顯然的，柯瑞受到傷勢影響，沒能完全恢復身手，雷霆隊常會在他與隊友做擋切戰術時閃擊，迫使他把球傳出去，他傳球的比例比教練柯爾所預想的還多，甚至偶爾出現失誤。勇士希望雷霆能採取包夾策略，這樣就可以讓格林以大前鋒位置來對抗對方小前鋒的防守。

這些擋切戰術若擋得好，有時錯位後，會變成對方較高大的球員防守到柯瑞，正常來說，這是柯瑞最好應付的對手，大多的中前鋒大個球員不是很習慣在外線追防著小個後衛。

柯瑞那花稍的運球，利用時間差晃身和快速出手，通常讓大個球員拿他沒轍。如果他們貼上來，柯瑞的超強運球搭配變換方向，通常很容易就能閃過；但是如果他們留一兩步防他切入，那柯瑞只要退一步出手，三分球也是他可以掌握的選擇。再不然，他可以把球先傳出去，他自己再從隊友的單擋叢林跑出一個可以接球的機會。

但這次柯瑞的膝傷未完全康復，他最需要的切入靈活度不見了，投三分球所需要的雙腳力量也不如以往，再加上雷霆隊有一群運動性超強的鋒衛等著伺候他。先是二〇五公分的大前鋒伊巴卡，手長、速度快，可以跟得上柯瑞的速度並守得住他；二一三公分的長人中鋒亞當斯也能緊咬著他，這時的柯瑞也沒以往的爆發力可以掙脫；還有專門負責「伺候」柯瑞的二〇〇公分的防守專家安德魯·羅伯森，他在場上唯一的任務就是：把自己的身體緊貼在柯瑞的球衣上。

裁判沒在注意時，這些防守球員對柯瑞又抓、又擋、又撞的。柯瑞常被設陷防守、閃擊，受到的「防守禮遇」是聯盟一般後衛「享受」不到的。這場西區冠軍爭霸戰只是一直強調柯瑞使用許多動作和誘導術，因為他在這般難搞的防守壓力下根本無法集中精神。

到了總冠軍賽，克里夫蘭騎士隊給的防守壓力更大，他們使用了小型陣容，方便在擋切時快速換位。騎士的中鋒泰瑞斯坦·湯普森和詹姆斯在防柯瑞外線時，更是得心應手。

另外一個雷霆與騎士所共同採用的方法就是：專攻柯瑞的防守！這名勇士的控球後衛在做團

隊防守時還不錯，加上他自己也有一些防守技巧，像是快手、常被忽略的耐強度、不錯的直覺。雖然他比大部分人想像的還要好，但由於身高體格的劣勢，他還是容易被對方進攻強壓過去。即使他自己很認真地防守，但在對方猛烈攻擊下，有時他還是陷入犯規麻煩或消耗掉不少體力。

所以這一切醞釀已久的因素一口氣加諸在他身上，造成他攻防兩面都失利：敵隊帶侵略性的防守、介於犯規與不犯規間的粗暴逼迫式貼身進攻策略，以及他的右膝傷勢，讓他無法百分百回到從前的自己。

隨著季後賽繼續進行，柯瑞從以前那個進攻球路全面、可以主宰NBA的球員，變成一名功能單一的準確射手。他的內線得分能力大量蒸發，每次進攻時他只能在三分線外投射，對勇士隊來說，這很無奈，只能看著這個威力減弱版的柯瑞在場上苦撐。

雖然柯瑞最廣為人知的是他在NBA歷史上可以留名的外線能力，但這並不是他主宰球場的主要原因。他的全面性才是最具有殺傷力的武器。他的三分球威力讓對方得貼著他防守，而他的運球和「換檔技巧」又讓他每每成功切入得分。在禁區附近，儘管本身缺少爆發性的彈跳能力，但他的投射能力使他成為最能「使命必達」的後衛。他又有完整的視野和傳球技巧，所以他即使被對方緊貼著防守，也能找到隊友並完成傳球。

這已經成為他進攻成功的固定模式了：要不就是在外線以彈雨般的三分球狂轟，要不就以切入禁區將對方的守勢瓦解。但這樣的柯瑞已經不見了，再也沒有切入禁區的瓦解，對於對方的包夾也無力掙脫，更沒有所謂的迷蹤碎步小拋手了。他剩下單一面向的進攻方式，而且對方可以守得住他了。

在過去的兩輪季後賽，柯瑞只能靠三分球存活，在他十四場比賽所有的投籃紀錄裡，百分之五十九・五是從三分線外出手。只有百分之十二・五是在距籃框一・五公尺內投的，這比平常季賽的百分之二十九・七低了很多。

每次一比賽完，回到休息室，他都會慢慢地更衣，將右膝蓋的包紮解開。右膝上的包紮纏了非常多層又厚重，彷彿這隻膝蓋是從海外空運來的易碎品。這些包紮的紗布圍繞著膝蓋骨形成一個五角形，右膝蓋的紅腫狀，和左膝一比就差很多。

整個過程中，柯瑞一直拒絕承認表現失常和膝蓋有關，他拒絕談論有關膝蓋的事情，通常他是很願意詳聊他的傷勢情況的，解釋一下到底是怎麼發生的。他滿喜歡談這些比賽內幕、場上看不到的事情，他甚至會告訴你他腳踝每一條韌帶的狀況，每一種不同的疼痛會對他哪一個動作造成什麼影響等。但這次的膝傷，他從頭到尾就只說：「我很好。」「我需要再打好一點。」

他強烈的榮譽心，根本不容許他把這些傷痛當作在場上表現不佳的藉口，畢竟他是從小在NBA環境裡長大的，他知道怎麼去處理這類情況。對於那些偉大的球星來說，傷痛從來都不是阻礙，而是他們偉大傳奇的其中一面罷了！喬丹有一次食物中毒，照樣一肩扛起球隊勝敗；布萊恩把手指斷裂當作是被紙張割到一樣的小傷；艾佛森根本就應該為身體打上石膏，但他卻照樣上場往禁區裡切。偉大的球員就是這麼做的。

柯瑞絕對不會給那些質疑他能力、嘲笑他是「弱雞」的人機會。他一輩子都在為這個「軟柿子標籤」奮戰，一直到現在，每當有人問起他的膝蓋傷勢時，他都還是持續奮戰著。

他對於能夠再回到場上打球這件事，心裡只有感激、沒有抱怨。他一心只想打球。若他糾纏於自己在場上無法做到的事，或者把失誤歸咎於狀態不甚理想的膝蓋，這些都等於在嘲弄自己所得到的祝福。當他受傷退場坐在板凳上掉淚時，並不是因為他希望恢復到完全沒有受傷的自己；他在核磁共振報告出爐前禱告，也並非祈求自己的膝蓋會變得完美。

他只是希望能再繼續打球。

他的膝傷還沒完全恢復，最後也付出了代價。柯瑞還是能打球，但他的破壞力已經大打折扣，他必須得忍痛上場，但在場上的行動力也越來越受考驗。

他沒辦法像以前那樣做出犀利的空手跑位，這點對他的球路傷害滿大。他沒辦法緊急轉身改變方向，意味著他沒辦法甩掉防守者找到出手的空檔機會。但他還可以跑，而且他還能投球，這對他來說已經足夠了。

若你也曾和柯瑞一樣，歷經這麼多傷痛苦難，還能夠重回場上，你就會認為這已經是最大的祝福了。

他竟然能成為第一位獲得全體一致投票通過的（年度最佳）球員，這告訴了我們目前聯盟的水準有多差。

——麥格雷迪（Tracy McGrady，前NBA球員）

第八章 恨也柯瑞

杜蘭特罰進兩球後，在下一次進攻時，又從三分線外右側一點的地方投進一記三分球，甲骨文球場裡開始充滿一陣不安與緊張的氣氛。勇士隊原本領先十三分，卻在一分鐘之內縮成五分了。更慘的是，杜蘭特的眼神充滿了殺氣，他的腳步彈跳著，那種唯我獨尊、捨我其誰的殺氣，只出現在歷代偉大球員身上。這是二〇一六年NBA西區冠軍賽，勇士隊以一比三落後雷霆隊，他們這季的命運面臨空前危機。讓勇士隊球迷更害怕的是，杜蘭特打出節奏來了，他已經教訓了勇士隊好幾次。兩記罰球後，杜蘭特光這第四節就得了九分，整場得了三十五分，比賽距離終場只剩四分鐘。

但接下來一連串的突發事件將杜蘭特的發熱手感頓時澆熄。

首先，輪到雷霆隊進攻時，柯瑞跑到三分線外，杜蘭特正準備利用空檔再投一記三分球，柯瑞衝到杜蘭特面前，雙手擋住他瞄準的視線，杜蘭特因此失去準頭，球打在籃框右側彈了出來，算是偏得滿扯的，但雷霆隊又奪回了球，傳到之前同一位置附近的杜蘭特手中，柯瑞見狀又迅速撲回這名身高二一〇公分、前任年度MVP胸前。這次杜蘭特用切的，他想攻入禁區，面對柯瑞這小個兒來個大吃小的小拋手上籃，但柯瑞的快手差點將他手中的球撥開，這一分心，杜蘭特在出手前已忘了前面有個勇士中鋒柏格特在等著。球一出手，立刻被柏格特搧掉，柯瑞搶到這一個活球，勇士隊成功守住這次進攻。

奧克拉荷馬市雷霆隊在終場前一分半左右還落後八分，本來還有一次反撲機會，給勇士隊帶來小小的威脅。杜蘭特利用一個在籃下的隊友掩護，跑出到三分線外附近，柯瑞又跑過來防守他了。杜蘭特看似很堅定，朝著籃框、頭低著，凶猛地往籃下運球逼近，他用左肩作掩護單挑柯瑞，柯瑞則用前胸頂著，兩人互相對抗著。柯瑞算著杜蘭特的運球節奏，一個快手又把球撥掉，機不可失，柯瑞立即衝過去搶到這活球後，往前場衝去。球一帶進勇士隊前場後，柯瑞放慢腳步和速度，試著要把時間搓掉，讓現場的觀眾為勇士唱起勝利小曲。

柯瑞趁此勝券在握的好時機，挺胸兩次嘶吼著，慢慢運球耗掉剩下的時間。眼看進攻時間被磨得差不多了，他從底線往禁區切進去，看到雷霆中鋒亞當斯在籃下等著，他起身後在空中繞過亞當斯，從另一邊反鉤將球挑進，畫面相當精采。又一記命中要害的進球。

柯瑞帥氣地沿著場邊跑，球迷震耳的加油聲快把整座球場給掀翻了，雷霆隊叫了個暫停。柯瑞走到中場一帶停下來，對著一片黃海（球迷都穿著勇士隊黃色球衣）吶喊著：

「我們還沒要打包回家！我們還沒要打包回家！」

這場比賽的獨特之處並不是柯瑞在球賽結束前一口氣得了九分，也不是因為勇士隊在這系列賽的第五場存活下來，而是柯瑞在杜蘭特三次持球的緊急時刻，都成功攔下他。這名大家公認不是防守專才的小後衛，居然三次攔截住這名菁英級的得分球員。

柯瑞三次成功攔截杜蘭特也成為媒體採訪的焦點之一。在賽後問與答時，杜蘭特和雷霆隊後衛衛斯布魯克兩人就像平常一樣坐在媒體室講台上，有人提問：「柯瑞是不是被低估的防守者？」

衛斯布魯克笑了一下。

事實上，這笑聲有點像是竊笑，不小心從嘴裡洩漏出來，還持續了一陣子。他先用雙手遮住臉，然後慢慢放下手，露齒而笑，手指抓抓下巴。這種笑可不是那種聽到笑話後拍案叫絕的開懷大笑，而是覺得這問題很荒謬，露出「你有沒有搞錯啊？」的苦笑。

杜蘭特則正經地回答問題，試著用比較尊重的字眼駁斥剛剛的提問。

杜蘭特這幾年和柯瑞的關係算滿友好的，因此也說了一些身為競爭對手該說的話。雖然兩隊目前在這系列賽還是處於兵戎相見的狀態，杜蘭特還是恭維了柯瑞一番，但這位前任年度MVP還是選擇和他的隊友站在同一邊。杜蘭特不過分稱讚對手，也不貶低他，而是中肯評論柯瑞的防守。

衛斯布魯克正好相反，他嘲笑柯瑞，不但沒給這對手球員間基本的尊重，還看輕他。

主要原因可能是衛斯布魯克的球路採火爆型打法。他是個充滿怒火的競爭者，為了奪勝，打起球來可以六親不認，把禮貌規矩丟在門外。長年來，他和柯瑞都有那麼一點瑜亮情結。兩人打同樣位置，兩人的隊伍又都屬於高能見度的強隊，經常出現在決一死戰的經典對抗賽中。所以衛斯布魯克不讚美柯瑞是很正常的，沒什麼好在意的。

但是，他竟然笑了。衛斯布魯克在採訪時那一笑，可惹毛了休息室裡的勇士隊球員，刺傷了柯瑞。杜蘭特說柯瑞不是個好的防守者，或許沒什麼人會為這句話感到太憤怒，但這場才剛在甲骨文球場的激戰賽後，留下的卻是揮之不去、環繞不停的問句：「你剛剛有沒有看到衛斯布魯克嘲笑柯瑞啊？」

衛斯布魯克與柯瑞在場外沒什麼個人私交和過節，但剛剛的事件可把樑子結下了，他那一笑讓柯瑞開始懷恨在心，兩人之間的對立在NBA圈子很快就浮出檯面。

記者問衛斯布魯克時，本來是希望他至少誇讚一下柯瑞的防守，但衛斯布魯克卻不認同，認為這問題很可笑，也毫不掩飾內心的感覺。

沒錯，衛斯布魯克是個很凶悍的傢伙，冷漠的他才不屑給柯瑞一點面子，尤其在雙方打得激烈的系列戰中。但這也不是他第一次，更非最後一次如此輕蔑吐槽柯瑞。

在一則喬丹牌球鞋的廣告中，打算將代言的衛斯布魯克形塑為一名超級球星——「大霹靂」。在廣告獨白裡，隱約出現像是勇士隊控衛柯瑞形象的人。

清開場地，清開跑道，他不是在開玩笑的，他沒時間和你又抱又跳的，你們要他怎樣？找一個聖歌班男孩（指柯瑞）來控球嗎？

當然廣告本身無傷大雅，算是滿聰明的行銷手法。但衛斯布魯克從廣告裡半開玩笑地戳戳當時正要取得MVP的柯瑞，變成現在公然在全國直播的賽後記者會講台上嘲笑他，反映出他愈發不認同柯瑞。

衛斯布魯克儼然成為反柯瑞派的代表，他象徵目前NBA聯盟中某些成員和球迷那種反對「狂熱柯瑞愛」的反叛情緒。衛斯布魯克露骨表現出這種情緒，但他不是唯一一個。壓垮駱駝的最後一根稻草發生在二〇一六年五月十日，這股反柯瑞浪潮開始聚集發聲了。

就在勇士隊與波特蘭第二輪那場號稱「紀元之戰」第四戰的隔天，NBA宣布柯瑞成為當季的MVP，這是他連續第二年摘下MVP，光榮晉升NBA傳奇球星之列。不但如此，他還是首位獲得全體一致無異議投票選出來的球員。總共一百三十一張媒體票，每一張票都投柯瑞為第一順位，這是NBA創立MVP獎項六十一年來，首次有球員獲全數票通過。

他們投票給柯瑞的理由其實都很合理且充分。勇士隊當季贏了七十三場比賽，超越了一九九五至九六年球季芝加哥公牛隊的紀錄，加上柯瑞整季的表現是NBA前所未見的，每場平均得分從二十三．八分跳到三十．一分，而且投籃命中率比前年還高。

自二〇一四年起，NBA開始實施投票結果公開制，包含投票者記名。之所以如此，主要是因為社群媒體開始監督一些所謂的「不配合票」，多少給了投票者一些壓力，迫使他們不得不做個「投票順民」。二〇一三年，詹姆斯差一票成為全數票通過的MVP，此事受到廣大輿論壓力，認為詹姆斯這麼顯著的優秀表現，竟然有人不同意、不配合。

不過，什麼理由都不重要，重要的是柯瑞是第一位榮獲此殊榮的MVP。大鳥柏德沒有、俠客歐尼爾沒有、詹姆斯大帝也沒有，雖然他們都很接近全數票通過了，尤其歐尼爾和詹姆斯都只差一票。

最讓人跺腳的是：喬丹的MVP並未獲得全數票一致通過。柯瑞獲封的各種大小獎項、榮耀不勝枚舉，甚至連那些非官方的偉大傳奇球星都沒這些榮譽，讓很多人覺得太扯了、難以接受。從兩年前開始，柯瑞已經是NBA裡最受矚目的球員，他已成為聯盟的看板人物、全球知名品牌的金童。

柯瑞那張臉到處可見，無論是專業球評或看熱鬧的球迷，都崇拜他的球路、打法，連他代言的球鞋也給其他品牌帶來壓力。摩根史坦利分析家曾說過，柯瑞的球鞋熱賣度只次於喬丹球鞋，對他代言的UA運動品牌來說，柯瑞值一百四十億美元。他有點石成金的威力。二〇一五年十二月，谷歌宣布柯瑞是二〇一五年NBA最受歡迎的球員，勇士隊是最受歡迎的球隊。二〇一六年一月，NBA宣布柯瑞的球衣再度居銷售排行榜第一。隔月，總部位於紐約的社交網站巨擘

Buzzfeed 報導，根據 YouTube 資料顯示，柯瑞是最受歡迎的運動員，在六個月內和他相關的點擊流量就有一億四千萬次。

二〇一六年四月，綜合新聞網站 FiveThirtyEight.com 透露，運動網站 ESPN 裡 NBA 次首頁中的球隊，勇士隊網頁的流量是其他球隊的三倍之多。同年五月，運動雜誌 SportsPro 稱柯瑞為全球最具行銷影響力的運動員。

「我不想談論什麼排名先後或比較誰好誰壞，」在球場媒體室中，記者追問柯瑞他和詹姆斯之間的不同時，他不太和悅地回答，「講到底，就是為了要贏得冠軍。事實上我們去年得到總冠軍，今年我們也一直作戰到最後。我打球的目的不是要追求成為 NBA 的招牌面孔，或其他有的沒的，更不是要摘下詹姆斯的皇冠之類的，你們這些提問讓我很煩惱。我只想追求（冠軍）戒指，我的目的就只有這個。」

柯瑞猛然竄紅，惹怒了一些人，也把許多因素湊在一起，但歸納起來就是：柯瑞本來就不應該在這裡。

柯瑞今天坐擁菁英球員頂層的高位，享有即將邁入名人堂的身價，其實已違反了一般球員按部就班竄紅的模式，也打擊了長期以來傳統籃球員以標準模式晉升的心態，同時也描繪出當今社會的社交情況和議題。正因為一切發生得太快，大部分人都還來不及意識到自己的反應，柯瑞就已經大紅大紫了。

很多人不明白的是：為什麼柯瑞沒特別做了什麼事，卻氣勢當紅？

柯瑞從小跟著NBA球員一起練球長大，自從他會打籃球起，身邊就圍繞著NBA球員，大家都很照顧他。他像是這獨特的兄弟會的繼承人，這種環境和角色對柯瑞來說，是非常神聖珍貴的。他很愛惜自己的羽毛，自幼即認同的那些根深柢固的觀念及規範，他向來小心翼翼絕不違反。因此他拒絕批評、砲轟其他球員，也不在背後指責、埋怨他人。

當柯瑞還是名新秀時，勇士隊的明星後衛艾利斯在二〇〇九至一〇年球季賽前訓練營開營時宣稱：勇士隊若同時擁有柯瑞和艾利斯，是贏不了球的。那時柯瑞一場正式球賽都還沒開始打，這名隊友就給他難堪了。所以一開季，兩人的關係相當冷淡。原本勇士隊在選秀前告訴艾利斯，他們不會再選一名控球後衛進來，因為艾利斯就是勇士隊夢寐以求的控球後衛。沒想到勇士隊在第七順位時，看到柯瑞還沒被選走，就決定要他，此後一切都改變了。艾利斯對球隊相當不爽，將這筆帳算到柯瑞頭上。

來自中級大學籃球聯盟的柯瑞，剛進入勇士隊這職籃球隊時，他這菜鳥興奮地想和大家打成一片，滿心期待隊友間那種熱心的團結感。每當柯瑞在比賽中被叫上場替補艾利斯時，都會熱情地伸出手，想和艾利斯來個擊掌鼓勵。這是隊友在替換上下場時，常見的激勵動作。然而每次柯瑞伸手想和艾利斯擊掌時，總是揮到空氣，艾利斯根本不理他，這種情況發生好一陣子。

有人私下問柯瑞此事，他還滿驚訝竟然有人觀察到「擊掌揮空」這件事。他打賭總有一天會和艾利斯成功擊掌的。一般人若遇到這種情況，可能會認為自己不受尊重，但柯瑞卻把這當作證明自己的機會，他決定要贏得艾利斯的善意回應。若艾利斯和他擊掌，就代表自己成功了。柯瑞願意接受這樣的挑戰，因為他認為菜鳥本來就會被老鳥整，而且得努力挺過來。老柯瑞以前打球的聯盟就是這麼搞的。有一天艾利斯終於和柯瑞擊掌了，柯瑞嬉嬉鬧鬧地低調慶祝一下，然後上場打球。

柯瑞對隊友很忠誠，也很感激自己被其他的明星球員接受、被畫為「同一國的」。他非常珍惜自己身為場上其中一個菁英球員、並與其他優秀球員互動的美好時光。這些都是他自小跟在父親身旁就感受的，他學會感激、重視同袍之愛，互相砥礪，將這份友誼昇華並超越球場上的爭鬥。

當勇士隊在季後賽淘汰掉雷霆隊後，杜蘭特還留在球場上，和勇士隊隊員互相擁抱交談，畢竟兩隊已經對打了七場比賽。杜蘭特和柯瑞當時在球場中央遇上了。柯瑞其實也想和衛斯布魯克握個手、擁抱一下，不過衛斯布魯克通常跑得很快，球賽一結束就離開了。

「比賽就是這麼一回事！」柯瑞當時在杜蘭特耳邊輕聲地說，「我們就是為勝利而戰，大家會一直記得我們這些比賽的精采時刻！」

他的確是為那些精采時刻而活。這就是為何他超渴望加入美國男籃隊，為二〇一二年奧運賽自己沒獲選而難過，而二〇一六年奧運他因膝傷而沒辦法參加，也讓他感到失望。二〇一六年N

BA明星賽在多倫多展開前的八個月，在工會版的MVP投票中，許多球員投他反對票，即使如此，柯瑞依然是明星賽場邊最嗨、最瘋狂的人，他又蹦又跳地為明星賽隊友加油打氣，就像在幫他的勇士隊隊友加油一樣。這都是因為：他為精采時刻而活！

即使NBA現在有點縱容場上防守柯瑞時所採用的粗暴方式，這種方式已成為聯盟難以控制的趨勢，並且被撞的球員也會誇大自己受傷的嚴重程度，以賺取對方犯規的機會。但柯瑞不這麼做。他若也誇大受傷程度，其實可以增加他投罰球的機會，累積更多得分，並且讓粗暴防守他的對手有點忌憚。然而他卻反對這麼做。柯瑞學會在三分線外引誘對方犯規，然後像其他球員一樣，向裁判抱怨對方犯規。至於他所遭受到的粗魯肢體碰撞，他其實可以像火箭隊的哈登一樣，一副被撞傷得很嚴重的樣子，讓對方被記犯規。但這種做法牴觸了他自一九九〇年代耳濡目染的不成文規定，也和他從小就接受的犯規觀念不同，而且還可能遭人質疑他到底是不是個稱職的職籃球員。

柯瑞還滿固執的，他情願奮戰到底，證明自己夠強壯、夠耐操，並站上罰球線多賺點罰球分數。在二〇一六至一七年球季開始，他立志向籃網進攻。

這一切都是因為柯瑞想要被其他球員接納，希望自己的球路獲得聯盟兄弟會各個派系的認同，然而球迷卻不太支持他的想法。其實諷刺的是，這種情況和柯瑞的理念是互相牴觸的。柯瑞今日能打到這種超級球員的地位，正是他長期努力不懈追求的菁英團隊認同感，讓大家認同他與生俱來的能力。然而他執著地追求認同感並取得成功的後果，卻是引來了他人的排斥和抗拒，這些都是他最想避免的。

從另一個角度來看，像柯瑞這麼受歡迎的名人，不可能沒人誹謗他，姑且不論誹謗的原因為何，可以確定的是，一定有人會討厭他。柯瑞面臨的情況和其他菁英球員一樣，所以他從不抱怨。他明白這種負面的情緒——「恨」、「不喜歡」——也是一條必經之路，因此按照規矩處理那些負面評價和唱反調的人，正是他鞏固、保護自己被接納的方式。

也因為這種一碼歸一碼的態度，他不願意將膝傷與季後賽末期的表現扯在一起。另外，像是被問及他在西區冠軍賽與衛斯布魯克，以及在總冠軍賽與詹姆斯之間是否鬧不愉快，雙方之間到底說了些什麼，柯瑞也拒絕透露對話內容，特別是在兩隊激烈對戰期間，他總是輕描淡寫，不節外生枝。以他的個性來看，肯定不會說出任何破壞球員和諧的話。

或許，適當的時機到來時，柯瑞就會被眾球員接納，也許需要更長的時間，他才會被全然接受、賞識。批評柯瑞的現任或退休球員私底下的想法是：「我們不要這麼早就把他神化，稱他為：『有史以來最偉大的球員。』（Greatest Of All Time，簡稱 G.O.A.T.）」或許等到柯瑞邁入中老年、漸漸凋謝的時候，才能證明自己不是曇花一現，那時他也會獲得聯盟眾兄弟的全然接納。奇怪的是，這一票愛批評柯瑞的球員，反而不吝讚美那些成就普普的球員，像是快艇隊的保羅、尼克隊的安東尼等球員。保羅和安東尼雖然資歷更長，卻沒獲得柯瑞所贏得的ＭＶＰ、總冠軍成就，也沒有柯瑞廣告代言的吸金功力。或許未來有一天，我們透過紀錄片回顧這段日子，那時籃球界眾球星才會推崇、認可柯瑞為偉大球星之一。

不過現在的情況還不是如此，即使他得到MVP的那兩年，也沒有獲得全體球員的認可。許多人只能勉強承認他是個偉大的射手，就像上世紀九〇年代的米勒和柏德等神射手——這已經算是很大的讓步了。然而，即使有了神射手這榮譽，柯瑞還是必須面對他的先天限制。

他第一次得到MVP，就引起不少人的質疑，那些人認為勇士隊本身的實力就很堅強了。之後，球員工會自辦的年度MVP票選中，他的同袍卻投給哈登。柯瑞帶著復仇的心態回到賽事，用更好的表現來證明自己。當他第二次又獲得MVP時，這次的結果讓那些批評他的人更生氣，因為他竟然獲全數票一致通過。後來的總冠軍賽他表現稍差，最後被詹姆斯壓倒，那些平常誹謗他的人終於從柯瑞的失敗中找到說嘴的印證。

柯瑞並不是第一位在總冠軍賽跌得這麼難看的球星，或許，倒是沒有其他得過MVP的球員在失敗時，還讓某些人這麼歡欣鼓舞的。當然啦，也沒有任何MVP球員像柯瑞在關鍵的冠軍賽第七戰打得這麼差的。總是有愛唱衰的人等著看他失敗，如同看到壞人被打倒一樣的痛快。

為什麼會有那麼多人不願承認柯瑞的身手與成就？就連NBA的圈內人也如此？要理解這種現象，得通盤考量許多因素，這也是柯瑞多年來一直在面對、處理的問題。當他顯著地施展自己的投籃實力時，他也是在爭取認同感、接納感。

「他這輩子都會面對同樣的困擾，」柯瑞的弟弟賽斯說道，「我們處境相同，總是得努力證明自己，不管是什麼原因，可能是爸爸NBA球員的身分，也可能是我們的長相。總是有人看我們不順眼，覺得我們該走別條路。正好相反，我們會更賣力證明自我，反駁那些人的說詞。」

柯瑞首當其衝的困擾：他是NBA球員的兒子。

表面上看來，有一個NBA球員的老爸應該很占優勢，但事實上，這樣的背景反而會讓人覺得是一種特權，而不是優良的家世血統。為什麼會如此呢？這必須從籃球的起源說起。

籃球這項運動是由一名加拿大人所發明的，遊戲目的很簡單，即將球投進採收桃子的籃子裡就可以了。由於運動所需的道具不多，長久以來一直是大城市中貧民區的消遣。當然，不是只有貧民才能玩籃球，現在無論在鄉村、都市、郊區，甚至有錢人，都喜歡這項運動。但數十年來，籃球對於貧民區來說，就好像棒球對於美國人，而且它不需要花什麼錢，只要一個籃框和一顆球就可以了。參與的人數也很有彈性，可以兩人玩，也可以二十個人玩，甚至一個人也可以玩。籃球對於窮人來說，實在是很理想的運動。自從喬丹打出名號後，籃球運動基本上已成為嘻哈／黑人族群不可或缺的一部分。

今日，很多籃球員是按照這樣的模式誕生的。他們在都市的殘垣敗壁下生長，從無到有鍛鍊自己，只要能靠籃球打出一片天，大家就會投以至高無上的崇拜和尊敬。

但柯瑞不一樣，他代表的是特權。他是個富家公子，來自傳統家庭。然而，他就像個想要跨越廢墟鐵道、進入貧民區找人單挑籃球的孩子。也因此在籃球這一片天地，他永遠得面對世人懷疑的眼光。

他象徵了那些在有空調的球館裡、有人細心打理的乾淨球場上學習打球的人，他應該無法在外面柏油路面的球場上生存下去。他得不到籃球圈子裡應有的尊重，因為那圈子裡的人曾經和街坊的惡霸鬥牛，連牙齒都被打斷過，他們也可能和蹲過牢的凶神惡煞或穿牛仔褲配工作大頭靴、打赤膊的人，在炎炎夏日下汗流浹背地打球。柯瑞的球賽卻是斯文有美感的。他根本不可能有膽量在那種需要打得鼻青臉腫或髒汙的環境下打球。柯瑞代表著一路平順、不需要穿破球鞋、負擔得起昂貴的籃球夏令營或外地巡迴比賽的人。所以大家自然而然認定他就是因為有錢、有個NBA老爸，才會獲得這麼多資源和關注，而不是因為他的球技。

在穿著打扮上，柯瑞看起來也像是個出生富貴家庭的人。他不會全身珠光寶氣，或是一身名牌服飾，他也沒有七輛車，你也不會看到他花個千把塊在夜總會包廂，因為這些都是暴發戶常見的行為。因為這些暴發戶從零到突然財富滿貫，自然會想花大錢享受一下，特別是在窮困環境中困得太久了，有點錢就自然想極盡奢華寵愛自己。

當然，柯瑞並不是不喜歡享受，他也和大部分有錢人一樣。他有自己專屬的造型師和一棟位於加州的大豪宅，但他並沒有因此而散發出暴發戶的氣息。他的背景和NBA某些出身貧寒的球員是不同的，各種因素組合而成的差異性，讓美國主流和企業界較能接受柯瑞這個人，但這也正是他讓那些怨恨他的人恨得更牙癢癢的原因。

柯瑞長期以來一直試圖破除別人對他的成見，即使現在他位於生涯的高峰，這些攻擊依舊存在。他仍然被視為一個有特權的小孩，闖入那個原本屬於窮人的籃球領域，這些質疑將是他要長久面對的。

為了破除別人的質疑，他和弟弟從夏洛特基督教青年會球場就開始努力，以贏得別人的尊敬。不過，那些出自貧民區的人還是不會尊重他們。

柯瑞的第二大困擾：他不夠黑。

這理由聽起來似乎有點可笑，不過膚色的深淺對於非洲裔美國人來說，是一個滿根深柢固的議題。許多不認同柯瑞的顯要人士、球員和球迷，會用言語攻擊柯瑞，這種言語源自於美國多元文化交錯的背景。

非裔美國人族群裡的膚色問題，錯綜複雜，是長達幾世紀的陳年話題，而且層層交織著。很抱歉筆者在這裡提到了這麼複雜的歷史話題，若用最簡單的解釋，就是：長久以來，膚色較淡的黑人就是難以被膚色較深的黑人所接受，這是代代相傳的觀念。柯瑞是膚色較淡的一組，大家普遍認為膚色較淡的黑人比較迷人，較能被社會主流所接受，也因而獲得多一點特權。

運動電視頻道ESPN的「不敗者」節目，曾探討運動員之間的種族問題，作家戴森就曾這樣描述柯瑞：「大家對柯瑞的質疑總環繞在他的膚色，但是NBA和各媒體又總是在讚美他，言下之意再清楚不過：柯瑞是一個我們永遠不會真心接納的黑人，因為他背後有另一股力量擁抱著他！」

還有另外一種對於膚色較淡者的假設：他們比較弱。這種假設是基於膚色較淡的黑人因享有特權，較不耐操、吃不了苦，有別於那些在困苦中掙扎、在逆境中堅定生存著的深膚色黑人。

柯瑞的膚色又特別淡，淡到讓人很輕易忽視他頭上的黑人小捲髮。

二〇一四年八月，杜蘭特為籃球電玩NBA2K做宣傳受訪時，講了一則故事。那一年他才十歲，跟著業餘運動聯盟隊伍從華盛頓首府一路開到北卡夏洛特比賽，他記得當時進入體育館後，看到一個小孩從近半場中線處投籃，杜蘭特當時認為這小鬼鐵定投不進，沒想到那小孩「唰」的一聲，進了一球，接著又「唰」的一聲，再進第二球。

那個投進好幾顆大號三分球的小孩，正是柯瑞。

「我原本以為是個白人小孩，只是皮膚比較黃一點。」當時的訪談採小組座談會形式，柯瑞與哈登也在場。杜蘭特一說完，大家哄堂大笑。杜蘭特又說：「我是說真的，我生長的地方很少看到膚色這麼淡的人，大家的膚色都長得和我一樣。」

杜蘭特當然只是隨口說說、毫無惡意。但這多少也立即點出柯瑞膚色「不夠黑」的問題，杜蘭特是來自貧民區的小孩，他的話多多少少代表了NBA球員普遍的心聲與看法，同時也質疑柯瑞是否夠強壯。

二〇一六年一月三日，洛杉磯湖人隊在自家迎戰鳳凰城太陽隊時，湖人得分後衛克拉克森在太陽中鋒連恩頭上狠灌了一球。當時克拉克森切入籃下，在籃框前六十公分，來個單手大戰斧式扣法，他閃過太陽這二一三公分中鋒的搧火鍋，往後一拉，再猛力灌籃得分。這一幕精采扣籃在網路上流傳很長一段時間，接近兩百萬瀏覽次數。

克拉克森比柯瑞稍微黑一點，但也是不夠黑。賽後記者訪問克拉克森這幕經典扣籃，他說當時湖人主將布萊恩曾給他上過一課。

「我只記得柯比（布萊恩）說我不夠黑、太弱了，會陷入淡膚色的無底洞，」克拉克森答，「所以我開始要像個黑人那樣打球。當我看到籃下有空檔，我腦海裡只想著那句話。」

從以上的這些事可以看出，如果非洲裔美國人膚色不夠黑，某些人格特質就不易獲得他人的認同，非得憑靠自己的實力證明，才能洗刷掉那些刻板印象。衛斯布魯克的膚色也不夠黑，他正好也陷在這場言論戰爭中，但他以侵略性的打法和情感誇大的舉止，掃除大家對他膚色不夠黑所可能產生的輕蔑。衛斯布魯克經常在場上用誇張的臉部表情和肌肉動作，轉移大家的注意力。

不過，柯瑞實際上還滿符合他給人的那種印象：在場上咬著護牙套的模樣、進球後滑稽的慶祝動作，以及那具有感染力的天真笑容。即使他打球沒那麼軟弱，然而他這些印象卻無法讓人把他和硬漢連結起來。

許多球員因為常受傷，無法上場比賽，而被大家嘲笑、輕視。然而，柯瑞的腳踝受傷差點影響了他的職籃生涯，他依然挺了過來，重回球場再戰，在長人如林的聯盟裡奮戰茁壯，面對挑戰毫不退縮。即便如此，柯瑞仍無法完全甩掉他打球不夠硬的標籤。其實他的防守功力比許多受人尊敬的NBA後衛球員還好，雖然速度不是上乘，但他以意志力和倔強精神來彌補不足。依照數據分析，他的防守成績相當不錯。

對於這些負面的質疑和成見，柯瑞一直都處理得還不錯，他很用心地做好自己，以甩掉別人對他的刻板印象。快艇隊的控衛保羅在緊迫式的防守上滿粗暴的，他防守柯瑞時會採用貼身式防守，整個人像黏在柯瑞身上，迫使他犯規，除非裁判吹犯規，否則他就這麼黏盯著不放。在球賽尾聲時，當時的勇士隊教練傑克森有時實在看不下去，就讓柯瑞去打得分後衛，讓隊友傑克打控球，然後設下幾個隊友的單擋，為柯瑞製造出手的空檔。

柯瑞這段時間開始鍛鍊健身，雕塑身體肌肉曲線，加強核心肌群的力量。為此，他甚至還為美國健身飲品「肌肉牛奶」代言。經過訓練後，他已可以舉起兩倍體重的重量。後來保羅防守柯瑞時，就無法取得體能抗衡的優勢了。

勇士隊的格林算是正港硬漢型球員，他滿喜歡柯瑞的，因為在他看來，柯瑞就是那種NBA球員裡可稱得上「狗子」（很厲害）的球員。格林從新秀球季開始，練球時都專找打得滿凶狠的球員來對挑、對防，還只是菜鳥的他就敢對老鳥叫囂，認為老鳥太軟弱了。如果有人在練習時不喜歡他那種激進凶狠的打法，格林就會更興奮，打得更凶悍。

格林的肌膚夠黑，球路也凶猛，完全符合深色黑人的刻板印象。但他就會告訴每個人：柯瑞的球路也很凶悍。

「他的球路其實比大家想像中來得凶悍，」格林說，「真的，凶悍到超過你的想像！我知道大家看到他都會認為他軟趴趴之類的。不過，我還真希望大家繼續低估他的強悍度，因為這樣柯瑞可以不斷證明他們是錯的。」

名人堂球員「大〇」羅伯森是大家公認的傳奇球星，他曾公開指出，柯瑞之所以會崛起，是因為現代NBA的防守太弱了。他這番言論當然引發各種議論。羅伯森的看法其實和一些老球員一樣，認為柯瑞能主宰NBA就是因為防守不夠凶悍。在他們那個年代，他們一定會死守著柯瑞、給他防守加壓，柯瑞肯定沒辦法應付那樣的防守，包含壓迫防守、手肘對抗、惡性犯規及硬推，這些防守動作才能嚇阻柯瑞，讓他不可能像現在打得那麼自由華麗。言下之意，就是柯瑞可能禁不起這樣的猛撞、他沒種與防守者接觸、內心不夠強悍、無法思考如何挑戰這些粗野的防守者。

然而，柯瑞是NBA中最常被設陷防守、被閃擊、被拽住、被粗暴防守的後衛。的確，目前NBA的規則也和以往不同，今日強調的是自由流動和進攻得分，而以前一九七〇至九〇年代時，暴力式防守是比較受到默許的。

NBA歷史上罰球最多次數的前三十位球員中，有二十位的事業顛峰期正好落在一九九〇年代或更早之前，這也證明了，在「軟弱時代」之前，犯規也是會被裁判吹哨的。老派的籃球打法是比較嚴酷、累垮人的。

奇怪的是，柯瑞在場上打得分後衛的時間滿長的，因為勇士隊希望藉用他的投籃能力取得優勢。他有點像是從奈許控球後衛的打法，轉變為他比較拿手的得分後衛米勒的打法，在進攻時到處利用隊友的單擋竄來竄去，甩脫對方防守者，投籃取分。也正因為球大多數時間不在柯瑞手上，裁判的目光自然也不在他身上，所以他空手跑位時，很多時候被抓、被擠，這些小動作裁判都沒看到。他得自己努力奮戰，這一點和一九九〇年代的米勒是一樣的。

有不少評論認為，柯瑞進攻時花太多時間在空手跑位，變成一名單面向進攻的球員。當然，追著他跑的防守球員也因此被他的進攻跑位給操翻了。柯瑞從不向教練抱怨到底球是否該交到他手上，而那些大個子球員則經常公開抱怨不想打中鋒，相對之下，柯瑞這小個子後衛就是閉上嘴，默默地跑位、做他該做的。很多次他空手跑位時被對方犯規，但他從未公開批評裁判沒吹哨，或許就這一點上，他可能也滿驕傲自己從來沒被聯盟罰款過。

即使那樣的耐打耐撞，柯瑞仍舊無法獲得球員前輩的認同和尊重，也有一部分球迷依舊認為他弱不禁風。

確切說來，柯瑞有時會被其他球員強壓過去，畢竟他只有一百九十公分、八十二公斤。任何有關力道的討論，都是依照他的體型來做定論。但如果只被較高或較大隻的球員強壓過去，就認定是柯瑞被擊倒，那麼任何人只要遇到俠客．歐尼爾，不就都算軟弱了？即使柯瑞這麼勇敢，願意挑戰高大強權，持續奮戰對抗敵軍，和其他球員一樣，卻仍舊不被認同、不被尊重。這跟他的外表、長相有很大的關係。

柯瑞的膚色問題在NBA總冠軍賽期間，還扯出另一件事。當時柯瑞才剛公布他的新柯瑞二代短筒版經典球鞋，但這雙鞋在社群網上被狂電，變成大家的笑柄。只要是老的、白的或是看起來不流行的東西，都會和這雙新版短筒球鞋牽扯在一起，Twitter和Instagram裡流傳著這樣的搞笑圖：一位白人老婆婆跌倒在地上，一直想站卻站不起來，她腳上的鞋子被繪圖軟體修改成這新版的柯瑞球鞋！

「我覺得這整件事是這樣的，大家就是認為這種玩笑很容易開，」球鞋專家兼資深NBA媒體人班特森認為，「因為柯瑞本身和球隊沒什麼值得嘲笑的事，所以有些人只好找其他的點來開玩笑，沒想到這雙鞋子的笑話越演越烈，就我看來這其實是網路霸凌，只不過受害者是雙球鞋罷了。我真的認為很多人感覺很好笑的原因是，一直到那時候，柯瑞都沒什麼可以被人拿來取笑的。」

其實很多運動明星代言的鞋子也有不成功的、被人嫌醜的，例如喬丹品牌，即使身為球鞋國度之王，也曾有不賣座的情況。但是柯瑞代言這雙鞋子所遇到的失敗、遭到大家的取笑和撻伐，感覺就像是對柯瑞的抗議似的。彷彿藉由這雙球鞋來懷疑柯瑞的正當性，好像藉此揭開柯瑞根本就是一名只想占取、盜用貧民文化的外來者。

其實在社群媒體裡拿柯瑞代言球鞋來開玩笑的，只是少部分的球迷。這些社群媒體工具既不具名，又不用負責，成了滋生網路霸凌和不公義評論的溫床。

顯然地，不利於柯瑞且帶有敵意的元素又暴露出來了。就像籃球一樣，籃球鞋是貧民區黑人生活、嘻哈文化的一種象徵，所以對柯瑞球鞋所開的那則玩笑，也是另一種不認同他屬於黑人族群的表現。

柯瑞對於球鞋玩笑的回應，還是冷靜地維持他一貫作風。他回答時仍試圖證明自己屬於黑人族群的一份子，他沒有直接反擊那些批評，當然也沒拿出道德涵養等價值觀來怪罪這群人，更沒有丟出球鞋公司的官方制式回答。

柯瑞這麼做，反而讓那些批評者很清楚地知道，他勇於接受他們的挑戰。在與克里夫蘭總冠軍賽第四戰取得勝利後（勇士隊以三比一領先騎士隊），記者問到有關代言球鞋的風波，柯瑞回敬道，他真希望能多帶一雙這款球鞋來客場比賽，他必定會驕傲地穿著它們上場比賽。他堅信他的鞋子又酷又炫，希望能多秀給大家看看，他甚至說：「這雙鞋火爆極了！」

其實面對這些批評與挖苦，柯瑞內心可能很受傷，回應時可能充滿不安全感和尷尬。但他卻大方地接受揶揄，並堅定自己的立場，他甚至主動分享自己最喜歡的其中一個代言球鞋的笑話。兩天後他回到奧克蘭球場練球，接受媒體訪問時特別穿上這雙新鞋，還用簽字筆在鞋頭上寫了Straight fire，還畫了個紅火球的表情符號。

柯瑞就是這麼直率表達自我，別人拒絕接納他時，他願意挺身而出，再度證明自己。這就像以前他剛入勇士隊時，與艾利斯相處的情況一樣。當然啦，柯瑞如此謙遜的道德精神，又導致了另一項大家不喜歡、不接納這位MVP的原因。

打擊柯瑞的第三大困擾是：他的整體形象太健康、太美好了。

柯瑞被稱為「娃娃臉殺手」是有原因的，他要留個山羊鬍，看起來才比較像大人。他對於自己的基督徒身分和強調家庭價值這兩件事一向很公開。他有兩個 Instagram 社群媒體帳號：Team Curry Family（柯瑞家庭隊）和 Curry Family Media（柯瑞家庭媒體），他時常在社群網上分享家庭照。他在這兩個帳號總共放了超過兩千張照片，而且超過十五萬名粉絲。

私底下，柯瑞不喜歡自己被定位為乖乖牌，他認為那是個圈套。大家越認為他乖，可能就越想看到他被打倒，甚至慶祝他的滅亡。偶爾犯錯是無可避免的，因為柯瑞就和我們一樣，都有缺陷。他也會遇到挫折，也有弱點，意識到這些真實的狀況，反而讓他不像其他NBA球員那樣，陷入深淵而無法自拔。

有一次練完球後，柯瑞被問到：「如果在場上讓對手難堪，你是否會覺得很爽？」發問的人知道柯瑞在場外是個標準模範生，所以想知道他在場上的內心世界。但柯瑞嗅出了這問題已經預設了他乖乖牌的形象，因此他回應道：「你這樣問，好像認為我在場上都不使壞的嗎？」他說：「那太扯了吧，我當然也有不爽、耍壞的時候啊！」

柯瑞的隊友叫他「金童」或類似涵意的綽號，他雖然接受，但其實並不喜歡。只要是抬高、神聖化自己身價的情況，柯瑞會想辦法避開，就像在單擋陣中被防守者追著跑一樣。如果有人問起他的信仰，他會很爽快地回答，但他盡量避免那些冠冕堂皇的褒揚，反而喜歡在鎂光燈焦點外的私人互動。

柯瑞在高中十年級時，霍華德（現任亞特蘭大老鷹隊中鋒）已從高中直接跳級進入NBA選秀了。柯瑞還記得霍華德當時宣示自己的信仰，並且大談他預計如何在NBA內傳福音。當時霍華德有個外號叫「聖歌班男孩」，他甚至還希望NBA的標誌能放個十字架上去。他常在公開場合談論他的信仰、人格，以及他想如何改變他人生活的想法。

霍華德立刻成了大家關注的目標。然而進入職籃後，他並沒有身體力行他的神聖宣言。因此柯瑞一開始就決定不要步上霍華德後塵，他優雅又戰戰兢兢地遊走在宗教與現實生活之間、坦然和厚臉皮之間的細小分隔線上。柯瑞的行動勝於言語，他的生活方式更受大眾矚目，就像是站在講台上宣導政令一般引人注目。

柯瑞沒什麼紙醉金迷的夜總會生活照，就算有，也都有老婆隨行。他也沒有什麼八卦事件讓狗仔隊捉到，跟隨在他身旁的都是親朋好友，包括他的父母。和他很接近的朋友都像家人一樣，即使是公司廠商的代表，和他也像親人一般緊密。

在多倫多參與明星賽時，柯瑞也像其他明星球員一樣開趴，但他的派對和其他球員的不太一樣，大多受邀的NBA球員沒有出席，反而是像家人一樣的好友都來了，其中包括加拿大饒舌歌手德雷克。德雷克和柯瑞在過去幾年交情變得很深厚。柯瑞的派對相當平淡溫和，連柯瑞加拿大中學的籃球教練快十歲的孩子都適合參加。

柯瑞的健康形象受到很多人喜愛。家長的喜歡他，因為他是孩子的好榜樣。公司廠商喜愛他，因為他在七年的職籃生涯中，證明自己是個穩重不出亂子的最佳代言人。媒體也愛他，因為他總是這麼親切，也不會因為現在大紅大紫了而減少接受採訪的時間和次數。

很多時候，柯瑞會不自覺地展現出他反超級巨星的性格，相對於一些大牌NBA球員讓人詬病的誇張行徑，對比還滿強烈的。他不會公然在同儕間唱反調，但有時還是發生了。他也因此付出被人找碴的代價，之前就有一個明顯的例子。

二〇一六年三月，北卡州的立法委員通過了一項新法案，阻止地方議會再新增反歧視法。這項新法的背景是，夏洛特市市議會之前決議，允許雙性人在如廁時可自由選擇適合自己性向的廁所，這件事對全州人民來說至關重要。

不過NBA聯盟非常反對這項新通過的州級法案，認為這等於歧視LGBTQ（女同性戀〔Lesbian〕、男同性戀〔Gay〕、雙性戀〔Bisexual〕、跨性別〔Transgender〕、酷兒〔Queer〕）社群，甚至揚言將原本計畫於二〇一七年在夏洛特舉辦的明星賽，遷至其他城市舉辦。身為夏洛特長大的孩子，大家當然會詢問柯瑞的看法。這問題對他而言很尷尬，畢竟他自己的基督教信仰和這事件是有衝突的。

柯瑞刻意給了一個不是答案的答案。

「我知道NBA強調性別平等的立場，鼓吹包容各種不同的信仰，」柯瑞說，「這事件最後走到NBA槓上（北卡）州法的田地，是滿有意思的。不管你支持還是反對這條法令，我希望最後會出現一個正確的結果，讓明星賽能繼續在夏洛特舉辦，因為這對夏洛特市來說影響滿大的，也是夏洛特市展現實力的好機會。希望這事件有個圓滿的結局，讓比賽續辦，我真的覺得這對夏洛特很重要，相信我們能找到解決方法。」

這一段發言完全符合柯瑞不偏不倚的精神，毫無爭議性，是段精心琢磨過的說法，既不惹惱他的基督教友，也不汙辱同志社群。柯瑞喜歡在這種中間地帶遊走，不讓想攻擊他的人有機可趁。他很擅長在攝影機前長篇大論，但言語中卻不太會刺傷他人。特別是碰上這種爭議性很大的議題時，他選擇打安全牌。

不過，這種雙方都不得罪的方式，常常也會讓雙方都不滿意。同志陣營那幫人開始在柯瑞背後挖坑，結果挖出一則對柯瑞不利的消息：夏洛特那間柯瑞常去的教堂，裡面有個牧師曾針對同志話題發表過誹謗的言論，因此硬要將這件事與當屆的ＭＶＰ柯瑞扯在一起。就這樣，柯瑞又被攻擊了。勇士隊總裁威爾茲算是北美職業運動界中，第一位公開坦承自己同志性向的管理人，連他都出面擔保柯瑞的立場，結果卻被批評為盲從柯瑞。

柯瑞已經澄清自己反對各種歧視的立場，該說的都說了。不過這件事也意味著他的名號變得更響亮。他的名氣地位越高，就得越小心應付這類事件，防備名譽掃地。

在總冠軍賽第二戰的第四節一次暫停時，當時負責直播賽事的美國電視台攝影機拍到柯瑞正從場上回板凳區。在板凳區後方，有一名相當豔麗肉感的女球迷穿著黃色緊身褲，上身穿著露腰擠胸的藍色半截上衣，她以非常挑逗的眼神凝視著柯瑞，一副想要鉤引柯瑞的樣子。這一幕剛好被拍到，在網路瘋傳，那女子還被冠上「side piece」（指NBA球員的情人或相好在場邊觀球）的外號。

這位性感女子追隨勇士隊已經有兩年多了，甚至勇士的季後賽客場她都跟，她眼中就只有柯瑞一個男人。這一幕當然在各八卦網站上流傳，大家都想知道這位可能是柯瑞地下情人的女子到底是誰，經過肉搜後，發現她叫蘿絲，是個小模。頓時間她的 Instagram 追隨人數狂飆，好像大家都希望柯瑞有個小三似的。

這就是柯瑞清新健康形象引起的副作用，尤其他的形象來自宗教信仰。那些不相信柯瑞健康人品的人，就會想盡辦法在雞蛋裡挑骨頭。

「其實這跟他是不是基督徒無關。」勇士隊的長期隨隊牧師何伊這麼說，「而是他試著身體力行，將自己的信念實踐在生活中，但結果卻讓他成為被攻擊的目標。人們不了解其實他承受著很大的壓力，大家等著看他犯錯。他是人，當然會犯錯，當大家等著看你鬧笑話，希望從你所做的事中挑骨頭，真的會帶來巨大的壓力。柯瑞的確感受到壓力，但他仍盡量遵守規矩，對抗那些負面的評價。」

總冠軍賽第六場讓「恨也柯瑞」的情緒達到最高峰。過去兩年來，他擁有無可比擬的正面形象，然而就在此刻，那些等著看柯瑞出糗的誹謗者，終於找到大好機會了。

首先，勇士隊被騎士隊狂電，柯瑞自己也擋不住這股勢力。一開賽騎士隊就取得八比〇的領先，騎士隊主場「速貸球館」（俗稱 The Q）的球迷帶著狂燒怒火，把場子搞得像是地下鬥狗場般的亢奮火熱。比賽進入第六分鐘時，柯瑞犯下第二次犯規，現場球迷頓時起鬨，逼勇士隊教練柯爾把柯瑞換下來，但這決定讓勇士隊付出慘痛代價。

柯瑞被換下時，勇士隊還落後八分。到了第一節結束時，勇士以三十一比十一落後得更多了，兵敗如山倒。打到第三節時，勇士隊竟落後二十四分之多，浪費了之前很多追趕分數的精力。

勇士隊的湯普森在第三節開始手感發熱，第三節內得了十五分，騎士隊開始有點害怕了。進入第四節時，兩隊的差距縮小至九分，勇士隊覺得有希望扳回局面，後來又經過柯瑞與巴柏沙相連兩記的三分球，比數只差到七分。但是後來詹姆斯就開始主宰了比賽，先是一記切入上籃，接著一個快傳給在三分線外等著的J・R・史密斯，再加上連兩記高吊給騎士隊中前鋒泰瑞斯坦・湯普生的籃下得分，騎士隊又將領先分數拉回到十三分。

距離終場剩四分三十二秒時，眼看勇士隊反攻無望，詹姆斯開始挑釁柯瑞。有一球柯瑞從左邊往籃下切，試著甩開詹姆斯後，到籃下由右手來個反手挑籃，這其實是柯瑞最愛的一招，而且通常滿有效的。但這一次柯瑞並沒晃過詹姆斯，結果他上籃時，詹姆斯用左手順勢把球搧出場外。

詹姆斯這時一副神勇的樣子，彷彿一尊二〇三公分的門神；而球被蓋掉的柯瑞，這時看起來真的像個一九一公分的小後衛。這蓋火鍋的感覺就好像一對兄弟在打球，哥哥欺負小個子的弟弟，不讓他出手。蓋掉這一球後，詹姆斯做了一件他平常不太會做的事——轉身回頭朝柯瑞罵了幾句。

此舉讓全國所謂的柯瑞唱衰者莫不為之瘋狂，詹姆斯頓時間成為這群唱衰者的神聖領袖。詹姆斯自己也是NBA中最常被人用放大鏡檢視或批評的人之一，然而此時的他，突然受到滿場的歡迎與鼓舞，因為他替那群想看柯瑞出糗的人，好好地教訓了柯瑞一頓。

他就像在替天行道，彷彿《聖經》裡的腓力斯人要取代大衛那樣。柯瑞居然敢把勇士隊拿來和喬丹的公牛隊、魔術強森的湖人隊、大鳥柏德的塞爾蒂克隊相比？詹姆斯就是那名代替大家在場上不讓柯瑞繼續囂張猖狂的英雄。這一戰不但詹姆斯個人打得轟轟烈烈，他也打破柯瑞迷思，將它擊垮。

其實這樣就夠嗆了。然而，在詹姆斯的「替天一蓋」後，比賽叫了個暫停，接著上場後的十秒，這些唱衰柯瑞者又看到另一個喜上加喜的畫面。當時騎士隊發後場球，詹姆斯拿到球後，柯瑞從他背後把球拍掉，那時後場有滿多球員，大家都衝過去搶這活球，一片混亂。柯瑞則先退防到勇士隊的前場，退後的途中，他和詹姆斯糾結在一起，最後詹姆斯壓倒在柯瑞身上，裁判哨音響起，判柯瑞犯規，他六犯滿，畢業出場，這讓柯瑞情緒失控了。

柯瑞氣得把口裡的護牙套用力甩，這畫面有點像棒球野手要傳球至本壘板阻殺跑者得分一樣。大家都知道柯瑞在球場上生氣時，會怒甩護牙套。他之前在總冠軍賽第二場時也這麼做過，因為那場比賽裡他前幾個三分球都沒進，最後好不容易投中一顆，就把護牙套往計分台甩過去，一吐鳥氣。

但這次出狀況了，他將護牙套直接甩到觀眾席上，砸到場邊球迷的臉上，當時他還正和大夥一起歡呼柯瑞畢業犯滿。這名倒楣的球迷是騎士隊小股東合夥人富比士的公子小富比士。憤怒的柯瑞開始指責裁判不公，結果被下令即刻離場。

柯瑞很少這麼情緒失控的，但這次的爆發讓批評他的人更加得意。柯瑞大發雷霆的行為，像是擁有特權的小孩被慣壞了，一旦遇到挫折就受不了發脾氣。不過這在NBA司空見慣，許多球員遇到類似的情況，偶爾也會對裁判咆哮。但這次是發生在NBA金童柯瑞身上，這就非同小可了。情緒失控確實有損他的身價。

柯瑞原本清新的形象多多少少因此受損，甚至一些基督教友也看不下去，左右搖擺著手指說：「No. No.」比賽結束後，柯瑞的老婆艾莎草率地在推特上貼文，怒罵NBA總部疑似操作球賽。

雖然許多勇士隊球迷同意艾莎的看法，他們也很氣憤柯瑞在賽中好幾次被犯，裁判都沒吹哨，但是艾莎的推特貼文卻讓自己招人厭。艾莎其實是在幫一群球迷發聲，這群人認為NBA高層有意將比賽拉到第七場，最後安排詹姆斯為季後賽寫下英雄般的完結篇。但除了上述這群鐵粉球迷外，對其他人來說，艾莎只是一個抱怨聯盟不公平的特權者，她自己也因這個「不公平」的聯盟而成名。其實這種情況滿尷尬的，她以受害者之姿帶著球迷高喊聯盟操作不公，但該聯盟至少在過去兩年內把她丈夫塑造成了超級球星，甚至成了全球著名人物。

當然，我們可以理解艾莎當時的推文只是一時的情緒抒發，而非理性分析的結論。她只是針對那場比賽的裁判不公，而不是指NBA惡意要搞垮柯瑞與勇士隊。後來她刪除那篇推文，也道歉了。

但傷害已造成，她留下了「柯瑞品牌禁不起批評和考驗」的不良印象：柯瑞的成功只是偶然，並不值得尊重。這看似完美的家庭，又讓否定柯瑞的人得到最好的機會，他們刻意扭曲、操弄，把柯瑞變成一個罪有應得的壞蛋。

說到底，「恨也柯瑞」是個新的、突然的、讓人有點措手不及的情緒罷了，像是對過去三年來柯瑞受到眾人狂愛且紅到爆的一種補償心理。二〇一二年開始，柯瑞突然變成NBA死忠球迷的發燒偶像；到了二〇一三年，他成為超級吸睛的新奇人物，每個人都想看他比賽；二〇一四年他成為超級明星，世人為他的獨一無二喝采，他儼然成為啟發、教育的英雄；二〇一五年，他更是鎂光燈焦點，搖身一變成為NBA的招牌面孔，是不可或缺的主流人物。

這麼多年來，柯瑞一直是最討喜的球員。二〇一六年十月的新球季，柯瑞經歷過幾個月的平心休養後，再度出發。他接受、擁抱杜蘭特的到來，為未來繼續打拚。

如果勇士隊想要持續發展成一支超級球隊，也想要召集到更多超級天分的球員，這聽起來有點像是在油火上潑水，讓目前的狀況更加惡化。勇士隊曾經很弱，卻叫人喜愛，但轉眼間，勇士隊變成NBA裡大家最討厭的隊伍。把杜蘭特拉進勇士隊後，其他隊都變成弱隊了，勇士隊瞬間變成全聯盟公敵，讓仇視柯瑞之火更生生不熄。

在敗給詹姆斯之後，柯瑞殷切歡迎杜蘭特，他才不管杜蘭特是否會挑戰他在隊上的地位。不過這一舉動，反而被那些不認同柯瑞與喬丹地位並列的人，解讀為柯瑞承認自己的不足，認為柯瑞的順從就是軟弱。

很多球員常被人批評自私與貪婪，但柯瑞卻被隊友嘲笑他太謙虛、太以全隊為重了。很多球員太在乎自己的成功、把個人看得比球隊還重，但其實很多偉大的NBA球星是願意犧牲自己部分光環、承受更多的壓力，只為了能得到更多冠軍。柯瑞也是如此，但卻讓「恨也柯瑞」的炙火更盛。其實柯瑞大可以效法其他典型的NBA球員，一人獨打「老大球」，不讓其他球星加入與他爭鋒。

勇士隊邀請杜蘭特入隊，柯瑞以接納代替對抗。他其實也可以反對杜蘭特加入，接納目前弱隊的狀態，讓球隊更加依賴自己，正如衛斯布魯克在杜蘭特離隊後，仍繼續和奧克拉荷馬隊重簽新約那樣，建立自己忠誠又有種接受挑戰的美好形象。

但為了球隊的競爭力，柯瑞寧願讓「恨也柯瑞」之火燒在自己身上。

你看看，之前有詹寧斯，他很顯然超有天分和優勢……還有提格、佛林、勞森……甚至加大洛杉磯分校的哈樂戴，這些球員都具有相當的優勢。然後我們來說說柯瑞，他是個很準的射手，但不算是真正的控球後衛，他看起來只有一八五公分，不太像報稱的一九一公分，總覺得他就是沒那種上乘、偉大球員的架勢……但你看，當初連大西洋海岸聯盟都不要他，他自己奮力往上爬，現今有如此令人讚嘆的表現，當初選秀會選到他的隊伍感覺像中了特大獎，這說明了他有多努力。

——加特力（Doug Gottlieb，大學籃球分析家於二〇〇九年的說法）

第九章　先天不足

勇士隊於二〇一六年總冠軍賽經歷世紀大崩盤、輸給了克里夫蘭騎士隊後，知名的教練兼籃球訓練專家佩恩為柯瑞這名菁英級客戶開設了新式籃球訓練營，專門針對NBA賽場上真實的激烈對抗而設計，這訓練稱作「節數」（quarters）。只要跟柯瑞提到這個訓練，他肯定會受不了翻個白眼。

「有時我認為正常、神智清楚的人應該都禁不起這樣的操法，肯定放棄。」佩恩對這項訓練下了評斷。佩恩就是以卡羅萊納州為基地的「加速籃球」的創辦人。他說：「有些我逼他做的動作與訓練非常艱難，我甚至認為他可能會說：『停一下！這太操了！』」

佩恩認為「節數」訓練可能最終會讓柯瑞大喊吃不消。訓練是如下展開的。

柯瑞要先跑進球場的前半場進攻，他必須依照代表特定動作的燈號或數字牌，執行並完成三項動作。

這些指派的任務不斷變化、隨機出現，讓柯瑞接招。這些動作可能包括以特定方式運球後投一記三分球，接著可能要在單擋中流竄，然後拿到球就射，也可能得跑到籃框另一邊完成另一個動作，譬如在三分線附近來一個後側步後投個三分球。

一連串的動作都要模擬進攻時間，在二十秒內完成，代表一切都以正常比賽的速度進行。進攻的訓練完成後，柯瑞必須全速跑到球場的另一端，再進行三項防守的訓練動作。有時為了增加難度，還要請湯瑪司加入訓練。

湯瑪司是前加州德拉塞爾高中的明星球員，他打過兩年加州惠提爾學院的大學籃球，身材壯得跟牛一樣。他身高不高，但強猛有力，懂得運用力量的優勢和穩固的下盤來打球。他在訓練中扮演NBA野壯體型的球員角色，讓柯瑞練習如何承受、抵擋。

練習防守時，柯瑞要在各種單擋狀況下，追著湯瑪司滿場跑，要擋到湯瑪司讓他停下來，或是防止他進入禁區。湯瑪司可以對柯瑞進行碰撞，讓柯瑞學習如何將橫向的速度轉化為借力使力。經過湯瑪司一連串的碰撞後，結束的情況可能是柯瑞要在三分線附近用力防守湯瑪司投三分球。

上述所有攻防練習算是一次，連續做四次才算是一節，中間完全不能休息。假如過程中他有部分動作不完全，或是一個誤判，在佩恩的嚴密監控下，這整組攻防動作就要重來。因此一節通常要搞個六次左右才能完成。

柯瑞必須成功完成四節，整個訓練才算結束。

當柯瑞運用了身上每一寸肌肉和心理能量，體力快透支時，他就會馬上被轉移到另一個定點訓練站，測試他的抉擇能力。佩恩掌握柯瑞的相關數據，此訓練就是要看到，柯瑞無論疲累或精力充沛時，他所做的抉擇結果都要一樣。

「我一直在等他抱怨求饒，」佩恩說，「我也在等他罵我：『你是不是瘋了？』但他從沒說過，他總是有備而來接受訓練，這真的滿讓人佩服的。看著他通過了這一連串的訓練，真的令人佩服、非常了不起。」

二〇一二年四月時，腳踝剛動過手術的柯瑞正在休養。同樣和柯瑞於二〇〇九年參加選秀會的小前鋒韓德森，是當年選秀會第十二順位選進來的杜克大學球星。當時韓德森告知柯瑞有這種「加速籃球」訓練，他還打電話詢問佩恩，能否讓柯瑞一起接受訓練。

答案當然是肯定的。佩恩之前是北卡州溫蓋特大學的籃球教練，他於二〇〇九年創辦自己的運動員訓練公司，訓練對象多是和北卡州有地緣關係的NBA球員，包括當時夏洛特山貓隊的華克、泰勒斯．湯瑪斯、前大學年度最傑出球員兼北卡大男籃名將傑米森、NBA遊俠凱羅等。佩恩當然把握這可以訓練柯瑞的機會。

那段時間正好是柯瑞職籃生涯最難捱的一段，二〇一一至一二年球季因封館而縮減，他也因連續扭傷腳踝而錯過大半球季，當時外界認為他的職籃生涯可能因傷不保了。韓德森介紹他參加加速籃球訓練營時，他仍在養傷。籃球營在南卡州靠近威汀頓與北卡州交界處，離夏洛特約三十二公里，威汀頓正是他老婆艾莎成長的地方。

佩恩把訓練柯瑞當成提升訓練營知名度的好機會，雖然他的員工並不這麼認為。佩恩私底下批評他的員工，覺得他們不夠關注柯瑞。佩恩本身非常欣賞柯瑞的技巧，熱切期待與這位勇士隊明星後衛合作、展開訓練。

佩恩形容自己是個技術中等、運動天份有限的籃球員，他必須在場上找到有利的機會，才能生存。他事業的目標是強化一名球員的身體獨特性，然後將這性質與籃球基礎和技巧結合。他的新奇科學訓練方法包含了解球員的球路、體質和腦袋，並找到操控這三者的方法，以達到最好的效果。他的哲學是鞏固、加強球員的效能，他認為透過適當的增壯體格及減少不必要的動作，可以改善球員的體能和運動性。

柯瑞正是一名完美的實驗品，不只因為他有技巧，也不是因為他需要增壯或加快，而是因為他願意提升自我。柯瑞和佩恩那種渴望提升自我、永不停歇的個性很契合。那時柯瑞還一跛一跛的，佩恩已發現他那股超越極限、突破自我的欲望相當強烈。這一切都發生在柯瑞連動都不能動的時候。

剛開始的訓練都以定點式運動為主，因為柯瑞的腳踝還在復原中，然而柯瑞在受訓時，會針對一些項目特別賣力，佩恩就知道柯瑞其實有很強的企圖心。加上當時柯瑞還在戴維森學院修課以完成學業，NBA也封館到十二月，所以柯瑞每天都早起和佩恩進行訓練，等到快上課時才匆匆趕去學校。

由於柯瑞的腳踝還不能施力，佩恩也想出一些不跑不跳的方式，幫助他改善球路。

佩恩說：「我們那時非常有創意，整個訓練計畫就這樣漸漸展開，當時他也相當空閒，可以慢慢了解我們訓練的目的。其實這跟以前訓練的方式很不同，我們做了不少改變，也做了一些研究、想出新的點子。」

佩恩後來也了解到，凡是曾和柯瑞一起訓練的人都由衷佩服他，因為他非常敬業。許多偉大球員都有那種與生俱來、超脫世俗的工作狂態度，促使他們不斷突破自我，柯瑞也是這樣，而且更為獨特。

一般人認為柯瑞最大的缺陷就是他的運動條件先天不足，他既不像一般NBA控衛速度夠快，也沒有超優異的彈跳能力，更沒有與生俱來的猛牛蠻力。以現今的籃球觀念來看，這等於毫無先天的運動條件。

這麼說沒錯，但也存在著誤解。雖然這是柯瑞最大的弱點，但事實上也是他最佳的優勢。

柯瑞的確沒有目前一般NBA球員普遍具有的爆發性運動能力，但他是個令人難以置信的運動員，有點像是盲人的聽覺特別靈敏那樣，可以填補他在爆發力等方面的不足。他的優勢不像得過扣籃大賽冠軍、能在空中飛的魔術隊前鋒戈登或速度超快的衛斯布魯克那樣顯而易見，所以沒受過專業運動訓練的人不容易發現他的優點。

正因為柯瑞在身材、體能上缺乏優勢，他的球路必須往技巧面發展，才能在球場存活，而他充滿自我發展的狂烈動機。

一般來說，優秀的運動員之所以在其領域出類拔萃，都是因為他們具備一般人所沒有的超級體能天賦，以及一般人無法理解的狂熱工作態度。柯瑞正是如此，他是個奇特的運動健將，也是個工作狂，他的才能和驅動力讓自己成為了一種超群的半人半仿生運動員。

柯瑞在球場上看起來個頭還是滿小的，蓄著邋遢的山羊鬍好像讓他看起來成熟點，但在一群男人當中，他看起來還只是像個大男孩。但仔細比較柯瑞大學時期或剛進職籃的照片，你就會發現他的確增壯不少，有點像電影「美國隊長」的男主角羅傑斯服用增長劑後變壯的樣子。

讓人驚奇的是，柯瑞的身材線條輪廓分明，像是經過一絲不苟地精雕細琢而成。他不是那種可以撐爆球衣的粗壯肌肉型球員，也沒有可以刻意穿緊身衣顯露肌肉的身材，他的體格不是光憑肉眼就可以看出究竟，那是經過先進的分析研究打造出來的。他憑靠的是科學數據、科技和營養配方，再加上他讓同儕運動員驚嘆的自我驅動力，從他身體上上下下擠出每一丁點的能力。要維持柯瑞這樣的理想身型，真的需要強大的毅力。他不能長得太粗壯，也不能減到太瘦弱，他既不能把自己操得半死，但又必須不斷挑戰極限。

柯瑞在場上的競爭者都是箇中好手，有著驚人的體能組合，包括高大體型、跳躍力和力量，柯瑞僅能結合自身具有的體能與技巧，發揮極限對抗競爭者。

想要了解柯瑞的天賦，必須重新思考何謂優秀的運動能力。一般球探太看重球員的速度和彈跳能力，他們無法理解柯瑞許多無形的特質，就是這些特質讓柯瑞成為一名超現實運動健將。柯瑞的隱型特質是他大翻身的主因，他懂得操控、運用自己的體能特質。這種強調所謂的有效性、科技性和技巧性，其實近年來已逐漸成為新的運動趨勢。

「他是個驚人的運動員！」有可能進入名人堂的明星退休後衛奈許這麼說：「他在各種領域的表現數據超優秀的，但我們有時太迷戀爆發力了。所謂的整體運動能力即是比賽中你所能表現的總和，包含：籃球、對手、空間、時機和執行力，有太多參數了。我們有時都迷失了，沒發現到柯瑞原來這麼傑出。」

每次勇士隊練完球後，你都會發現助理教練尤倫在籃下撿球，他和另一名助理教練佛雷瑟負責柯瑞賽前的例行練球工作。佛雷瑟主要負責設計練球的內容，想辦法讓柯瑞的能力更精進、手感更細膩，而尤倫則負責撿球和餵球等工作。兩人「助攻」柯瑞的三分球次數可能遠超過勇士隊其他人。

尤倫常讚嘆柯瑞的「手感」，他講起此事時，彷彿考古學家挖到恐龍化石般驚嘆。

「他的手指肯定有異於常人的觸感！」尤倫這麼說，「他操控球的能力無與倫比，手指與球皮的微妙觸感和調整，加上出手時的微調，以及面對來防者而改變角度，他就是有辦法立即感覺到、立即調整。」

籃球背後有很多獨具涵義的詞彙，這些看似籠統的敘述其實整合了許多難以描述的無形能力，例如**感覺**。譬如說：「他對這場比賽有很不錯的感覺。」這其實是描述球員的直覺，例如對一場球賽如何融會貫通各種微小細節以通盤理解，或是如對場上狀況判讀反應的流暢度等。

另一個詞彙是**手感**。大多時候我們說起手感，通常是指投射，但手感其實也可以用在傳球上。手感一詞試圖概括、濃縮一種特定的無形能力。要投進一球，背後需要很多機制的運作：面對籃框、兩腳張開與肩同寬、由兩腳灌注力量、投射的手肘要與身體夾緊、手掌和指尖與球的空間要明顯、目視籃框，球投出去時手亦跟隨著做甩出去的動作，最後呈雞爪狀收尾。任何一部籃球技巧影片都可以指導球員如何正確地投籃，照表操課練久了都會進步。但手感是無法傳授的，也無法經由計算產生。要多用力？弧度要多大？球要旋轉多少？出手時角度又是多少？評估這一切後，最後如何出手這一球？

這項獨特的能力被過度簡化後，稱為手感，其實這是一種運動技巧，也可稱為「熟練的手感」（dexterity），就是很技巧性地使用雙手。

講到「手」，又是另一個詞彙。手是用來接球和傳球的工具，還可以控制球的力量與速度。

柯瑞有雙令人驚嘆的「手」，他的「熟練的手感」更是優到爆錶。

他甚至可以在正式比賽時，站在罰球線的地方以上籃的手法把球投進去。這不是靠運氣。這也是為何他能在三分線外、距離籃框遠至九公尺處，輕鬆投籃，就像身高超過二〇〇公分的長人在距離籃框一．五公尺處投籃一樣簡單。另外，他就是有辦法在籃底下，以似乎開後門的方式在一堆球員中接到球，真的，你很少看到傳球給柯瑞時，他會漏接或滑掉。他若識破對方的傳球，就找得到機會將球拍掉或撥掉。也因為這樣，他可以兩手運球自如地上籃，然後用恰到好處的轉速將球打板投進，或用完美的高度擦板進球。

助理教練尤倫每天都可以看到這些畫面，而且總是讚嘆不已。他曾經陪過奈許練球，也陪練過職業女籃鳳凰城水星隊主將桃樂西，她可是美國女籃歷史上最偉大的球員。

「他手指的觸感一定和大多數人不一樣，」尤倫看著自己的手指，邊搓邊這樣說，「就好像他手指的末梢神經比較豐富，能在出手前的十分之一或百分之一秒前做修正，真的太神了。」

若真要說柯瑞有什麼是遺傳自同樣投射犀利的老爸，肯定是熟練的手感，這根本是與生俱來、無法傳授或教導的。這是全美多少長人渴求卻得不到的啊！

只要是球員罰球不進，球迷都會認為是球員沒好好練球，因為大家認為罰球是個只要不斷重複練習即可熟能生巧的技術。沒錯，既然距離是固定的，足夠的練習可以讓肌肉產生記憶，但在實戰球場上，還是得靠技術調整其他因素。在真實的罰球狀況，常因疲累以致雙腳使不上力，手感非常好的球員即可以在出手前迅速調整。假如第一球投得太重而失誤，好的手感可以導引球員下一球投輕一點，讓球兒乖乖進籃。柯瑞就做得到，無論多遠的距離、無論面對怎樣的防守、無論在球場的哪個位置，他都能在出手前調整，疲累時也不受影響。

最好的例子是二〇一五年三月在自家甲骨文球場對上快艇隊時，柯瑞把看家本領全拿了出來，以對付快艇主將、他的冤家保羅。柯瑞在一次進攻時，在三分線弧頂附近遭保羅與搖擺人巴恩斯包夾後，迅速以連兩次的運球掙脫；但才剛掙脫出來，就又遇上快艇中鋒德安德魯．喬丹擋在他前面，柯瑞一個反射動作，馬上來個胯下運球接背後運球，先晃過喬丹，連帶騙過跟在後面的保羅。柯瑞讓人頭暈目眩的運球甩掉對手後，又運球回弧頂附近，趁大家還搞不清楚狀況時，他突然轉身面向籃框，一記三分球跳投入網，這一連串動作又快又亂，唯一讓人印象深刻的，就是他的三分球出手投籃中的。

柯瑞出手當下，教練柯爾在場邊高舉著雙手，一副「你在搞什麼啊？」的樣子，但當球進籃後，他只能搖搖頭慢慢走回自己的座位，他無語了。整個前後動作就只有四秒。

若他早期就展現這項技巧，而且完全操控自如的話，會是怎樣的局面？大多數的後衛都是大學畢業進入NBA後，才要好好學習投籃技巧，但柯瑞進入NBA時，這方面的技巧已是爐火純青，不只是三分球，還有中距離跳投、小拋手、運球後立定跳投等等。假如當時他能吸收更多擋切戰術的技巧，或許他就不只是進入戴維森這種小學校，或許他在NBA選秀時就能獲得更前一點的順位，又或許會有個有耐心的教練願意好好培養他。看樣子柯瑞現在通過這一切的技巧考驗了，但將來大家會怎樣看待、接受這一位有超強技巧的小個子後衛呢？

柯瑞的另外一項超強體能優勢：手眼協調性極佳。

二〇一六年十一月剛開季時，勇士隊有一記球沒被大家注意到，但是讓人看到了柯瑞天賦異稟的傳球能力。那是杜蘭特加入勇士隊後，第一次和他的原隊奧克拉荷馬市雷霆隊對戰。勇士隊上下都知道杜蘭特想要打好這場比賽，給雷霆隊下馬威，所以隊友一直在外線附近餵他球。有一次攻擊時，杜蘭特在三分線外跳投沒進，但球又被撥回到勇士隊手中，這次球傳給杜蘭特後，他在三分線上成功投進。回到防守時，勇士隊又迫使雷霆隊造成一次失誤，柯瑞拿到那記自由球回攻，進入勇士隊的前半場，他用左手運了兩球後，將球經過背後傳到他的右側，瞬間球就傳到杜蘭特手中，杜蘭特又來了記三分球，應聲中的。

甲骨文球場幾萬名觀眾看著杜蘭特連續不斷三分球進籃，全場尖呼不已，但大家卻忽略了柯瑞這記精采傳球的畫面。這傳球最難的是，柯瑞以非慣用的左手傳球，此外，他能在一進前場的短時間內，馬上辨明所有隊友和對方的攻防位置與比賽速度，確認安全無虞才將球傳給正要跑進投射位置的杜蘭特。只有極佳的眼手協調性，才能分析現場的動線和周圍狀況，然後傳球判斷。更何況這次還是採背後傳球方式，難度又更高一層，但傳球的高度、彈跳力道都恰到好處，杜蘭特等於一拿到球就可以起手投射了。

柯瑞的手眼協調性佳，所以高爾夫球也打得不錯。他當時如果不打籃球而專攻高爾夫球，大概也是職業級的水準。

柯瑞眼觀四面、耳聽八方、果斷立決的能力相當卓越，即使和最高水準的運動員相比，也毫不遜色。在二〇一五至一六年球季時，他在至少八．五公尺以外的距離投進了五十個三分球，等於是在三分線以外好幾大步的距離。這數據排名第二的是拓荒者的里拉德，他投了十六記。柯瑞在這距離投射的命中率有百分之四十八．一，這比鳳凰城太陽隊二一六公分的大中鋒連恩在距離籃框三公尺或以內的投籃命中率還高！

這種大號三分球其實不只是愛秀而已，而是帶給對方防守更大的壓力，得擴散防守圈範圍。柯瑞能在越遠的地方輕鬆投籃，對方就必須在越遠的地方開始設防，對方的防守圈放大，也等於增大己方的進攻空間。

美式足球明星接球員萊斯以速度訓練稱著，他經常全速跑上斜坡。湖人籃球金童布萊恩則是以在球館裡長時間練習稱著。高爾夫球名將老虎伍茲勤於鍛鍊，將自己形塑為歷史上最厲害的高爾夫球員。

柯瑞就是有那種鍛鍊的驅策力，他的風格就是安安靜靜、不搞噱頭、自立自強。但最獨特的地方是，柯瑞的鍛鍊是有目標的。他不會狂操自己，而是為了保持最佳狀態、避免疲勞，他也會加強自己的重量訓練和耐力訓練。佩恩教練曾經有幾次操練他到嘔吐的地步，然而柯瑞知道自己追求的目標：累積體能元素，以及加強技巧，以幫助自己掌握打球的風格。

豪森是勇士隊的設備管理經理，兼做一些雜務和全隊出征時的庶務工作，他在勇士隊看過很多球員勤奮練球的樣子。他剛進勇士隊時只是個球僮，後來慢慢一步步升遷，成為球隊不可或缺的重要角色。他曾經在凌晨時間為了配合勇士隊當時的台柱穆林練球而當撿球員。他在勇士隊也曾看過理察森和巴恩斯等球員練球，這些人都勤練到把球場當家的地步。

即使經歷豐富，豪森有時還是會在勇士隊的練球場上方看台眺望柯瑞練球。讓豪森驚嘆的，不是柯瑞練球的時間很長或大量累人的練習課程，而是練球的技巧難度。柯瑞會把高難度的技巧練到成為自然反應為止，他將目標設定得很高，把這些枯燥的動作練到成為場上的精采動作。

柯瑞的賽前暖身之所以精采，正是因為他在背後經過大量的訓練。他通常不練投三分球，而是在三分線外幾個花式運球後來個大號三分。他也不練一般的罰球，而是在罰球線附近練左手小拋手。

一旦這些看起來很瘋狂的練習成為自然反應後，他就會有手感發燙的感覺了。在場上，他會裝出一副很疲憊的樣子，其實這麼做是為了避免身體繼續耗損精力，這樣他才能在勞累的情況下，較輕鬆投射三分球。當他將一連串的動作練成習慣後，例如後側步跳投、胯下運球後側步三分球投籃，他會繼續狂練側步跳投和背後運球後三分線跳投。

「從來沒有任何球員比穆林花更多時間在球場裡練球，」豪森這麼描述大家公認的練球狂穆林，「穆林需要不斷練球才能達到最佳狀態。我不認為柯瑞需要像穆林那樣練，但這不代表柯瑞沒有勤於練習，只不過他的練球方式實在令人太難以置信了，特別是練習的內容和難度，他必須把正確的動作連續做到五次才罷休，不管要花多少時間，太瘋狂了。尤其這些還只是真正練習投射前的準備動作而已。」

二〇一六年夏天，藍尼·史密斯坐在NBA發展聯盟的休士頓傳奇球場裡看著青少年球員暖身。原來這是由前NBA球員和教練盧卡斯舉辦的業餘聯盟錦標賽，通常比賽裡都會出現一些未來之星。

球場裡的孩子都聽過史密斯這個人，這不是因為他曾經打過兩年NBA發展聯盟，或是曾打過火箭隊的新秀夏季聯盟，或是沙加緬度國王隊的熱身賽，而是因為他和柯瑞是朋友。史密斯是Active Faith運動服飾品牌的老闆，這品牌和基督教有關聯。他是透過NBA球員托利佛的介紹而認識柯瑞，托利佛和史密斯之前在國王隊的訓練營是隊友。柯瑞滿喜歡 Active Faith 的產品，後來也成為股東，進而和史密斯成為朋友。

史密斯很驚訝看到滿場高中青少年都在模仿柯瑞，他按捺不住，想和他們聊聊。他想知道這些球員是否有按規矩練投、是否不斷反覆練習、精進各種動作，並且多花時間加強這些動作。

他認為自己有義務讓孩子知道，柯瑞不是隨隨便便就能投得那麼準，那是苦練而來的成果。他想告訴他們，他們的偶像柯瑞曾經也是這樣一步步勤練出來的。

「我把幾位年輕人叫到旁邊來問，」史密斯說，「問他們那些練習動作他們都做幾次？並且向他們解釋，柯瑞之所以這麼厲害，成為頂尖中的頂尖，是因為他不斷反覆地練習，你們現在看到他那些高難度動作，都是他苦練而來的。」

史密斯如同其他球員，都被柯瑞超強的切入禁區攻勢打敗過。史密斯從小到大一直是打控球後衛的位置，後來受了重傷，才被迫放棄籃球夢。他一直很自豪自己在球場上控球相當精準，但看到柯瑞做到的一切高難度動作，他也只能自嘆不如。

這正是柯瑞參加佩恩的加速籃球營訓練課程部分原因：透過不斷地訓練，讓不可思議的瘋狂動作變成常態。這項課程的目的就是要讓柯瑞的技巧發揮到極致，讓他在各種不同的逆境下都能執行這些動作，那麼他正式上場時，一切就會易如反掌。這種訓練方式就好像逼你在假日又剛好頭痛時，努力把功課做完。

佩恩把這種訓練方法稱為「負荷超載」，他把柯瑞的知覺感官都磨練到極限，使他在最艱困的情況下調整自己。有些訓練課程誇張到荒謬的程度，「節數」就是其中之一。

有些練習項目，他必須以一隻手做動作，另一隻手同時運球。這些單手動作訓練包括上籃、近距離投射、甩動粗大的纜繩、接住網球。

佩恩有時候還會結合科技以增加訓練的強度，譬如柯瑞可能要戴上感光科技護目鏡，留意訓練場邊會變換不同燈泡顏色的機器，不同顏色代表不同的運球動作，他要一手依照燈號指示運球，一手將網球拋往牆壁彈回後接住，佩恩的陪練小組人員則在旁舉牌，準備要柯瑞執行下一項和網球相關的動作。

這種練習讓柯瑞在場上運球且面對防守者時，可以一心三用，一邊運球，一邊對抗防守者，一邊從場邊教練那裡收取訊息和指令，然後作出正確的戰術決定。即使他體力透支時，也可以如常運作。

佩恩將此稱為「神經肌肉的有效性」（neuromuscular efficiency），他把柯瑞身心承受的限度推到臨界點，逼他在極度疲累時也能正常運作，勤練久了，柯瑞對這樣的訓練也就可以應付自如了。

「我必須這麼說，我超愛每一天陪著柯瑞練球的感覺！」佩恩這麼說，「這種感覺結合了愉悅與挑戰。我愉悅，因為他願意接受訓練，不對我大吼也不鬼叫，我們一到練習場，就很順利地展開一切課程。我也覺得是個挑戰，因為我給他的每一項目，練習十分鐘他就能夠掌握了，就算我給他一個全新的項目，他前三次可能還像剛出生的小鹿斑比那樣走不穩、無法掌握，但到第四或五次，他就已經完全熟練操控了，熟練到好像他一輩子都在練習這個動作。一旦他融會貫通後，就永遠不會忘掉這些動作。」

在二〇一六年NBA季後賽開始之前，佩恩給了柯瑞一個功課：要柯瑞自己想想，在休季期間他想要自主訓練什麼項目？佩恩希望在季後賽開打前拿到這份清單以安排訓練，希望能幫助柯瑞打出好成績。

那時柯瑞即將結束他生涯最美好的一季，也是NBA職籃歷史上最有成果（單季單支球隊七十三勝的新紀錄）的一季，他很可能再次得到年度MVP，另外也將嘗試贏得勇士隊連續第二年的總冠軍杯。柯瑞和佩恩見面時，雙方都帶來了自己擬定的休季訓練清單，而柯瑞的清單竟然比佩恩的還長。佩恩也認為柯瑞自己列的清單內容比較完整。佩恩向來自豪自己是個心直口快的人，他總是很直接、誠實地告訴柯瑞他的想法。

這份訓練清單包含：改善他的步法，被長手長腳的長人包圍時該怎麼辦，遇到針對他的防守時如何擠出空間得分。兩人討論後設立的目標和內容算是他們這些年來合作過最大規模的一次。

從柯瑞對自己的要求可以看到他敬業的態度。即使他每天的時間安排仍如往常般緊湊，他依然為自己的職籃生涯安排最全面的大規模訓練課程。對柯瑞來說，問題不在於累不累，而是在於能否有紀律地完成。他練球的時間通常都是排在一大早和深夜，因為他必須親自送女兒上學、哄她睡覺。他極之努力擠出時間把籃球功力練到「黑帶」水準，同時又不忘自己對於勇士隊的責任、義務，他盡量面面俱到。

此外，他也全力支持老婆如日中天的名人名廚職業生涯，但他也不斷透過聯繫，確保沒耽擱到自己的職籃工作事務。

「柯瑞每天的行程瘋狂爆滿，」豪森說道，「但他總是可以在行程中擠入籃球元素。還有，你們大概還不知道他有多熱衷高爾夫球，他有本事兼顧各方面的平衡，又超級勤勞，可以說是世界數一數二的強人。」

講到平衡，這也是柯瑞的另一項專長，他另一項顯著的運動優勢：敏捷性。

在進行腳踝傷後復健時，為了防止類似傷害再度發生，柯瑞在身體各方面都做了加強訓練，包括常被忽視的部分：臀部，這也連帶增強了他的平衡感，也就是靈活度。

萊爾斯曾擔任勇士隊技能部門主管三年，是他教導柯瑞如何使用臀部肌肉做為在球場移動或滑動時的基礎。由於柯瑞在速度上並非天生的一等一，為了彌補速度上的不足，必須常變換方向和突然加速，也因此之前好幾次給腳踝帶來很大的壓力，但經過萊爾斯的訓練後，他可以運用臀部力量承受腳踝所受到的壓力。

在訓練過程中，萊爾斯很讚揚柯瑞的吸收能力。他帶著柯瑞一起做瑜伽，並強化他的核心肌群。柯瑞學會以臀部作為樞紐，當作穩固的下盤，所以能硬舉一百八十公斤的重量。由於經常做這樣的訓練，柯瑞已經成為這方面的專家了，現在萊爾斯給他的任何訓練都難不倒他。

現在柯瑞在球場上能在單擋群裡迅速穿梭，在擁擠的陣勢裡鑽來衝去，然後從一個很不常見的古怪角度投球，或者在不破壞腳步節奏的情況下小幅度移動，這全靠他驚人的敏捷靈活度。「普通人根本做不到柯瑞那種動作，」勇士隊助理總經理萊克布說，「一般人若敢嘗試，可能會重心不穩而跌倒或甚至受傷，可見柯瑞的平衡感、協調性和核心肌力都不亞於任何人。」

柯瑞是自己身體的專家，他可以告訴你他有多重，誤差小至一公斤內，他喜歡維持在八十七公斤左右，因為他知道這是自己最能發揮平衡感和速度的體型。他不會整天泡在健身房裡，精明的他會有效率地在兩小時內完成他該做的訓練，重質不重量。

柯瑞並不是要像美式足球員那樣以四十碼衝刺的速度來縮短時間，而是將步法練好，不用跑那麼多步就可到達理想的位置。柯瑞增加身體力量的目的，並不是為了要在低位強壓對方的後衛，而是為了運球時的第一步能夠充滿爆發力。

柯瑞所接受的訓練，就是要把自己塑造成機器一樣。佩恩對柯瑞的訓練即是要把他與生俱來的能力推向極限，目的不是要其他人讚嘆柯瑞的運動能力，而是要他在球場上盡情發揮的技巧光芒燦爛。

柯瑞就像是《聖經》裡要殺掉葛利亞的大衛，他先把箭磨利，然後化身為巫師，用彈弓把箭發射出去。

他的好友藍尼．史密斯認為柯瑞的敬業態度和信仰有關，他這麼拚是因為有強烈的信仰作為支柱。他點出柯瑞在《聖經》裡最喜歡的一段：〈腓立比書〉第四章第十三節：「我靠着那加給我力量的，凡事都能作。」這一段後來也節錄成「我無所不能」（I can do all things...），作為他代言的運動品牌UA的一句宣傳用語。

柯瑞之所以喜歡《聖經》上的那段話，一般的說法是，因為上帝允許讓他成功，他又有強烈的信仰，所以能達到最高的境界。史密斯不認為這種說法是正確的。

史密斯相信柯瑞喜歡這句話並獲得啟示，其實是因為透過信仰，他可以克服所有迎面而來的困難。

這「所有的事」不但包括成功，也包括失敗，還包括差點斷送職籃生涯的腳踝傷，更包括他即使已名聞全球，仍始終維持著的謙虛。當然，最後還包括了：他雖然身在一個不夠強大的隊伍，但仍然勤奮做到最好；即使現在勇士隊已晉升為菁英強隊，他依舊勤奮不懈。

這解釋了為何柯瑞即使得過兩次MVP，或是一開始時大家認為他是個靠老爸名氣而被高估的球員，他自始至今都一樣努力鍛鍊自己。這也解釋了為何他願意強迫自己不斷達到極限，而且不管佩恩教練給他任何訓練課目，他都毫無抱怨地接受，因為他相信自己吃得了這苦。

柯瑞對於否定他的人、批評他的話語，以及自己所受過的傷，答案都很一致：勤練球！他的天分和決心讓他把自己塑造成MVP。

「他不是那種天生就注定要成就大事的人，」後來和柯瑞成為好友的拳擊冠軍沃德是奧克蘭本地人，他說，「柯瑞其實一直受到忽視、不受注意，滿讓人洩氣的，而且聽久了還真的會相信真的就是如此。面對這些負面評語，他決定要變身成一頭猛獸。他進入健身房操練自己，到球場上不斷練習，把自己訓練成他有自信成為的厲害角色，最後你會看到他付出的血汗開花結果……

在柯瑞身上，我看到敬業態度，我看到堅定的信念。」

他連眼力測試都沒通過，個子又小，和以前比起來，至少他現在跳得比較高了。他以前不是跑最快的，籃球背心穿在他身上，小個子的他好像被衣服整個包覆吞食了一樣。

——布朗（Shonn Brown，柯瑞高中時的教練）

柯瑞看著騎士隊詹姆斯興奮地撲倒在甲骨文球場的地板上，他的騎士隊隊友全部撲向他身上疊成「人堆」，而柯瑞勇士隊的隊友則默默走向球員休息室，在屬於他們私人的地方撫慰破碎的心。但柯瑞還挺得住，他留在球場上，繼續看著騎士隊的慶祝過程。他無法挽救勇士隊的命運，只能把這種難堪硬吞下肚。

這是他人生中最重要的一場比賽：NBA總冠軍賽第七場，一場與史上其中一位最偉大球員的世紀對決。同樣的一座球場裡，他曾經創造多少魔法、主宰多少場賽事，但現在的柯瑞，像是一顆洩了氣的皮球。因為在這系列的冠軍戰中，他的表現是職籃生涯以來最差的其中一次，更是他拿下年度MVP後最爛的表現。

這次的冠軍賽裡，他大部分的表現都不太行，或可說整個季後賽他都打得不好。他只有幾次的表現還可以，至少還像是個曾經叱吒風雲的超級球星。但就勇士隊為了奪冠而奮戰的過程來看，柯瑞的表現讓人有點懷疑，他應該有機會力挽狂瀾的，憑他最擅長的終結者魔法，可以一掃季後賽的各種不順遂。若能再多一點「柯瑞魔粉」，季後賽應該會充滿亢奮之情、勝券在握，而不是如此摧心裂肝的慘況。

勇士隊在冠軍賽的第七場比賽尾聲時，突然像是當機一樣，該場比賽勇士隊在第三節時，最多曾領先八分，落後最多也只有七分。距終場只剩五分三十七秒時，他們還領先四分，就差這麼一點，他們就能連續第二年奪冠。在同一座甲骨文球場裡，多少次上演著一樣的戲碼，來犯的對手雖然在戰情白熱化時緊咬不放，但最終還是由勇士隊再次宣告他們征服全世界的勝利。這次比賽原先也有這種感覺。

但勇士隊教練柯爾在這緊要關頭，居然換上代打中鋒艾斯利，想為比賽注入新活力，而正牌中鋒柏格特因膝傷，在第六和第七場比賽都沒能上場，然而在這場這麼重要的比賽中，艾斯利看起來似乎還沒作好準備。說真的，他在二月膝傷癒合歸隊後，身手也不如過往。這次換他上場，對當時得分手感不佳的騎士隊來說，反而成了一個好機會。

詹姆斯立即刻意往艾斯利進攻。艾斯利在這第七場比賽裡緊張不安的表現讓勇士球迷膽戰心驚，那場比賽他只打了八分鐘，大多的時間柯爾都把他放在板凳上，畢竟對他沒什麼信心。在比賽已進入攤牌時刻，柯爾希望禁區有個火鍋手能守護籃下，所以只能調他上場，然而這正中詹姆斯下懷。

騎士隊這時開始採用擋拆打法，幾次的錯換防守，把這位勇士隊替補中鋒調出禁區來守名人堂級的詹姆斯。艾斯利才剛被換上場不到一分鐘，就在對方這種戰術下，被錯換到三分線附近去防守詹姆斯了。詹姆斯不見勇士隊隊員進行包夾，只有艾斯利一對一守著他，機不可失，先來個佯投三分球，騙艾斯利起跳後，趁他落下時，詹姆斯才真的起身投顆三分球，還故意貼到艾斯利身上，非要到這個犯規不可。這一犯詹姆斯可以賺三個罰球機會，勇士隊虧大了，詹姆斯三分罰球全中。

接著最差版本的柯瑞現身了，偏偏就出現在這最不適當的時刻。

就在勇士隊最需要得分、讓比賽不致失控時，柯瑞在三分線外右側的地方運球，騎士隊的厄文跟在他後面，另一邊則是浪花兄弟的湯普森運用艾斯利單擋騎士隊J．R．史密斯，跑出了一個空檔。其實這時厄文還是緊貼著柯瑞，按理說柯瑞應該停止運球，將球導向有空檔的湯普森。湯普森這次好不容易東鑽西竄地跑到了三分線弧頂位置，柯瑞來個背後傳球，想傳給行進間的湯普森，結果傳得太偏，變成一記失誤。

球就這樣傳到場外去了。網路上流傳一段搞怪版的影片，把冠軍獎盃貼蓋在籃球上，看起來好像是柯瑞把冠軍獎盃就這樣拋出場外去了。

騎士隊的下一波進攻，詹姆斯又找上艾斯利，但這時格林即時衝出，由他換防詹姆斯，不過詹姆斯就是要艾斯利對防他，所以一見到格林，他馬上運球出來，再次用擋切戰術，要隊友幫他擋一下。艾斯利上次吃了虧但又沒得選擇，猶豫是否上前防他時停頓了一下，詹姆斯見這一個停頓機不可失，在三分線外又投進一球，讓勇士隊再度落後。

剩四分三十九秒時，靠著勇士隊湯普森的一記上籃，將比數拉成雙方八十九分平手，這時球隊關鍵、分分重要，兩隊進行肉搏戰，防守更緊、壓力更大。詹姆斯在一記跳投沒進後，換勇士隊進攻，不過柯瑞的一記三分跳投也沒進。接著雙方的一波你來我往，詹姆斯和湯普森都後仰跳投各進一球。之後，詹姆斯接到隊友傳球上籃時，被伊古達拉從後面將球掃掉。

當時只剩三分鐘。

伊古達拉後來又試著投一記三分球未中，而騎士隊的大前鋒勒夫投一記鉤射也沒進，格林在接下來進攻時則投進一球三分，而騎士隊厄文也報以一記行進間跳投。隨著這樣你來我往，甲骨文球場氣氛凝重，在NBA歷史上最石破天驚的一場比賽即將誕生了。對柯瑞來說，這是拯救全隊最好的時機，可以一掃他之前季後賽不痛快的回憶，包括他之前的受傷慘況、該打屁股的失誤、三分球連續不中、比賽中種種的失手等。這是證明一切的最佳機會。

比賽剩一分五十五秒。

沒錯，詹姆斯此刻正利用這最佳機會創造他身為超級球星該有的結局，他之前幾場打得也不是很穩，所以這場比賽他也想要一掃之前的陰霾。在厄文的一次失投未進後，勇士隊伊古達拉抓到籃板後快攻，由他和柯瑞打兩人小組，兩人互傳後，最後由伊古達拉上籃準備得分，但詹姆斯就在最後一刻趕上。伊古達拉球一出手要擦板時，詹姆斯這關鍵一蓋成為NBA歷史上的精采畫面，雙方仍然保持平手。

接下來回攻時，詹姆斯自己也沒投進，換回勇士隊進攻，柯瑞操球，就像他之前的每一場冠軍賽事一樣，他要投三分！在隊友一個上前單擋後，他出手了，但球根本差太遠了，打到籃板直接反彈，框都沒碰到。這時柯瑞的態勢明顯後繼無力了，他根本變不出花樣來，號稱是球賽最佳終結者、勇士隊最可靠的巨星、常扮演《聖經》大衛殺葛利亞巨人的這名球員，在這最重要的一刻已經油盡燈枯了。

比賽在經歷了三分四十六秒、兩隊都沒有得分的情況下，厄文挺身而出，他的一記後側步三分球跳投，在柯瑞手臂幾乎貼上他投球的手肘的情況下，球還是進了，騎士隊取得了九十二比八十九的領先，當時比賽只剩五十三秒。這大概是整個系列賽以來第一次，除騎士球迷之外的人，認為金州勇士大概與冠軍無緣了。

其實柯瑞當時還有一次機會可以挽救局勢，這真的是最後一次可以力挽狂瀾的機會。他在進攻時，因為錯位防守，換到騎士隊白人大前鋒勒夫守在他前面，勒夫算是最容易對付的球員，或許他還是可能是騎士隊中防守力最差的一個，橫向移動速度不快，直覺感也差。柯瑞向來喜歡對付這種防守者。

柯瑞換手運了幾球後，好像甩不開他，也找不到適合的出手空間，他把球傳給格林，格林又把球傳回給柯瑞，讓他再試一次。柯瑞又運了幾次，但勒夫還是黏著他，最後柯瑞在時間有點趕的情況下，投了一球不是很扎實、重心都沒站穩的三分球，球兒在籃框上刷了一圈彈出，冠軍盃就和這球一樣，彈了出來，沒了。

這一幕全然展現出「不是柯瑞」的柯瑞。真正的柯瑞平均每場可得三十分、投籃命中率可達五成以上，但在這場比賽中，他就是投不進。同樣地，真正的柯瑞可以把對方的防守者耍得昏頭轉向，但在這場比賽裡，他連勒夫都搞不定。勒夫通常在比賽的最後緊要關頭都不會上場，因為他的防守差到不行。

很多媒體探問柯瑞，他的失常和膝傷是否有關，但他不願透露任何有關膝傷的細節。不過他在比賽時確實花了不少力氣保護膝蓋，讓膝蓋至少可以應付比賽，休息、冰敷、刺激……只要能讓膝蓋感覺好一點的都用上了，但一場激烈的季後賽又讓膝蓋繼續惡化。每經歷一場比賽，臨時的冰敷保養效果越來越差，畢竟使用多、休息少。比賽的耗損太快，柯瑞只能且戰且走。

NBA冠軍賽第七戰是柯瑞第十六次經歷這樣的惡性循環，同時保養又壓迫他扭傷的韌帶。從柯瑞決定退出二〇一六年奧運美國男籃隊，就可以推測，他的膝蓋傷比自己陳述的情況還嚴重。參加奧運對柯瑞來說很重要，是他的願望清單中最前面的其中一項。他一直希望能加入二〇一六年奧運美國男籃隊，並且加強自己實力，成為像二〇一四年世界盃男籃冠軍隊上的要角。只要能加入美國隊前往巴西里約，再拿一次世界冠軍可說易如反掌。

所以決定退出美國隊時，他真是心如刀割，因為他是第一位公開表示不去巴西的球員，很多人誤以為他是害怕茲卡病毒而不參加，但其實他之前為了參加一個對抗瘧疾的活動，還親自前往非洲坦尚尼亞送蚊帳，他並不怕茲卡病毒。

事實上，是他的膝蓋傷阻礙了他參加奧運。NBA五月和六月的季後賽中，他扭傷的韌帶無法得到休息和復原，這樣七、八月如何打奧運呢？柯瑞不想承認是他膝蓋的問題！到了總冠軍決賽結束那一刻，大家就很清楚柯瑞的失常和他的膝蓋有關。在第七場比賽最後一節的關鍵時刻，他三分球命中率是投六中一，外加一個要命的失誤。

不過也不光是他膝蓋的問題，柯瑞本身表現得就是不理想。照理說，像他這樣的球員，即使帶傷上陣，表現也應該不只如此。通常偉大的球星總是可以違反邏輯，無論如何都可以在場上呈現最好的一面。但是柯瑞的傷讓他變得和普通球員差不多，似乎讓「最弱版柯瑞」浮現檯面了。

那場比賽他投籃命中率只有百分之四十三．八，比起平常季賽的百分之五十．四差太遠了。季後賽他的平均助攻是五．二個、失誤四．二次，這比例是他所有季後賽中最差的數字，在平常季賽時，他的效率遠遠超過這次的季後賽。而且在季後賽時，他真正打得好的比賽沒幾場，這是他最大的痛處。

「我在這裡坦然接受失敗，因為我知道自己沒打好，」柯瑞在整個賽事結束後隔天說，「這是我自己要面對的，這是給自己的一個期許和自我評估。我不需要任何人告訴我這些，我不需要球評分析那些數據，說我這裡不對、那裡沒處理好。我的隊伍失敗了，我就是沒打好，但這也不代表結束，這只不過是一本書的低潮章節罷了！假如我有機會重返同樣的情境，我知道我會做更好的準備來面對。」

這次的季後賽，柯瑞打了十八場比賽，其中他參與的八場，敵方強力灌分而領先；但在七十九場平常季賽時，這種被追上來的情況卻只有六次。

柯瑞在整個季後賽一直受到傷勢所擾，但他沒有因此打得更聰明點，也沒有隱藏身體上的弱點，以頭腦來打球。相反地，他似乎更失去焦點，不但沒有沉著應戰，或靠經驗和籃球智商來打得更有效、更巧妙，卻試圖用自身的能力扭轉比賽、期盼奇蹟產生。

這種方法曾經成功過幾次，奏效時，則成就一段段讓人嘆為觀止的精采畫面。總冠軍賽第四場賽事就是這樣的時刻，柯瑞的整體表現不算讓人超級驚艷，但他依然是這場在克里夫蘭進行的賽事中，表現最好的球員。整場比賽中，柯瑞很好地控制了比賽的節奏，不管對方是包夾還是設陷防守，都無法有效防住他。騎士隊的厄文打得還算勉強可以，但詹姆斯就打得不理想。柯瑞整場比賽得了三十八分，其中二十四分是下半場得的，他投十三記三分球中七球，其中第三節投進三球，讓勇士隊搞定這場比賽，並穩住整個系列賽。柯瑞重新宣示主導權，詹姆斯狼狽戰敗，那時勇士隊在冠軍戰居三勝一負，準備馬上班師回金州，連續第二年拿下唾手可得的NBA冠軍。

然而，勇士隊的狀況突然急轉直下。在第四場比賽第四節時，格林和詹姆斯兩人發生了狀況。當時詹姆斯認為這場比賽大概沒救了，開始有點不耐煩地挑釁。有一球格林單擋詹姆斯時，詹姆斯強行通過，把格林撞倒在地，當時詹姆斯還有點故意地從格林身上跨了過去。這在籃球界是個不成文的大忌，最有名的就是二〇〇一年NBA總冠軍賽，當時的七六人隊艾佛森就這麼從防守他的湖人隊後衛泰隆．魯頭上跨過去，對！正是騎士隊目前的總教練泰隆．魯。

接下來發生的好戲，端看你相信誰的說詞了。勇士隊球迷相信格林的說詞：詹姆斯從他頭上跨過，他當然要把他推開，但不小心「推」到詹姆斯的胯下。不過大多數人相信格林這一推是故意玩髒的。由於這是格林在季後賽的十一場比賽中第三次發生類似事件了，一般人認為格林的問題比較大。

所以聯盟最後的判決傾向後者，也就是一般人所相信的說詞，判定格林是惡性犯規，而且加上這一次，已超過了在季後賽所能容許的次數，於是判他禁賽一場，造成格林在冠軍賽第五場不能上場，這時再加上中鋒柏格特膝傷嚴重，接下來的比賽都報銷，勇士隊等於一場比賽缺兩名先發。

勇士隊真的就只需要柯瑞再一場精采的表現，問題是這次的季後賽狀況連連，包括他的傷勢等等，讓柯瑞自己也有點吃不消了，他的三分球命中率開始下降，失誤次數狂飆。大家都期待他能有英雄式的表現，但這樣多多少少也帶給他一些壓力，讓他更難達成使命。

總冠軍賽最後四場比賽，柯瑞出手五十五次的三分球，是整季中連四場比賽出手三分球總次數的第三名。上一次連四場比賽裡，他出手四十九次，命中率高達百分之五十六．九，但這次卻只有百分之四十。

勇士隊今年的季賽整體表現像是夢境般優秀，但最後的結束卻讓人失望。柯瑞也無能為力，而且季賽中最大批的觀眾就是勇士隊球迷，但他們最後卻沒看到季賽中那個無敵版的柯瑞。

柯瑞的失常，對比上詹姆斯神勇無敵地追求完美句點，更顯出誇張的落差。兩人在這系列總冠軍賽裡的對抗，不只是爭冠，也爭誰是NBA老大。詹姆斯最後技高一籌，也準備好創造NBA的歷史。而沒做好準備的柯瑞，則相形失色。

柯瑞當時是名優秀的球員，但是要打敗克里夫蘭隊，需要的是卓越。柯瑞這個連續兩年都拿下年度MVP的人，給自己設定的目標當然很高，所以光是名優秀球員絕對是不夠的。

柯瑞穿著自己代言的品牌UA的服飾：帶著夏威夷風情的藍色短褲和灰色T恤，這是特別為他設計的 SC 30 collection 限量款服裝，他頭上反戴乳黃色和藍色相間的勇士隊球帽，採訪結束後，意興闌珊地離開。受訪的人還包括了總經理麥爾斯和教練柯爾，全長總共十四分鐘，話題都專注在勇士隊這次的世紀之敗。柯瑞終於可以撤退，進入停賽季了。從他的衣著、蹣跚的步伐、結束球季的打法，可以很明顯感受到，他要打烊了，他迫不及待要放假了。

但走到一半還沒離開場地時，柯瑞又被人攔下來，問他是怎麼輸球的、怎麼這麼快就從受歡迎的球員變成飽受嘲諷的球員？回顧季賽的最後一場賽事，他得了四十六分，並超越單季四百記三分球的新紀錄，還帶領勇士隊拿到創下歷史的單季七十三勝，當時位處顛峰的他真是不可一世。然而兩個月後的此時此刻，他卻像隻喪家犬，擔起勇士隊世紀大崩盤的責任。

柯瑞搔搔左手臂，淡淡地微笑，望著球場地板，思考著要如何回答。然後他邊走出球場，邊回答這問題。

「我其實還好啦！」柯瑞說，「我之前又不是沒有經歷過這些事。」

眾人對他的懷疑，柯瑞還滿熟悉的。他長期以來就被大家貼上「不夠好」的標籤，只不過這次在總冠軍賽被大翻盤，讓大家對他「不夠好」的印象再度浮現。

冠軍戰第六場比賽，勇士隊在第四節的一記進攻，顯現出了最弱版柯瑞的一幕。當時騎士隊正全速前進、將士用命，而柯瑞的勇士隊還落後十三分，比賽只剩下四分鐘就結束，柯瑞仍力圖振作，想要讓克里夫蘭的現場球迷閉起嘴巴。之前提到過，柯瑞在三分弧頂位置持球進攻，詹姆斯防守他，柯瑞開始往禁區切，到了籃下後，柯瑞想要晃點詹姆斯，伸出右手佯裝要挑籃，然後停頓一下賺個時間差，當時詹姆斯就緊跟在他後面，柯瑞看不到他，所以也不確定詹姆斯是否已經上當，停頓後，柯瑞立即改用左手擦板，但詹姆斯早料到了，一手從後面把球搧出界外。

這一「搧」不光只是一「鍋」，而是一記訊息。這一時刻，詹姆斯讓柯瑞矮了一截、看起來毫無價值，詹姆斯藉此動作挑明了讓大家知道，這新加入「偉大球員」行列的小子，根本不是這麼一回事。

這就是我們所謂的和飛人喬丹同等級的那個人嗎？這就是我們提到的那個為籃球賽注入革命性打法的小子嗎？

所以問題已不是柯瑞是不是個球星了，而是他是否真如大家所說的那麼厲害？他是否真的值得大家不斷讚揚他、把他比喻得像神一樣？他那種非傳統式打法是否言過其實？到底他和「雷霸龍」（詹姆斯）以及布萊恩那種曠世奇才、獨領風騷的人物是不是同一等級？

現在該是時候質疑他的季後賽紀錄了，雖然這中間夾雜著他如魔術般的表現，但整個季後賽數字又不如普通季賽的戰績輝煌。如果要講他的產值，那絕無問題，但到底他值不值得受到他人如此敬重，又是另一回事了。

他能在球場這麼無往不利，是因為他有絕對的開火權。

他的籃球產值這麼高，是因為他有好的隊友配合。

他能這樣縱橫球場，是因為聯盟的水準太低了。

這次的狀況有點不一樣，質疑聲浪比較高，但基本上還是和以往差不多：柯瑞又被大家懷疑他到底行不行。柯瑞又回到了原點，重新再次證明自己。無可置疑地，還是有許多人相信他屬於偉大球員那個層級，他這次NBA總冠軍賽的表現不至於讓他失去所有人的信賴，一些球員、教練、媒體分析家和退休的明星球員還是很看重他，不同的圈子裡總是有柯瑞的可靠支持者。但一直以來，柯瑞總是可以清楚聽到別人吐槽他、嘲笑他的聲音。支持並信任他的人，他銘謝在心；對他能力質疑的人，他把這當作自己得更努力的動機。

其實誇大的負面評比，對柯瑞和他的球隊而言是件好事。他連續兩屆得到MVP，外加一隻冠軍戒指，還有響徹世界的名聲、擁有從未祈求卻如此豐厚、富可敵國的財富，最重要的是，他肩負球隊興亡的大任。沒有任何事會比證明自己、推翻批評他的言論、為恢復名聲復仇來得更有動機性。他一輩子都在證明自己。就像這次冠軍賽，當他好不容易快要消弭所有質疑聲浪、粉碎所有懷疑眼光時，他又回到原點。他在腦中喃喃自語：「我會再次證明給你看。」

就像他在高中時，球技已經如奇蹟般讓人嘖嘖稱奇，但還是有不少人看他體格瘦小，覺得他不怎麼樣。即使投再多三分球，大家依然質疑他看似衰弱的身形，覺得他只是個穿上籃球衣就像穿著麻袋布的小孩。他再怎麼努力，也無法說服大家自己不只是個單面向功能的球員，也不是只會雜耍、搞噱頭。就算他打得不錯，在場上操控得宜，大學教練或球探還是對他持保留態度，深怕招攬他入隊會是錯誤的決定。

對柯瑞來說，從一開始就是一連串高難度的挑戰。先是夏洛特基督學院這所小到不能再小的學校，該校參加的還是小型私立學校運動聯盟，和那些有名氣又人強馬壯的籃球校隊相比，柯瑞所屬的小學校真的很不受重視。加上柯瑞沒參加青少年業餘籃球聯盟，無法藉此提升名聲和能見度。

柯瑞高中十一年級時，通常這時好的球員應該開始挑選要進入哪所有名的籃球大學了，但當時沒幾所著名大學男籃隊考慮要他。柯瑞直到十二年級才長到一八八公分、七十二公斤，才漸漸有人開始注意到他。但全美高中運動員強度排名的 Rivals.com 網站裡，柯瑞不但沒擠上全美前幾名的籃球員，就連在後衛的排名都上不了，甚至連自己所在的北卡州排名也沒上。

在另一個類似的 24 Sports 網站裡，他排名全國第二八一名，控球後衛排第五十一名，北卡州排第十六名。

北卡打籃球的每個男孩，都想進入的籃球名校像是杜克大學、北卡大學，都沒給柯瑞機會，其他次一等的大學，如威克森林大學、北卡州大，也只把他當第二或第三備案球員。這幾所北卡州的大學有一堆優秀的高中籃球員可挑。對柯瑞來說，最受傷的是，這些北卡名校還提供了獎學金給一些比他還矮小的控衛。

北卡大招來了勞森，他在 Rivals 網站全國後衛排名第三，威克森林大學則從北卡的康科市要了後衛伊什·史密斯。

「球探有他們自己的評估方式，」柯瑞的高中籃球教練布朗說，「我們偶爾會聽到：『我現有的後衛可以吃死柯瑞。』我們當時很想回他們說：『柯瑞的投籃比任何人都好，你可以看看他的投籃技巧。』但問題是他的身高，他到底能不能長高到和他穿十三號球鞋的腳相稱的身高？他能不能長到那麼高呢？」

對柯瑞來說，最理想的學校還是維吉尼亞理工大學，他和該校有特別的私人連結：他父母都曾就讀這所學校，也都是學校的運動明星。老柯瑞當時帶領學校殺進大學男籃錦標賽，最後也是該校少數被 NBA 選入的球員。桑雅更是學校女排校隊的主將，幫學校的女排隊打下建隊基礎。

維吉尼亞州算是柯瑞很熟悉的地方，他媽媽生長於距離該校所在地布萊斯堡開車二十分鐘的地方，他爸爸的老家離學校兩小時的車程，柯瑞天生就應該是維吉尼亞理工火雞隊的一份子。

而且維吉尼亞理工也屬大學聯盟裡的大西洋海岸聯盟，該校經常招攬爆冷門的球員，或許也是希望能在大西洋海岸聯盟製造一鳴驚人的機會。他們最後提供柯瑞一個入校的方式，這機會多少也可以視為報復其他不給柯瑞入校機會的北卡籃校。

不過學校提供的條件和柯瑞想要的還是有些差距。該校當時的男籃教練格林斯伯格想要招收柯瑞，但條件是：他要柯瑞第一年以自願的名義加入校隊，先不領獎學金、不打球，因為當時格林斯伯格手上已經沒有獎學金名額可給了，之後，再給他四年的全額獎學金。其實，柯瑞的父母有能力供他上大學，支付第一年的學費也沒問題，但對柯瑞來說，這是面子問題。他認為自己有資格拿一級大學男籃的獎學金，若第一年採自願加入的方式，等於應驗了外界的分析，認為他不夠好、不夠格。若真的接受這樣的條件，不就等於承認自己不夠好嗎？

然而當時格林斯伯格在球隊裡的先發後衛陣容已滿，兩名大四後衛分別是道戴爾和葛登，前一年他還招來了一八三公分的後衛孟森。孟森就讀馬里蘭州籃球重鎮德瑪莎高中，高中畢業時在Rivals.com網站排名全國第一〇九名，他早在要升高中十二年級時，就答應要進入維吉尼亞理工了。

當時的柯瑞還不具有即戰力，需要時間磨練，對格林斯伯格來說，就好像拿了一張可能會有興趣的店家傳單，但仔細想想後又扔了。他覺得為了爭取柯瑞而用掉一個獎學金名額，但又不能立即派他上場，不太划算。所以最後決定要他以自願加入的方式入隊，等一年後再看看。

戴維森學院的教練麥克基洛當時一直在觀察柯瑞，其他幾所較小規模的學校也對柯瑞感興趣，包括維吉尼亞聯邦大學、北卡州的高點大學和維州的威廉與瑪麗學院。最後戴維森學院爭取到柯瑞，柯瑞的媽媽認為戴維森在學術名聲方面較好，而且教練麥克基洛也給他立即上場打球的機會。

柯瑞最終還是無緣進入大西洋海岸聯盟的大學，那些學校是他從初中就嚮往的大學校，籃球隊訓練緊湊又高水準。最終他只能委身進入和自己高中球隊程度相當的中級聯盟學校。

柯瑞雖然表面上說進入戴維森是個很明智的選擇，但未能進入大學校，多少讓他忿忿不平，那是一種揮之不去的輕蔑感。他原本期待能夠參觀幾所大學男籃強校，對這些學校做各種評估、比較，甚至有機會見到那些在電視上看到的知名教練，但這些期待都落空了。大家認為柯瑞還不到那個程度。

即使後來他證明了一切，證明杜克和北卡等學校看走眼了，但外界對他能力的質疑仍然未曾停歇。他當時在全國大學男籃的得分排名領先，而且還帶領小學校打進錦標賽的最後菁英八強，然而，在NBA選秀會上，他又回到不被看重的熟悉原點。

但也不是所有人都跟著起鬨、看不起他，有三支NBA球隊還滿渴望得到柯瑞的。

勇士隊的總經理萊利在二〇〇八年看他帶領戴維森殺進大學錦標賽時，就開始愛上他。萊利算是屬於以前勇士隊教練尼爾森派系的，尼爾森曾培養NBA控球明星後衛奈許得到MVP，所以萊利對於投球神準的控球後衛特別情有獨鍾。

柯瑞在大學的最後一學年時，萊利有一次特別跑到印第安納州觀看戴維森作客普度大學的比賽，那場比賽算是柯瑞那一季打得最差的一場，但萊利還是相信柯瑞是有實力的。

「外界對他主要的批評在於他不夠壯、不夠耐打，」萊利說道，「我當時飛到印第安納州看他和普度的對戰，十大聯盟學校通常都滿強的，我想看看他如何應對。那場比賽普度把他們打得滿慘的，柯瑞根本連投球都投不好，但我不擔心他的投射能力，我知道他能投球。我想知道的是，他如何應付肢體動作劇烈的球賽。那場比賽他們把柯瑞搞慘了，一直對他犯規，就是不讓他得分。但他逆來順受，做了一些適當的變換，開始多傳球、沒有驚慌失措，他的應對之道讓我相當驚訝，那正是我想看到的。」

當時尼克隊也滿想選柯瑞的，他們很想找一名能夠代表尼克新面孔的球員，而柯瑞的名聲和獨特球路也十分有吸引力。同時柯瑞也很喜歡紐約尼克隊，能夠在麥迪遜廣場花園球場打球、成為NBA聯盟卓越球隊的一員，對柯瑞來說，也是他一直想追求的一種認可，他總認為自己就該站在尼克隊這個舞台。

鳳凰城太陽隊也加入追隨柯瑞的行列，當時奈許已經開始走下坡，太陽隊認為柯瑞可以成為球隊的新面孔。

當時太陽隊的總經理是誰？正是柯爾。

在當年的選秀會上，這三隊的順位都不夠前面，無法挑選柯瑞，但選秀會也證明了柯瑞沒有擺脫不被看好的命運，真的就落到那麼後面才被挑中。二〇〇九年勇士隊擁有第七的選秀順位，是三隊中最前面的，尼克隊是第八順位，太陽隊則是第十四順位。

勇士隊沒想到柯瑞會被他們選到，因為當時他們內部評估柯瑞在選秀會上應該排名第二，僅次於狀元前鋒，所以柯瑞若真要落到勇士隊的第七順位根本是作夢，因此內部打算挑選來自亞利桑那州大的中前鋒喬丹．希爾，而尼克隊則是祈禱奇蹟出現，鳳凰城太陽隊希望能將選秀權透過交易，想辦法往前移幾個順位來爭取柯瑞加入。

當時情況有點奇怪，太陽隊找勇士隊進行選秀交易，希望以當時的大前鋒史陶德邁爾交換勇士隊的第七順位選秀權，勇士隊總經理萊利也答應了。

不過更奇怪的情況發生了，選秀會上不斷有控球後衛被選走，但就是沒有柯瑞。

選秀會開始，葛瑞芬果真被快艇隊以第一順位選走。來自康乃狄克大學的非洲裔二一三公分的中鋒泰比特被曼菲斯挑中，哈登則被奧克拉荷馬市選去。而第一個以控球後衛名義被挑走的是來自曼菲斯大學的伊凡斯，他算是雙能衛，落到第四順位的沙加緬度國王隊手上。同時擁有第五和第六順位權的明尼蘇達灰狼隊則下了個讓大家難忘的歷史決定：一個史上最錯誤的選擇，灰狼隊一次選上兩名控球後衛，分別是佛林和盧比歐，竟然不是挑中柯瑞。

這三名控球後衛先被挑走，等於是對柯瑞的一種侮辱。之前的球探報告認為，這些控衛的強項正好就是柯瑞的弱項，這報告也代表了NBA各隊管理階層的想法，以及各隊總經理所在乎的價值，而那些都是柯瑞缺乏的。

伊凡斯身高一九五公分，身體很結實，卻只在曼菲斯打過一年的大學男籃。高大的體型在NBA總是吃香，球隊管理階層總是著迷於身高優勢，而且抱著想像，好像強壯的肌肉就自動連結上「準備好迎戰」。

伊凡斯不是傳統的控球後衛，他能控球也能得分，最重要的是：他很大隻。這表示如果他打控球後衛，對方的後衛和他對抗時，可能會是場夢夢魘。

假如把頭髮的高度也算進去的話，柯瑞身高大約一九一公分。既沒身高也沒肌肉，可塑性也小一些。最大的問題在於他瘦弱的體型，可想見未來在碰撞激烈的聯盟裡，會遭到無情地摧殘。

佛林其實連一八〇公分都不到，但是他夠壯夠快，加上他的運動性非常好，球路像是得分後衛，他還能精采地扣籃，第一（起）步又夠殺，聯盟裡很多人也喜歡他的爆發力。

比較起來，柯瑞沒有那種運動性能，他的彈跳性沒那麼驚人，速度在控衛中也非頂級，此外，他的二頭肌也不明顯。

更糟的是，羅斯當時也是只在曼菲斯大學一年後就直奔NBA，他一進聯盟就把各隊殺得亂七八糟。羅斯的運動性能超猛，一進入公牛隊立即打出名堂，這也讓各隊都想選到類似羅斯的控球後衛，但柯瑞差遠了。

盧比歐則是從小就名滿西班牙，後來又在奧運聲名大噪。他的球路一看就知道是天生吃控球後衛這行飯的。他的風格結合了本能與智慧，再點綴上他與生俱來的娛樂效果。

但是談到柯瑞，球探都不太能確定他到底打什麼位置，和盧比歐那種天生後衛相差甚大。柯瑞的球路中，常因投球選擇不佳而受到詬病，此外他也不太善於切入並在籃下得分，這和盧比歐那種貨真價實的場上指揮官架勢差很多。

由於各界對柯瑞有諸多疑慮，使得他落到這麼後面的順位。但勇士隊卻是喜出望外，見到柯瑞落到第七順位，立即和太陽隊取消之前的交易。太陽隊當時還慶幸灰狼隊選走了盧比歐，準備要挑選柯瑞。

萊利立即選了柯瑞！即使柯瑞在選秀會之前沒有參加勇士隊辦的測試；即使柯瑞的經紀人苦求勇士隊不要選這名來自戴維森學院的球星，這樣紐約才有機會得到他；即使萊利和尼爾森前陣子還特別飛到曼菲斯市，安撫當時隊上主將艾利斯的情緒，向他保證不會再挑另一名控衛入隊。

但勇士隊最後還是興高采烈地選了柯瑞，尼爾森之後還對外宣稱，當時和太陽隊的交易根本沒有談妥。

不過，勇士隊選進柯瑞後的蜜月期很短……

當時勇士隊的艾利斯，在柯瑞的第一天媒體日首先發難：「你不能同時把兩個小後衛放在場上，在聯盟裡有一大堆大隻的雙能後衛要對付！」艾利斯和柯瑞都是一九一公分，身高一樣，體型也都不壯碩。他強調：「真的不能這麼做，好嗎？沒錯，我們有速度優勢，跑上跑下的，但是比賽節奏最後還是會慢下來的，真的不能這麼幹。」

在艾利斯聲稱他們兩個不能共存取得勝利的情況下，柯瑞的生涯就這麼展開了。在二〇〇九年末，也就是當季的前半段，柯瑞就在試著調整節奏的情況下度過。他平均每場得十一．八分，有百分之四十四．三的投籃命中率，以此成績度過職籃的前三十一場比賽。他從開季後投進了四十顆三分球，三分球命中率只有百分之三十九．六，勇士隊戰績為九勝二十二負。

柯瑞當時還沒準備好。這麼說是有根據的。許多分析家認為，至少在初期階段，柯瑞還不夠資格打控球後衛的位置。有些人則認為他比較適合從板凳出發，擔任個專職的射手即可，頂多就是當個「換檔」功能的第六人。後來在選秀會上，出生於加州的控球後衛詹寧斯，在柯瑞後的三個順位也被選上了，他和伊凡斯兩人都是滿有幹勁的控球後衛。

終究，尼爾森還是將整支球隊交給了柯瑞，他將所有球權從艾利斯手中轉交給柯瑞操作，柯瑞開始當家了。到了那一季季末，柯瑞算是媳婦熬成婆，終於成功證明了自己。

但那一季結束後、準備進入第二季前的夏天，勇士隊被賣給了目前的東家，尼爾森也被解聘，由當時的助理教練史馬特暫代總教練一職。當時的勇士隊新東家還來不及花時間物色適當的教練，也算給史馬特一個機會表現看看。

尼爾森一走，隊上的球權立刻交回到艾利斯手上。史馬特為了讓自己的教練工作穩住陣腳，把賭注放在艾利斯身上，希望能藉由艾利斯的能力多擠出幾場勝利，所以他沒什麼耐心磨練當時還時常發生失誤的柯瑞，艾利斯算是一個捷徑。

進入第二季後，柯瑞的助攻與失誤比例，一度降到二比一以下，不少人又開始懷疑他到底適不適合打控球後衛。

每次在比賽末節的關鍵時刻，只要柯瑞一發生嚴重的失誤，史馬特就會把柯瑞換下來，將板凳控衛艾希・羅調上去。羅的控球較穩，讓教練比較放心。柯瑞在新人球季時，第四節上場分鐘數是全隊最高的七百分鐘，到了第二季時降到五百二十三分鐘，只居全隊第五。當時被球隊從發展聯盟叫上來替補的鋒衛搖擺人威廉斯，上場的時間都比柯瑞長，威廉斯第二個球季第四節總上場時間有六百一十七分鐘。

柯瑞常發生失誤的確是個問題，尤其在關鍵時刻，他只要一發生失誤，連觀眾群都會發出「又來了」的嘆氣聲。這時教練史馬特就會吼著要艾希・羅趕快上去把柯瑞替換下來，而柯瑞則是懊惱地走回板凳，有時甚至把毛巾蓋在頭上。

「其實你可以看得出來，他很想留在場上。」艾希・羅回憶道。艾希・羅之前在NBA混過七個年頭，後來去歐洲職籃發展，還拿過兩次歐洲盃冠軍。他繼續說道：「柯瑞當時還是個很菜的球員，常發生失誤，算是成長的陣痛期，大家也都知道，對他也是一種挑戰與磨練。他只有走過這一切，最後才能取得信賴、爭取更多上場時間。」

對柯瑞自己和球迷來說，他的挫折感其實是雙重的。身為先發球員，從場上突然被叫下來，真的滿丟臉的。身為一名以第七順位選上的新秀，他在場上想要證明自己可以立下豐功偉業，但最後卻只能像個配角球員坐在板凳上觀賽。實際上也只有大三元始祖羅伯森在新秀時，才有那種可以打到最後一分鐘、立下豐功偉業的機會。

另一方面，柯瑞在新秀發展期間也遇到不少困境，例如一名新秀該如何在不是很健全的環境下學習與發展呢？當時的柯瑞其實是隊上未來重整的基礎，艾希·羅則是替補，按常理，在當時已經沒什麼希望贏球的球季裡，不是應該讓柯瑞多上場磨練一下嗎？

或是史馬特所看到的柯瑞就真的那麼沒用？認為他不是NBA級的優秀控球後衛？勇士隊球迷與管理階層是否也是抱著這樣的態度卻不敢公開承認？這個疑雲一直環繞在柯瑞身上：到底他行不行？不過這也成為他更努力提升自我的動力。

「那個年輕人真的很努力，他把自己都操翻了，」艾希·羅這麼說，「我自認為算滿努力的，總是在大家練完球後，還多花三十分鐘練一下，他則在球場另一端多花了兩小時繼續練。當我練投完畢、冰敷好、按摩一下，準備離開球場時，他才練習完畢。」

史馬特擔任了一年的暫代教練後，勇士隊沒有續留他，反而聘請知名的退休控衛傑克森來執教。傑克森到任後立即宣布柯瑞將是他的先發控衛。柯瑞在經歷了第二季的不順與挫折，正準備大顯身手、證明自己貨真價實的時候，他的腳踝傷又毀了他的下一個球季。

終於，柯瑞在二〇一二至一三年球季脫穎而出，他創下NBA投進最多三分球的紀錄，他的平均每場得二十二・九分、六・九次助攻和三十八・二上場分鐘數都是生涯新高，而每場平均出現三次失誤也變得瑕不掩瑜了。傑克森教練的執教，以及勇士隊以柯瑞為中心來翻新陣容，讓柯瑞更能充分展現才華，將他的球路帶到更高一層，他也帶領勇士隊在睽違六年後首次打進季後賽。他勉強帶著腳踝傷撐過季後賽，於十二場季後賽中，平均得分二十三・四分、八・一次助攻，以低種子打掉丹佛金塊隊，在下一輪也把聖安東尼奧馬刺隊嚇出一身冷汗。

他在季後賽的初次表現精采，讓不少批評他的人閉上了嘴，並且確認他有NBA選秀的身價，本來持質疑態度的人，也被他絢麗的潛力和充滿魅力的球路嚇到噤聲。

他從原本看似脆弱的男孩，搖身一變成為明日之星。在二〇一一至一二年球季結束時，他帶傷進入休季，但在二〇一二至一三年球季結束時，他已成為NBA菁英球員的重大威脅。沒錯，他又度過重重難關，再次走了出來！

結果，知名運動品牌耐吉又把柯瑞帶回了原處。

在他新秀時和耐吉簽的代言合約到期了，季後賽的傑出表現讓他成為NBA的話題人物，柯瑞當然期盼自己可以藉此爭取到一紙不錯的球鞋代理合約。他職業生涯以來都是幫耐吉代言，這次合約到期日正好搭上他大爆發的表現。

但那時耐吉對柯瑞不太用心，不僅沒為他特別推出令人驚艷的個人鞋款，也沒為他打造任何未來個人品牌計畫。耐吉不太關心柯瑞季後賽的優異表現，也沒想到利用在鞋子的行銷上。這一切看在柯瑞的眼裡，他知道耐吉看不起他。在ESPN專欄作家史卓斯的文章裡，透露兩造當時最後分道揚鑣的爆點：耐吉向柯瑞進行簡報時，投影片裡居然出現杜蘭特的名字！可見耐吉只是匆忙地把之前為杜蘭特做的簡報，就這麼換湯不換藥地呈現在柯瑞面前。耐吉對柯瑞是如此的冷漠，甚至懶得校對簡報的投影片！

當時柯瑞還沒被選入明星賽，耐吉則擁有天王級的代言陣容，像是杜蘭特、詹姆斯和布萊恩，而且耐吉已經有一名控球後衛厄文做為代言人了。厄文是二〇一一年選秀狀元，因此耐吉不是很積極想找另一位控球後衛來代言。

對柯瑞來說，這情景似曾相識。

此時，剛崛起的UA品牌，主攻美式足球服裝用品市場，但他們也想往籃球市場拓展，增加收益，因此特別用心爭取柯瑞。他們爭取柯瑞的那套方法和過去戴維森學院教練麥克基洛招募柯瑞入校的感覺很像。該品牌企圖說服柯瑞，他和UA品牌的結合是多麼特別，並承諾柯瑞，品牌上他們雖處於劣勢，但卻更關懷柯瑞，也願意投資在他身上、了解他各層面的需求，並且勾勒出願景。

柯瑞收到ＵＡ的報價後，回過頭來找耐吉談判，想取得更好的合作條件，沒想到卻隱約感覺到耐吉對自己的恐嚇、威脅。耐吉告訴柯瑞：如果離開耐吉，是柯瑞的損失，他會懊悔的。而且耐吉還威脅柯瑞：一旦走了，就永遠不要再回來。柯瑞當然嚥不下這口氣，就這樣離開耐吉了。

柯瑞與ＵＡ簽約，他又再次進入試圖證明自己的循環。大家都嘲諷他和ＵＡ簽約，畢竟耐吉是最大品牌，廣受都會族群喜愛，而且鞋款設計超優，柯瑞幹麼這麼想不開，要離開耐吉家族呢？ＵＡ品牌在球鞋文化和籃球社區名聲並不響亮，柯瑞加入ＵＡ等於把自己貼上平庸的標籤，也有人說他是為了賺錢而賠上自己的招牌。在很多人心中，柯瑞其實已經列屬ＮＢＡ菁英級球員了，但這次幫ＵＡ代言，多少佐證了他永遠無法達到最高的境界，只能說他是一匹可愛的黑馬，搭配這家球鞋公司剛剛好。

於是，柯瑞又回到了他所熟悉的氛圍，不過種種的負評、不看好、不重視，均如沃土般滋養著、培育出最美好的他。他吞忍各界的懷疑和嘲笑，衝破外力強加在他頭上的天花板，創造出另一季職業生涯好紀錄。

那一季，他平均達到二十四分、八．五次助攻，獲選明星賽球員，並帶領勇士隊得到二十二年以來最佳的五十一勝。

柯瑞的籃球生涯模式就是這樣：他需要贏得大家的尊重，他做到後，接著另一個質疑或批評又來了，使他得再度證明自己。他每一次證明自己身價的動力，驅使他邁向更高的新層次。已經連續兩次獲選為MVP後，還有什麼好證明的呢？還是有的。經過了一季驚人的有效投籃命中率、身懷已故中鋒張伯倫天王才能匹敵的球技，還有什麼需要證明的呢？大概就只剩下無法在NBA總冠軍賽主宰全場了，想批評他的人大概只剩這件事可以拿出來說嘴。

他總共打過兩季、共十三場NBA總冠軍賽，但其中只有兩場算是柯瑞的經典比賽。按照柯瑞自己的高標準，沒有幾場賽事算是表現夠好的。在這號稱籃球競技場裡最大的總冠軍賽舞台，也是最多人觀看的球賽裡，他並不像以往頻繁地展現出得分的爆發力。或許可以這麼歸納：在總冠軍賽事裡，我們看到的柯瑞和他打得出奇差勁的球賽，的確不如我們之前看到的那個上天下海、直搗黃龍的柯瑞。

那個長期把他人的懷疑變成自己的前進力量、把不利己的分析做為自己的能源、把批評當作自我驅動能量的小子，又需要再次證明自己了。柯瑞今天能有這番成就，其實都是長期以來不被看好而演進出來的。他能成為國際知名人物、成為讓人盛讚的球星，正是因為他相信自己。通常他打得最好的時候，就是他人開始批評他、不看好他的時候。

也就是說，讓我們看看他的下一章故事會怎樣發展下去。

後記

二〇一六年的聖誕節，柯瑞看起來就像沒拿到禮物的小男孩，肩膀下垂、頭低低的，臉上鬍子稀稀疏疏，不時搖頭表示「不」，一副很洩氣的樣子。

輸掉比賽的失落感，對柯瑞來說是常有的，而且他算是運動員中情緒比較外露的一位。但在面對媒體之前，柯瑞都會先自我冷靜下來，且已經預備好如何應對記者的問題。然而這次這麼沮喪，是比較少見的。當被問到聖誕節最失望的一場賽事時，柯瑞難掩失望之情，雖然他已盡力克服失落的情緒。

柯瑞之所以如此沮喪，因為克里夫蘭才剛連續四勝勇士隊，前三連勝是在二〇一六年總冠軍戰時，第四勝則是在聖誕節這一天，兩隊互咬不放的最後一刻，由克里夫蘭驚險勝出。這次勇士隊雖然多了杜蘭特，但騎士小後衛厄文在最後一刻還是「再次」投進了致勝一球。

柯瑞整場投十一次只中四球，只得到十五分。比賽進入關鍵階段時，他根本無能為力，而且這次他還無痛無傷。在厄文幾次施展一打一絕活進攻時，柯瑞卻只能枯坐在板凳上，以頭上的毛巾遮蓋他的無奈與憤怒，因為教練柯爾換上較高大的球員防守厄文，柯瑞只能坐在那、眼睜睜看著厄文在勇士隊湯普森面前來一記轉身跳投得分。

雖然柯瑞要背負著敗戰之責，但號稱勇士隊該場比賽表現最佳的杜蘭特，表現也不理想。比賽剩九分鐘時，勇士還領先十四分，但之後杜蘭特卻只得了兩分，並且最後五次出手全部落空。大前鋒格林也好不到哪裡去，五分鐘內失誤三次，讓騎士追上。教練柯爾的想法也很難理解，在兩隊差距只剩下三分時，才把全部精銳球員派上場。

整場賽後記者會的主要話題，就是定調在「柯瑞無用論」上。柯瑞這次再度失敗，又印證了騎士詹姆斯的崇高地位，甚至連厄文都比他強。不過，當大家將焦點放在「勇士大戰騎士」的陳年老戲時，還有另一個更大的問題：剛加入的杜蘭特對柯瑞帶來的衝擊。

二〇一六至一七年球季的前幾週，柯瑞犧牲了自己的球路，換取團隊進攻上的默契與化學作用。他努力讓隊友融入攻勢，想辦法在分球與導傳上讓勇士隊增加火力。以往他那ＭＶＰ般的積極性進攻和讓球迷為之瘋狂的神投，頓時間收斂了許多，只為了換取其他隊友有更多的出手機會。按照柯瑞的籃球智商來說，這打法應該是明智的，畢竟敵方的防守重點都在他一個人身上。但是，這樣的調整是要付出代價的，季賽中與克里夫蘭最重要的這一戰，就是所有代價中最昂貴的一次。

「我整場不能只出手十一次！」柯瑞這一敗後於克里夫蘭速貸球館裡突然停下不動、全身僵硬、兩眼發直，「我不管現在怎樣，或誰在場上，我就是不能每場只有十一次的出手！」

「Meek」這個英文字起源自希臘字「praus」，本意是指優勢與力道被折服了，或是力量被壓制成了溫和、順從。

這個字原本是用來形容戰馬的軍事用詞，古時候希臘軍隊會在山裡找尋野馬、馴化牠們，最後篩選出最精良的馬匹派上戰場。當時的希臘人會形容這些馬 meek：溫順的、被馴服的，牠們有力、強健、兇猛勇敢，且相當有紀律，牠們可以控制原有的本性，只有在主人下達指令時，才將原有的能力發揮出來。

不過在英文裡，因翻譯上的細微差別，meek 和 weak 兩字常被混淆，漸漸成了溫順、軟弱的意思。反而原本的力量與強度卻和 meek 沒什麼關聯了。一個原本讓人欽佩的字，最後變得有點負面的意思。溫順、順從原本是項美德，最後卻成了軟弱無能。

一旦明白柯瑞的包袱，你就可以了解為何很多人一直無法接受柯瑞和歷史上各 MVP 並列的原因。

杜蘭特並沒有堅持獲得開火權，他一直很願意融入勇士的進攻體系，也是一名讓隊友折服的模範超級巨星，且他也很坦白地表示，願意協助隊友進攻，甚至時機適當時由他們主宰比賽。

另一方面，柯瑞的順從感也是發自內心的，他對杜蘭特的友善，以及對這支超級強隊所發出的凝聚力，都是他真心想做的。他自願放下身段，並壓抑自己在球場上的操控權。

然而，柯瑞沒有充分了解的是，在隊中真正的角色轉變是很困難的。雖然他自己願意，但這種轉變必須是具體且明確的。他以為只要自己心甘情願做出某種犧牲，減少自己的得分，減少那種「驚天動地」的表現就是所謂的轉變。

但他不知道的是，這樣的轉變也會讓自己的比賽節奏受到影響，而這種節奏正是他的獨門方法。他也沒預料到，為了配合整隊的進攻流暢度，會賠上自己的得分和比賽時的自在感。

這種既要被動配合、又要瞬間開啟進攻模式的打法，對柯瑞來說是行不通的。這一季他連續九場比賽出手少於二十次，是二〇一四年上半季後首次發生。有點不可思議，一名控球後衛一場比賽出手少於二十次就是被動式打法嗎？不過，對於勇士的進攻哲學來說，他們就是需要以柯瑞作為進攻的核心，活化整隊的攻勢，一切都因為柯瑞而變動。他們能奪冠靠的就是柯瑞強大的神射功力，也因為柯瑞積極找尋出手的機會，勇士在進攻時才有更多的選擇。

所以，若沒有讓柯瑞持續出手投射，只交代他負責協助隊友導傳，會嚴重影響柯瑞的進攻節奏，也讓他的影響力變小了。柯瑞等於從天上回到地面，不再神勇，多次出手都沒進，這和他前一季高達百分之四十五．四的命中率、投進超過四百記三分球的紀錄一比，真的是差很大。

「我認為自從杜蘭特加入後，全隊中自我調整最大、最多的應該就是柯瑞。」教練柯爾這麼說道，「如果就一般標準來說，他這季的表現其實還不錯，整體數字還是很棒，三分球命中率四成、每場可得二十四分。但因去年他的投射表現是人類歷史上最好的一次，也讓柯瑞今年很難再衝破那麼高的標準。」

不過，這些都不是最讓柯瑞受傷的原因，也不是影響柯瑞重新思考整個方向的關鍵。真正讓他感到沮喪的，是先前受傷換來的誹謗，加上後來的「犧牲小我、完成大我」卻被認為是他軟弱。柯瑞自願照亮隊友，減少出手、居於進攻第二線，卻換來「無能」二個字。

他可是兩屆MVP，而且還是全數無異議通過的；他也是勇士隊的招牌球員，因為他，勇士才成為每年爭冠的常客。他也是家喻戶曉、全球知名的球星，但願意委屈自己，讓新加入的杜蘭特分享焦點光環。其實，讓另一名未來也有資格獲選名人堂的球員和他共享這些榮耀，看得出柯瑞是真心歡迎杜蘭特與他共治勇士隊。

事實上，有非常多NBA明星球員根本不可能接受自家隊伍內加入另一名超級球員，當時杜蘭特加入勇士隊也是被其他球員罵得半死。勇士隊在總冠軍賽被詹姆斯的騎士隊擊敗後，柯瑞同意杜蘭特加入，一樣也被視為是承認自己不夠強，需要救兵。

當時柯瑞爭取杜蘭特加入時，他們之間一連串的簡訊，讓人聯想到艾迪墨菲主演的那齣電影「來去美國」中男主角在紐約地鐵站裡對女主角說的那段話。柯瑞對杜蘭特表示，他不在乎鎂光燈焦點落在誰身上，也不在乎誰代言的球鞋賣得較好，或誰在場上得較多分，就算杜蘭特最後成為勇士的新救世主，只要能再次拿到總冠軍，一切都在所不惜。

像柯瑞這麼謙卑、低姿態和無私，是很少見的。犧牲自己成全團隊，柯瑞身邊的人一直為他叫屈。不過許多家長和他代言的廠家，倒是很推崇他這種精神。大多數明星球員相當在乎自己在隊上的影響力與份量，不斷和球隊管理階層討價還價，對教練擺架子、愛理不理的，有的還開口要求特別的待遇。可是柯瑞不搞這一套，且願意和杜蘭特一起打拚。

一九九八至九九年球季，NBA勞資談判破裂，停賽封館，那年柯瑞才十歲。當時NBA球員為了爭取更豐厚的合約，被外界認為既驕慣、又貪心，加上那時尼克隊前鋒梅森身穿白裘大衣出席表演賽，更加強大家所認定的印象：NBA球員很奢侈。在柯瑞高中十一年級時，發生了NBA史上有名的底特律「奧本山宮殿球場大亂鬥事件」，印第安納溜馬隊幾位惡名昭彰的球員亞泰斯特、傑克生與小歐尼爾在球場裡和底特律的球迷打群架。大家都覺得這幾位球員無法無天。柯瑞剛進入NBA不久，當時詹姆斯為了是否要離開克里夫蘭，透過電視直播轟動一時的「世紀大抉擇」，宣布加入邁阿密熱火隊，這件事後，大家也認為詹姆斯是個自私、不知感恩的傢伙。

柯瑞的球員生涯一直都被公認是名模範生，和傳統印象中的NBA球員不同；他自己也希望以正面的形象出現，不自私、不惹花邊新聞、不闖禍。像個快樂寶寶似的，為人和藹可親，使得他一直都是眾人喜愛的社會名流。柯瑞在公開場合和私底下的形象沒甚麼兩樣，這種反其道而行的親民態度，反而讓他聲名大噪。

如今，他的犧牲卻讓自己陷入兩難。原本無私的美德，現在卻讓他倍感壓迫。

在柯瑞的陣營團隊中，一部分是希望勇士隊不要招攬杜蘭特，但也有相反的意見，認為在商言商，多招一名巨星入隊沒什麼不好。招募杜蘭特，就像引狼入室般，有些人不希望看到柯瑞就這樣失去了他一手建立的王國。畢竟勇士隊是注入了柯瑞的DNA才取得成功，杜蘭特會改變這樣的組合，且後果如何，目前還不得而知。就是這樣的想法，當時許多勇士隊球迷寧願留住小前鋒巴恩斯，也不要杜蘭特，就是害怕失去整隊的化學作用，擔心球隊會因杜蘭特而打亂這兩年球季（一百四十勝和一只冠軍戒）所建立起來的勝利方程式。

結果證明真的發生化學變化了，杜蘭特加入後，柯瑞感受最強烈。教練柯爾絞盡腦汁希望能面面俱到，讓隊上每位球星都能好好發揮，結果反而在進攻時忽略了柯瑞。為了讓杜蘭特能夠與新加入的中鋒帕楚里亞和一些新進球員在進攻時互相配合，卻忽略了柯瑞的存在。有時在比賽白熱化的階段，甚至會把控球權交給柯瑞以外的人，讓他只做個佯攻的誘餌。這些做法，多多少少也會影響了這名MVP的心理。

直到這次戰敗後，勇士隊才了解，柯瑞才是他們贏球的關鍵。教練柯爾不再讓柯瑞在比賽中獨自摸索，反而更主動協助他。聖誕節這場敗戰後的五場比賽裡，很清楚可以知道為何柯瑞需要教練柯爾的協助：因為他自己無法在賽事中判斷何時該挺身而出。

勇士隊在自家奧克蘭迎戰曼菲斯的一場比賽中，第三節時勇士還遙遙領先對手二十四分，但隨著時間流逝，比數越拉越近。

比賽最後一節剩不到一分鐘時，勇士只以一一一比一〇九領先兩分，這時柯瑞出手一記三分球沒進，隊友湯普森搶到進攻籃板。比賽只剩四十秒，球在勇士手上，可以慢慢把時間搓得差不多後，再做最後一次進攻。

湯普森搶到這籃板球後，先是把球傳給了格林，接著格林又把球傳給在中場一帶的柯瑞，他們準備再次擋切進攻。這招不但是勇士的招牌，也是關鍵時必用的戰術。在杜蘭特加入勇士隊前，是由柯瑞與格林搭配，可是經過之前的聖誕節敗戰後，柯爾教練決定改成柯瑞和杜蘭特配合，而這場比賽的最後一刻，就是這樣的組合。

當時防守杜蘭特的是曼菲斯的資深大前鋒藍道夫，他並不年輕，三十好幾的歲數了，打了多年NBA，已有三萬五千分鐘的「里程數」。而防守柯瑞的則是防守功力不差的灰熊當家控衛小康利。當時杜蘭特應該要上前幫柯瑞單擋，讓這兩名灰熊防守球員交換防守對象形成錯位，這樣柯瑞就可以對上腳步跟不上他的藍道夫，而杜蘭特則可以好好欺負矮他好幾個頭的小康利。勇士隊很喜歡這樣的擋拆模式，迫使對方大個頭球員防守柯瑞，讓他以速度和靈活性取得進攻優勢。然而，要杜蘭特突破當家控衛的防守，也是很艱難的任務。所以勇士隊的擋拆戰術在當時是可用可不用的。

當柯瑞持球時，杜蘭特認為自己可以搞定速度不快的藍道夫，因此沒有上前幫柯瑞做單擋，反而拍手向柯瑞要球，柯瑞只是揮了一下手，拒絕了他的要求，並示意杜蘭特上來幫忙單擋。場上的格林也附和柯瑞，要杜蘭特上前，不過杜蘭特卻堅持要單打這一球，柯瑞沒辦法，只好把球傳給了他。在旁的格林看了氣得直跳腳，舉起雙手在空中又揮又叫的。

杜蘭特拿到球後，柯瑞本來想上前幫他單擋，那樣一來他們還是可以打擋拆，只不過持球的人互換罷了。沒想到杜蘭特也不要柯瑞的協助，他就是要單打藍道夫，所以柯瑞和場上其他三名隊友只好靠邊站。結果，杜蘭特在最後一擊沒投進，反而被灰熊隊追平，更慘的是，在加時延長賽裡擊敗了勇士。

那場比賽柯瑞得了四十分，但他最後卻把球給了杜蘭特，格林氣得半死，比賽結束時，格林就在場邊那群隊友中大吼大叫。賽後他首先發難，當著媒體責難隊友和自己在關鍵時刻的進攻方式。格林是沒在怕的，他就是敢公開向隊友叫囂，毫不掩飾。

若真要追究，柯瑞當時是不該把球傳給杜蘭特的。假如他有格林那個膽子的話，就會堅持要杜蘭特上前做擋拆。他帶領過勇士得過冠軍，也帶過勇士打敗當時杜蘭特在陣的奧克拉荷馬市雷霆隊，他有資格與權力這麼幹。結果現在反而是格林當老大，由他發難扮黑臉、責備隊友。

格林帶頭發難似乎有點怪怪的，但這也是勇士隊的成長。柯瑞好像缺少了點領導統御的能力，但也因這種軟式的領導風格，反而使得大事化小、小事化無，一切安然度過。

由於柯瑞過於順從與低調，連最支持他的人都看不下去。他偶爾才會出面喊一下話；他就是太無私了，反而搞不清楚什麼是場上必要之惡，或什麼是不必要之善。他一直無法判斷，有些時機點他自己硬幹，也都比傳給隊友找空檔出手來得好。說穿了就是，他心中「捨我其誰、當仁不讓」的一面和「禮讓是美德」的另一面不斷在交戰中。

勇士隊花了快半季的時間，終於釐清柯瑞才是球隊的主將，他才是勇士進攻的主軸，隊上所有的進攻和球員——包括杜蘭特——都要圍繞著他轉才行。勇士隊共有四名明星球員，但柯瑞才是其中最不可或缺的。只有他不斷積極進攻、開火，這隊才能打出華麗的球風。

「意識到勇士隊是屬於柯瑞的，這件事非常重要！」前NBA退休控衛貝倫．戴維斯這樣說，「杜蘭特是個超棒的得分手、超厲害的球員，也是MVP人選之一。但我總覺得柯瑞的個性、人格，比較能夠代表這一隊的靈魂吧！因為只要有他在場，就是整隊打得最厲害、打得最好的時候。他們打球相當好看，這是他們的特點，而柯瑞就是能夠每晚帶領這一隊昂首闊步、打出如此精采比賽的人。」

杜蘭特剛加入後球季開始時，有點不適應，結果讓柯瑞也打得有點礙手礙腳的。雖然柯瑞當時已是名明星球員了，但當球星的資歷還算淺。柯瑞也是到了二〇一三年二月、在紐約尼克隊主場得了五十四分後，大家才開始注意到他，才開始把他當作一回事。加上之後二〇一三年季後賽被聖安東尼奧和二〇一四年季後賽被保羅的快艇隊教訓一頓掃出去後，柯瑞和勇士才漸漸熬出頭的。

算一算，柯瑞真正當上明星球員才第三年，正面對一些很特殊的問題與挑戰。他還在學習如何收放自如、掌握自身的超強能力，學習精煉地精神喊話，以及如何應對大家對他的MVP期望。當然，他也有可能一輩子都學不會。

柯瑞不喜歡與人衝突，但在這項自我意識強烈且由大男人主義主宰的專業運動裡，他這種特質不會受到同儕和球迷的尊重。他必須強勢到讓人覺得一切都在他掌控之中，否則就不像個領袖。他必須變得專橫跋扈、也要隊友各自負起責任，甚至不按照牌理出牌。但若柯瑞真的這麼做了，哪怕只是其中的一點，那就不是真正的他了。真正的柯瑞是不會在公開場合和隊友吵架的，也不會明目張膽地違背教練的意思。

以他累積多年的名氣來說，其實柯瑞是可以這麼做的，他有這個資格。再加上二〇一六至一七年球季，他當時是各隊都想積極爭取的自由球員，他可以愛怎樣就怎樣。他甚至可以放出一點風聲、以退為進，或慢慢和球隊消磨耐性，來抬高自己的身價。

但他卻以典型的回應方式——反省自己——以贏得批評者和隊友的信任。最後，柯瑞也從中學到，要爭取某些人的信任就是得靠蠻力，在某些情況下，就是得專橫跋扈。

不過，柯瑞柔順的方式也是有好處的，這種較溫和的領導方式所建立起來的身段和榜樣，也是勇士隊最大的資產。

當年教練柯爾會回絕紐約尼克隊總管菲爾．傑克森提供的執教機會，部分原因即是希望能帶領柯瑞出賽，不是因為他的籃球天分，而是他肯接受教練的意見。

而勇士老將伊古達拉，當時沒有接受沙加緬度和丹佛更優渥的合約，也是考量到可以和柯瑞同隊打球。二〇一三年季後賽時，第一輪勇士隊在其主場對上丹佛，當時還在金塊隊的伊古達拉慫恿他的隊友起鬨，隔著球場向柯瑞喊話，要他加入金塊隊。伊古達拉就是很喜歡柯瑞所散發出來的非典型領導力。想不到三個月後，伊古達拉自己就變成勇士隊的球員了。二年後總冠軍賽結束，伊古達拉獲選為冠軍賽的MVP球員。

勇士隊自己栽培出來的格林，當他第一次投入自由球員市場時，卻放棄了追求更高薪的機會而續留勇士，多多少少也是因為柯瑞的關係。格林是勇士在選秀會上第二輪選進來的球員，最後卻成為勇士爭冠軍時最重要的一張拼圖。格林當時的新秀合約每年不到一百萬美金，合約到期後他其實有條件找一份更好的新合約。但他還是留在勇士了。當時外界猜測他簽了一份不錯的續約，後來證實那是一份對勇士來說物超所值的合約。不過，此後他和柯瑞兩人互相胼手胝足、互相扶持下所換來的戰果，也是當初沒預料到的。

在格林之前，其實得分後衛湯普森也是類似的情況，他們都只拿了一份低於行情的合約，繼續留在勇士隊與柯瑞一起打拚，並沒有因尋求更好的合約而加入他隊。

杜蘭特當時之所以決定加入勇士，也是受到勇士隊友間那種情誼感動。

「看到他們相處的情況，大家走在一起，有一種手牽手、肩並肩的感覺，」杜蘭特說，「真的很像一家人。我感受到他們真的很融洽，和他們互動時，感覺很舒服，既能打成一片，又能彼此信賴，那種感覺讓我印象深刻。」

這種氣氛其實都是以柯瑞為中心的，勇士隊很久以前所留下的苦情與空白，也是在他加入後，才慢慢填補起來的。他是全隊薪資排名第五的球員，但卻從來不會發出半句怨懟之言，因此對其他隊友來說，連柯瑞這種超級巨星的薪水都只有這樣，他們也沒甚麼好抱怨的了。

柯瑞像個大孩子，他活潑、愛嬉鬧的個性也讓全隊上下感受到活力。他沒架子、融入大家的溫和個性，剛好和格林組成隊上一白臉一黑臉的大哥。柯瑞對媒體也很友善，尤其每次都同意接受採訪，即使在敗戰時也一樣，這樣多少也減輕了其他隊友的壓力。

柯瑞的領導風格不是很典型的那種，但其實這也很符合他，因為他並非典型的那種巨星。他只需要相信，自己確實就是那個大家所認為的超級明星球員，真的有那麼好，就一切OK了。

NBA球隊中英對照表

聯盟	分組	英文	中文
東區聯盟	大西洋組	Boston Celtics	波士頓　塞爾蒂克（凱爾特人）
		Brooklyn Nets	布魯克林　籃網
		New York Knicks	紐約　尼克（尼克斯）
		Philadelphia 76ers	費城　76人
		Toronto Raptors	多倫多　暴龍（猛龍）
	中央組	Chicago Bulls	芝加哥　公牛
		Cleveland Cavaliers	克里夫蘭　騎士
		Detroit Pistons	底特律　活塞
		Indiana Pacers	印第安納　溜馬（步行者）
		Milwaukee Bucks	密爾瓦基　公鹿（雄鹿）
	東南組	Atlanta Hawks	亞特蘭大　老鷹
		Charlotte Hornets	夏洛特　黃蜂
		Miami Heat	邁阿密　熱火
		Orlando Magic	奧蘭多　魔術
		Washington Wizards	華盛頓　巫師（奇才）

西區聯盟	西北組	Denver Nuggets	丹佛　金塊（掘金）
		Minnesota Timberwolves	明尼蘇達　灰狼（森林狼）
		Oklahoma City Thunder	奧克拉荷馬城　雷霆
		Portland Trail Blazers	波特蘭　拓荒者（開拓者）
		Utah Jazz	猶他　爵士
	太平洋組	Golden State Warriors	金州　勇士
		Los Angeles Clippers	洛杉磯　快艇（快船）
		Los Angeles Lakers	洛杉磯　湖人
		Phoenix Suns	鳳凰城　太陽
		Sacramento Kings	沙加緬度　國王
	西南組	Dallas Mavericks	達拉斯　小牛
		Houston Rockets	休士頓　火箭
		Memphis Grizzlies	曼菲斯　灰熊
		New Orleans Pelicans	紐奧良　鵜鶘
		San Antonio Spurs	聖安東尼奧　馬刺

中英對照表

人名

一至五畫

K教練 Mike Krzyzewski
J・R・史密斯 J.R. Smith
「大〇」羅伯森 Oscar Robertson
大鳥柏德 Larry Bird
大衛・李 David Lee
大衛斯 Barker Davis
小尤英 Patrick Ewing Jr.
小貝克漢 Odell Beckham Jr.
小紐曼 Julian Newman
小康利 Mike Conley Jr.
小曼寧 Eli Manning
小富比士 Andrew Forbes
小歐尼爾 Jermaine O'Neal
川上 Tim Kawakami
丹特利 Adrian Dantley
什蒙 Nate Thurmond
厄文 Kyrie Irving
尤英 Patrick Ewing
尤倫 Nick U'Ren
巴克利 Charles Barkley
巴柏沙 Leandro Barbosa
巴恩斯 Harrison Barnes
巴斯 Brandon Bass
巴羅斯 Dana Barros
巴爾 Bryant Barr
戈登 Aaron Gordon
手槍皮特 Pistol Pete
比爾斯 John Pierce
以賽亞・湯瑪斯 Isiah Thomas
加特力 Doug Gottlieb
加特里布 Eddie Gottlieb
加索 Pau Gasol
包金斯 Earl Boykins
卡特 Vince Carter
卡爾 Ronnie Carr
古柏 Michael Cooper
史考特 Dennis Scott
史卓斯 Ethan Strauss
史耐爾 Steve Snell
史倍斯 Jordan Spieth
史馬特 Keith Smart
史培特斯 Marreese Speights
史崔漢 Michael Strahan
史陶德邁爾 Amar'e Stoudemire
史普利威爾 Latrell Sprewell
史塔克頓 John Stockton
史塔柯斯 John Starks
史翠勤 Chris Strachan
布林 Mike Breen
布朗 Shonn Brown
布萊 Mary J. Blige
布萊恩 Kobe Bryant
甘迺迪 Shaun Kennedy
皮爾斯 Paul Pierce

六至十畫

伊凡斯 Tyreke Evans
伊什・史密斯 Ish Smith
伊巴卡 Serge Ibaka
伊古達拉 Andre Iguodala
伊賽亞 Isaiah

休士頓 David Houseton
印蒂雅 India
吉安娜 Gianna
吉諾布里 Manu Ginobili
安吉 Danny Ainge
安東尼 Carmelo Anthony
安東尼・戴維斯 Anthony Davis
安德生 Dr. Bob Anderson
安德森 Andrew Anderson
安德魯・羅伯森 Andre Roberson
托利佛 Anthony Tolliver
米勒 Reggie Miller
米爾斯 Patty Mills
老尼爾森 Don Nelson
老虎伍茲 Tiger Woods
老柯瑞 Dell Curry
考佛 Kyle Korver
艾佛森 Allen Iverson
艾利 Mario Elie
艾利斯 Monta Ellis
艾垂奇 LaMarcus Aldridge
艾迪墨菲 Eddie Murphy

艾倫 Ray Allen
艾莎 Ayesha
艾斯利 Festus Ezeli
艾斯裘 Vincent Askew
西蒙斯 Jonathon Simmons
何伊 Walter Hoye
余道 Ekpe Udoh
佛考爾醫師 Dr. Richard Ferkel
佛林 Jonny Flynn
佛洛伊德 Sleepy Floyd
佛萊明 David Fleming
佛雷瑟 Bruce Fraser
佛雷戴特 Jimmer Fredette
克里斯勤森 Hayden Christiansen
克拉克 Ian Clark
克拉克森 Jordan Clarkson
克朗普 Sherman Klump
克勞佛 Jamal Crawford
克萊・湯普森 Klay Thompson
克禮夫 Clieve
希伯特 Roy Hibbert
李文斯頓 Shaun Livingston

杜蘭特 Kevin Durant
沃克 Ralph Walker
沃岱爾・傑克・柯瑞 Wardell Jack Curry
沃爾 John Wall
沃德 Andre Ward
貝倫・戴維斯 Baron Davis
貝茲摩 Kent Bazemore
貝勒 Elgin Baylor
貝瑞 Rick Barry
邦茲 Berry Bonds
里拉德 Damian Lillard
亞泰斯特 Ron Artest
亞瑞查 Trevor Ariza
亞當斯 Steven Adams
佩恩 Brandon Payne
卓索斯 Angelo Drossos
奈許 Steve Nash
孟森 Nigel Munson
帕克 Tony Parker
拉卡布 Joe Lacob
拉奇 James Lackey

東安尼・羅伯森　Anthony Roberson
波波維奇　Gregg Popovich
波許　Chris Bosh
金特里　Alvin Gentry
阿米尤　Al Farouq Aminu
阿瑞辛　Paul Arizin
阿圖斯　Al Attles
保羅　Chris Paul
俠客・歐尼爾　Shaquille O'Neal
哈里斯頓　P.J. Hairston
哈德威　Penny Hardaway
哈登　James Harden
哈達威　Tim Hardaway
哈樂戴　Jrue Holiday
威斯特　Jerry West
威廉司　Ted Williams
威廉斯　Reggie Williams
威爾茲　Rick Welts
柏格特　Andrew Bogut
柯瑞　Stephen Curry
柯爾　Steve Kerr
派提特　Bob Pettit
約翰和艾莉莎・史耐爾　John and Eliza Snell
紅頭奧拜克　Red Auerbach
迪克森　Erick Dickerson
迪龍・希爾　Tyrone Hill
韋伯　Chris Webber
韋得　Willie Wade
韋德　Dwayne Wade
唐納文　Billy Donovan
埃利斯　Dale Ellis
娜塔莉雅　Natalia
席拉斯　Paul Silas
席黛爾　Sydel Curry
庫西　Bob Cousy
格林　Draymond Green
格林斯伯格　Seth Greenberg
格蘭特・希爾　Grant Hill
桃樂西　Diana Taurasi
桑雅　Sonya
泰比特　Hasheem Thabeet
泰勒　Brian Taylor
泰勒斯・湯瑪斯　Tyrus Thomas
泰隆・魯　Tyronn Lue
泰瑞斯坦・湯普森　Tristan Thompson
班特森　Russ Bengtson
紐曼　Jamie Newman
馬西歐黎歐尼斯　Sarunas Marciulionis
馬克垂　Mac Dre
馬洛　Anthony Morrow
馬修斯　Wesley Matthews
馬歇爾　Donyell Marshall
馬龍　Karl Malone

十一至十五畫

勒夫　Kevin Love
基德　Jason Kidd
康特　Enes Kanter
張伯倫　Wilt Chamberlain
強斯頓　Neil Johnston
強森　Larry Johnson
梅西　Lionel Messi

理察斯 Jason Richards
理察森 Jason Richardson
畢永柏 Bismack Biyombo
莫提尤納斯 Donatas Motiejūnas
莫寧 Alonzo Mourning
透納 Myles Turner
連恩 Alex Len
麥可・湯普森 Mychal Thompson
麥克基洛 Bob McKillop
麥肯 George Mikan
麥金尼斯 Jeff McInnis
麥格雷迪 Tracy McGrady
麥凱倫 C.J. McCollum
麥爾斯 Bob Myers
傑米森 Antawn Jamison
傑克 Jarrett Jack
傑克生 Stephen Jackson
傑克森 Mark Jackson
凱利、波諾 R. Kelly, Bono
凱羅 Matt Carroll
勞森 Ty Lawson
菲爾・傑克森 Phil Jackson

喬丹 Michael Jordan
喬丹・希爾 Jordan Hill
喬治 Paul George
喬瑟夫 Cory Joseph
富比士 Nate Forbes
提格 Jeff Teague
斯布魯克 Russell Westbrook
普拉里 Mason Plumlee
湯馬斯 Johnny Thomas
湯瑪司 Brandon Thomas
華克 Kemba Walker
萊克布 Kirk Lacob
萊利 Larry Riley
萊利・柯瑞 Riley Curry
萊莉 Riley
萊斯 Jerry Rice
萊爾斯 Keke Lyles
萊德 J.R. Rider
黑奈許 black Steve Nash
黑曼巴蛇 Black Mamba
塞巴洛斯 Cedric Ceballos
塞柏斯坦 Abe Saperstein

塞爾維基 Lester Selvage
奧斯汀 Jeff Austin
搖擺人巴恩斯 Matt Barnes
瑞佛斯 Doc Rivers
瑞克・詹姆斯 Rick James
瑞德 Willis Reed
萬絲 Candy Ann Wyms
葛利亞 Goliath
葛里爾 Hal Greer
葛登 Jamon Gordon
葛瑞芬 Blake Griffin
葛瑞斯基 Wayne Gretzky
葛雷維 Kevin Grevey
詹姆斯 LeBron James
詹金斯 Charles Jenkins
詹寧斯 Keith "Mister" Jennings
賈奈特 Kevin Garnett
賈許・史密斯 Josh Smith
道金斯 Darryl Dawkins
道戴爾 Zabian Dowdell
達德利 Jared Dudley
雷克拉伊 Lecrae

雷納德　Kawhi Leonard
福特　Chris Ford
福蘭克林　Kirk Franklin
裴頓　Gary Payton
鄧肯　Tim Duncan
豪森　Eric Housen
賓恩　David Bing
德安德魯・喬丹　DeAndre Jordan
德雷克　Drake
樂夫　Buddy Love
歐文斯　Billy Owens
歐拉朱萬　Hakeem Olajuwon
潔登・紐曼　Jaden Newman
衛斯布魯克　Russell Westbrook
「鬧區」布朗　Downtown Freddie Brown

十六畫以上

盧比歐　Ricky Rubio
盧卡斯　John Lucas
盧克斯　Jerry Lucas
穆林　Chris Mullin
蕭　Brian Shaw
霍森　Eric Housen
霍華德　Dwight Howard
戴韋斯　Taliq Davis
戴森　Michael Eric Dyson
戴維斯　Ed Davis
薛波爾特　Iman Shumpert
薛斯　Dolph Shayes
賽斯　Seth
賽普　Jessie Sapp
韓德森　Gerald Henderson
黛瑟瑞　Desiree
藍尼・史密斯　Lanny Smith
藍道夫　Zach Randolph
藍德利　Carl Landry
懷特　Steve White
懷賽德　Hassan Whiteside
瓊斯　Curtis Jones
羅　Acie Law
羅卡布　Joe Lacob
羅素　Bill Russell
羅許　Brandon Rush
羅斯　Derrick Rose
羅頓　Tony Wroten
羅德曼　Dennis Rodman
蘿絲　Roni Rose

地名

比佛頓市　Beaverton
布萊斯堡　Blacksburg
艾克隆市　Akron
艾姆市　Ames
西格蘭大道　West Grand Avenue
克雷特湖　Claytor Lake
怡陶碧谷區　Etobicoke district
杭特斯維爾　Huntersville
威汀頓　Weddington
派翠克郡　Patrick County
范奈斯　Van Nuys
崁納里群島　Canary Islands
康科市　Concord
梅里特湖　Lake Merritt
畢士大池　Pool of Bethesda
新河　New River

瑞德佛市 Radford
聖盧卡斯 Cabo San Lucas
葛羅多斯 Grottoes
諾曼湖 Lake Norman
賽格諾市 Saginaw

學校

四至十畫

中田納西州立大學 Middle Tennessee State University
北卡州立大學 North Carolina State University
休士頓大學 University of Houston
艾賓頓高中 Abingdon High
西卡羅萊納大學 Western Carolina University
西夏洛特高中 West Charlotte High
杜克大學 Duke University
杜魯門州立大學 Truman State University
辛辛那提大學 University of Cincinnati
岱非恩斯堡高中 Fort Defiance High
昆士威基督學院 Queensway Christian College
肯尼西斯學院 Canisius College
威汀頓高中 Weddington High School
威克森林大學 Wake Forest University
威斯康辛大學 Wisconsin University
威廉與瑪麗學院 William & Mary College
約翰・貝多高中 John Battle High School
夏洛特拉丁學校 Charlotte Latin School
夏洛特基督教會學院 Charlotte Christian Academy
馬歇爾大學 Marshall University
高點大學 High Point University

十一畫以上

勘察加大學 Gonzaga University
傑佛森・佛瑞斯特高中 Jefferson Forest High School
喬治城大學 Georgetown University
堪薩斯大學 Kansas University
復敦大學 Fordham University
惠提爾學院 Whittier College
溫蓋特大學 Wingate University
葛林斯區日間高中 Greensboro Day
道尼基督高中 Downey Christian High School
維吉尼亞大學 University of Virginia
維吉尼亞理工大學 Virginia Tech
維吉尼亞聯邦大學 Virginia Commonwealth University
德拉塞爾高中 De La Salle High School
德瑪莎高中 DeMatha High School
戴維森學院 Davidson College

羅德島普羅敦斯學院　Providence College

其他

二至五畫

九號豪華旅館　The Nines
十大聯盟　Big 10
大西洋海岸聯盟　Atlantic Coast Conference
大相撲日式餐廳　Ozumo
大狼群隊　Wolfpack
大陸籃球聯盟　CBA
山貓隊　Catamounts
「不敗者」電視節目　The Undefeated
中央神教會　Central Church of God
「天下一家」歌曲　We Are the World
「心靈捕手」電影　Good Will Hunting
火雞隊　Hokies
牛宮球場　Cow Palace
加州安納罕阿米哥隊　Anaheim Amigos
加拿大航空中心　Air Canada Centre
「加速籃球」組織　Accelerate Basketball
《卡羅萊納新娘雜誌》　*Carolina Bride*
史岱波中心　Staples Center
甲骨文球場　Oracle Arena

六至十畫

先鋒廣場　Pioneer Square
全美大學男籃錦標賽　NCAA tournament
全都會聯盟　All-Metro Conference
印地賽車　IndyCar
「地獄天使」摩托車俱樂部　Hell's Angels
「好運查理」電視節目　Good Luck Charlie
「肌肉牛奶」健身飲品　Muscle Milk
《自由球：短暫、狂野壽命的美國職籃聯盟》　*Loose Balls: The Short, Wild Life of the American Basketball Association*
「艾莎私房菜」電視節目　Ayesha's Homemade
「來去美國」電影　Coming to America
明尼亞波里市湖人隊　Minneapolis Lakers
東部職籃聯盟　Eastern Professional Basketball League
波士頓花園球場　Boston Garden
金莫主持秀電視節目　Jimmy Kimmel
阿拉美達郡立球場　Alameda County Coliseum
南方聯盟　Southern Conference
契薩皮克能源球場　Chesapeake Energy Arena
「柏油腳跟」球隊　Tar Heel

柯爾中心　Grady Cole Center
美國青少年業餘聯賽　AAU
美國電視台　ABC
美國籃球協會　American Basketball Association
美國籃球聯盟　American Basketball League
真愛崇拜國際教堂中心　True Love Worship Center International
索諾馬賽車場　Sonoma Raceway
茲卡病毒　Zika virus
「閃電雷斯」　Lightning Les

十一畫以上

寇博秀　Stephen Colbert
「球員自選獎」　Players' Choice awards
畢伯紀念大教堂　Beebe Memorial Cathedral
通道大投籃　tunnel shot
速貸球館　Quicken Loans Arena
最佳突破運動員　Best Breakout Athlete
傳奇球場　Legends Gym
「傾靠我」歌曲　Lean on Me
奧克蘭橡樹隊　Oakland Oaks
業餘運動聯盟　Amateur Atheletic Union
瑞奇菲爾體育館　Richfield Coliseum
瑞芭秀　Kelly Ripa
《運動畫刊》　*Sports Illustrated*
電台秀「麥克與麥克」　Mike and Mike
電信大道　Telegraph Avenue
嘉甸拿高速公路　Gardiner Expressway
「漢娜・蒙大拿」電視節目　Hannah Montana
摩達中心　Moda Center
「駭客任務」電影　Matrix
願望成真基金會　Make-a-Wish Foundation
籃球美國協會　Basketball Association of America
魔術盒球場　La Caja Mágica
靈福神召會教會　Agincourt Pentecostal Church

史蒂芬・柯瑞

無所不能的NBA神射手（「柯瑞加油」全新書衣海報增訂版）

作　　者　湯普森二世（Marcus Thompson II）
譯　　者　梁起華，邱紹璟
執 行 長　陳蕙慧
總 編 輯　陳郁馨
主　　編　劉偉嘉
編輯協力　吳程遠
特約編輯　陳俞伶，蕭亦芝，林婉華
校　　對　魏秋綢
排　　版　謝宜欣
封面設計　萬勝安
社　　長　郭重興
發行人兼出版總監　曾大福
出　　版　木馬文化事業股份有限公司
發　　行　遠足文化事業股份有限公司
地　　址　231 新北市新店區民權路108之4號8樓
電　　話　02-22181417
傳　　真　02-22180727
Email　service@bookrep.com.tw
郵撥帳號　19588272 木馬文化事業股份有限公司
客服專線　0800221029
法律顧問　華陽國際專利商標事務所　蘇文生律師
印　　刷　成陽印刷股份有限公司
初　　版　2017年6月
二　　版　2018年4月
定　　價　380元

國家圖書館出版品預行編目 (CIP) 資料

史蒂芬・柯瑞：無所不能的NBA神射手／湯普森二世（Marcus Thompson II）著；
梁起華, 邱紹璟譯. -- 二版. -- 新北市：木馬文化出版：遠足文化發行, 2018.04
面；　公分. --（Advice ; 45）
譯自：Golden : the miraculous rise of Steph Curry
ISBN　978-986-359-505-2（平裝）
1. 柯瑞（Curry, Stephen, 1988- ）2. 運動員 3. 職業籃球

785.28　　107001753